항만공사 통합채용

필기시험 모의고사

[제 1 회]

영　　　역	직업기초능력(의사소통, 자원관리, 수리, 조직이해, 문제해결) 직무능력검사(항만법, 항만공사법, 한국사, 경영학원론, 경제학원론, 물류관리 및 국제물류개론)
문항 수 / 시간	직업기초능력평가 50문항 / 60분 직무수행능력평가 50문항 / 60분
비　　　고	객관식 4지선다형

SEOWONGAK
(주)서원각

>> **직업기초능력평가**(50문항/60분)

1. 다음 중 ㉠~㉣의 한자 표기로 적절하지 않은 것은?

특허출원 관련 수수료는 다음 각 호와 같다.
1. 특허출원료
   가. 출원서를 서면으로 제출하는 경우 : 매건 5만 8천 원
      (단, 출원서의 첨부서류 중 명세서, ㉠도면 및 요약서
      의 합이 20면을 초과하는 경우 초과하는 1면마다 1천
      원을 가산한다)
   나. 출원서를 전자문서로 ㉡제출하는 경우 : 매건 3만 8천 원
2. 출원인변경신고료
   가. 상속에 의한 경우 : 매건 6천 5백 원
   나. 법인의 ㉢분할·합병에 의한 경우 : 매건 6천 5백 원
   다. 기업구조조정 촉진법 제15조 제1항의 규정에 따른 약정
      을 체결한 기업이 경영정상화계획의 이행을 위하여 행
      하는 영업양도의 경우 : 매건 6천 5백 원
   라. 가목 내지 다목 외의 사유에 의한 경우 : 매건 1만 3천 원
특허권 관련 수수료는 다음 각 호와 같다.
1. 특허권의 실시권 설정 또는 그 보존등록료
   가. 전용실시권 : 매건 7만 2천 원
   나. 통상실시권 : 매건 4만 3천 원
2. 특허권의 이전등록료
   가. 상속에 의한 경우 : 매건 1만 4천 원
   나. 법인의 분할·합병에 의한 경우 : 매건 1만 4천 원
   다. 기업구조조정 촉진법에 따른 약정을 ㉣체결한 기업이
      경영정상화계획의 이행을 위하여 행하는 영업양도의 경
      우 : 매건 1만 4천 원
   라. 가목 내지 다목 외의 사유에 의한 경우 : 매건 5만 3천 원
3. 등록사항의 경정·변경(행정구역 또는 지번의 변경으로 인한
   경우 및 등록명의인의 표시변경 또는 경정으로 인한 경우는
   제외한다)·취소·말소 또는 회복등록료 : 매건 5천 원

① 圖案　　　　　　② 提出
③ 分割　　　　　　④ 締結

2. 다음 제시된 내용을 토대로 관광회사 직원들이 추론한 내용으로 가장 적절한 것은?

세계여행관광협의회(WTTC)에 따르면 지난해인 2016년 전 세계 국내총생산(GDP) 총합에서 관광산업이 차지한 직접 비중은 2.7%이다. 여기에 고용, 투자 등 간접적 요인까지 더한 전체 비중은 9.1%로, 금액으로 따지면 6조 3,461억 달러에 이른다. 직접 비중만 놓고 비교해도 관광산업의 규모는 자동차 산업의 2배이고 교육이나 통신 산업과 비슷한 수준이다. 아시아를 제외한 전 대륙에서는 화학 제조업보다도 관광산업의 규모가 큰 것으로 나타났다.

서비스 산업의 특성상 고용을 잣대로 삼으면 그 차이는 더욱 더 벌어진다. 지난해 전세계 관광산업 종사자는 9,800만 명으로 자동차 산업의 6배, 화학 제조업의 5배, 광업의 4배, 통신 산업의 2배로 나타났다. 간접 고용까지 따지면 2억 5,500만 명이 관광과 관련된 일을 하고 있어, 전 세계적으로 근로자 12명 가운데 1명이 관광과 연계된 직업을 갖고 있는 셈이다. 이러한 수치는 향후 2~3년간은 계속 유지될 것으로 보인다. 실제 백만 달러를 투입할 경우, 관광산업에서는 50명분의 일자리가 추가로 창출되어 교육 부문에 이어 두 번째로 높은 고용 창출효과가 있는 것으로 조사되었다.

유엔세계관광기구(UNWTO)의 장기 전망에 따르면 관광산업의 성장은 특히 한국이 포함된 동북아시아에서 두드러질 것으로 예상된다. UNWTO는 2010년부터 2030년 사이 이 지역으로 여행하는 관광객이 연평균 9.7% 성장하여 2030년 5억 6,500명이 동북아시아를 찾을 것으로 전망했다. 전 세계 시장에서 차지하는 비율도 현 22%에서 2030년에는 30%로 증가할 것으로 예측했다.

그런데 지난해 한국의 관광산업 비중(간접 분야 포함 전체 비중)은 5.2%로 세계 평균보다 훨씬 낮다. 관련 고용자수(간접 고용 포함)도 50만 3,000여 명으로 전체의 2%에 불과하다. 뒤집어 생각하면 그만큼 성장의 여력이 그디고 할 수 있다.

① 상민 : 2016년 전 세계 국내총생산(GDP) 총합에서 관광산업이 차지한 직접 비중을 금액으로 따지면 2조 달러가 넘는다.
② 대현 : 2015년 전 세계 통신 산업의 종사자는 자동차 산업의 종사자의 약 3배 정도이다.
③ 동근 : 2017년 전 세계 근로자 수는 20억 명을 넘지 못한다.
④ 수진 : 한국의 관광산업 수준이 간접 고용을 포함하는 고용 수준에서 현재의 세계 평균 수준 비율과 비슷해지려면 3백억 달러 이상을 관광 산업에 투자해야 한다.

3. 다음은 A공사가 거래처인 ○○발전과 맺은 태양열 발전 장려금 지급 약정서에 기재된 약정 세부사항이다. 빈칸 (가)~(라)에 들어갈 말을 순서대로 알맞게 나열한 것은 다음 보기 중 어느 것인가?

〈태양열 발전 장려금 지급 약정서〉

A공사(이하 "갑"이라 한다)와 ○○발전(이하 "을"이라 한다)은 다음과 같이 「태양열 발전 장려금 지급 약정(이하 "본 약정"이라 한다)」을 체결한다.

제1조(목적)

본 약정은 태양열 발전 수요확대를 위하여 태양열 전기의 수요관리 실적에 따른 태양열 발전 장려금을 "갑"이 "을"에게 지급하는 데에 필요한 사항을 약정함을 목적으로 한다.

제2조(약정기간)

본 약정의 유효기간은 체결일로부터 1년간으로 하며, 계약만료일 1개월 전까지 양당사자의 서면합의로 약정기간을 연장할 수 있다. 다만, "갑"은 관련 법규 등의 개·폐에 따라 불가피한 사유가 발생할 경우 약정기간을 변경할 수 있다.

제3조(장려금 지급 기준)

"갑"이 "을"에게 지급하는 장려금 기준은 "갑"이 시행하는 수요관리 장려금 지급지침에 따른다.

제4조(장려금 지급절차 및 의무)

① "(가)"은 장려금 신청자가 태양열 발전 장려금을 신청한 경우에 관계 증빙서류를 확인한 후 지급하며, 장려금 신청자의 사용물량을 확인하여야 한다.

② "을"은 "갑"으로부터 태양열 발전 장려금을 수령 후 지체 없이 신청자에 지급하여야 하며 제세공과금 등에 대하여 관련 법령을 준수하여야 한다.

③ "갑"과 "을"은 상호 신의와 성실로 본 약정을 성실히 수행하고, "을"이 태양열 발전 장려금을 본 약정에 정하지 아니한 용도로 사용할 때에는 회수 조치할 수 있다.

제5조(장려금 홍보)

"갑"과 "을"은 태양열 발전 장려금 제도에 대하여 불특정 다수인을 상대로 안내 및 홍보하여야 한다.

제6조(관계자료 제출 등)

"(나)"은 "(다)"가 요청 시 지급한 장려금의 연간 사용실적을 제출하여야 하며, "(라)"가 신청자 등에 대하여 현장 확인 및 관련 서류의 열람 요청 시 성실히 응하여야 한다.

제7조(행정사항 등)

본 약정의 해석상 이의가 있을 경우에는 "갑"과 "을"이 협의하여 결정하되, 합의가 이루어지지 아니한 경우에는 "갑"의 의견에 따른다.

---

① 을 - 을 - 갑 - 갑
② 갑 - 갑 - 을 - 을
③ 을 - 갑 - 갑 - 을
④ 갑 - 을 - 갑 - 을

4. ○○공사 상임감사위원인 甲은 내부고발을 통해 다섯 건의 부정행위를 알게 되었다. 회사내규가 다음과 같을 때 A~D의 행위가 '뇌물에 관한 죄'에 해당하지 않는 것은?

〈내규〉

제○○조

① 뇌물에 관한 죄는 임직원 또는 중재인이 그 직무에 관하여 뇌물을 수수(收受)·요구 또는 약속하는 수뢰죄와 임직원 또는 중재인에게 뇌물을 약속·공여(자진하여 제공하는 것)하거나 공여의 의사표시를 하는 증뢰죄를 포함한다. 뇌물에 관한 죄가 성립하기 위해서는 직무에 관하여 뇌물을 수수·요구 또는 약속한다는 사실에 대한 고의(故意)가 있어야 한다. 즉 직무의 대가에 대한 인식이 있어야 한다. 또한 뇌물로 인정되기 위해서는 그것이 직무에 관한 것이어야 하며, 뇌물은 불법한 보수이어야 한다. 여기서 '직무'란 임직원 또는 중재인의 권한에 속하는 직무행위 그 자체뿐만 아니라 직무와 밀접한 관계가 있는 행위도 포함하는 개념이다. 그리고 '불법한 보수'란 정당하지 않은 보수이므로, 법령이나 사회윤리적 관점에서 인정될 수 있는 정당한 대가는 뇌물이 될 수 없다. 그 밖에 '수수'란 뇌물을 취득하는 것을 의미하며, 수수라고 하기 위해서는 자기나 제3자의 소유로 할 목적으로 남의 재물을 취득할 의사가 있어야 한다. 한편 보수는 직무행위와 대가관계에 있는 것임을 요하고, 그 종류, 성질, 액수나 유형, 무형을 불문한다.

② 중재인이란 법령에 의하여 중재의 직무를 담당하는 자를 말한다. 예컨대 노동조합 및 노동관계조정법에 의한 중재위원, 중재법에 의한 중재인 등이 이에 해당한다.

---

① A는 사장님 비서실에 재직하면서 ○○은행장인 Z로부터 ○○은행으로 주거래 은행을 바꾸도록 사장님께 건의해 달라는 취지의 부탁을 받고 금전을 받았다.

② B는 각종 인·허가로 잘 알게 된 담당공무원 Y에게 건축허가를 해달라고 부탁하면서 술을 접대하였을 뿐만 아니라 Y가 윤락여성과 성관계를 맺을 수 있도록 하였다.

③ 홍보부 가짜뉴스 대응팀 직원인 C는 ○○회사가 외국인산업연수생에 대한 관리업체로 선정되도록 중소기업협동조합중앙회 회장 J에게 잘 이야기해 달라는 부탁을 받고 K로부터 향응을 제공받았다.

④ D는 자신이 담당하는 공사도급 관련 입찰 정보를 넘겨주는 조건으로 공사도급을 받으려는 건설업자 X로부터 금품을 받아 이를 개인적인 용도로 사용하였다.

┃5~6┃ 다음은 S그룹의 2018년 주요 사업계획이다. 이어지는 물음에 답하시오.

(단위 : 개/백만 원)

핵심가치	전략과제	개수	예산
총계		327	1,009,870
안전우선 시민안전을 최고의 가치로 (108개/513,976백만 원)	스마트 안전관리 체계구축	27	10,155
	비상대응 역량강화	21	39,133
	시설 안전성 강화	60	464,688
고객감동 고객만족을 최우선으로 (63개/236,529백만 원)	고객 소통채널 다각화	10	8,329
	고객서비스 제도개선	16	2,583
	이용환경 개선	37	225,617
변화혁신 경영혁신을 전사적으로 (113개/210,418백만 원)	혁신적 재무구조 개선	34	22,618
	디지털 기술혁신	23	22,952
	융합형 조직혁신	56	164,848
상생협치 지역사회를 한가족으로 (43개/48,947백만 원)	내부소통 활성화	25	43,979
	사회적 책임이행	18	4,968

5. 위 자료를 읽고 빈칸에 들어갈 말로 적절한 것을 고르면?

'안전우선'은 가장 많은 예산이 투자되는 핵심가치이다. 전략과제는 3가지가 있고, 그 중 '(㉠)'은/는 가장 많은 개수를 기록하고 있으며, 예산은 464,688백만 원이다. '고객감동'의 전략과제는 3가지이며, 고객만족을 최우선으로 하고 있다. 핵심가치 '(㉡)'은/는 113개를 기록하고 있고, 3가지 전략과제 중 융합형 조직혁신이 가장 큰 비중을 차지하고 있다. 핵심가치 '(㉢)'은/는 가장 적은 비중을 차지하고 있고, 2가지 전략과제를 가지고 있다.

	㉠	㉡	㉢
①	스마트 안전관리 체계구축	고객감동	변화혁신
②	비상대응 역량강화	고객감동	변화혁신
③	비상대응 역량강화	변화혁신	고객감동
④	시설 안전성 강화	변화혁신	상생협치

6. 다음 중 옳지 않은 것은?

① '고객감동'의 예산은 가장 높은 비중을 보이고 있다.

② '안전우선'의 예산은 나머지 핵심가치를 합한 것 이상을 기록했다.

③ 예산상 가장 적은 비중을 보이는 전략과제는 '고객서비스 제도개선'이다.

④ '안전우선'과 '변화혁신'의 개수는 각각 100개를 넘어섰다.

7. 다음은 어느 시민사회단체의 발기 선언문이다. 이 단체에 대해 판단한 내용으로 적절하지 않은 것은?

우리 사회의 경제적 불의는 더 이상 방치할 수 없는 상태에 이르렀다. 도시 빈민가와 농촌에 잔존하고 있는 빈곤은 최소한의 인간적 삶조차 원천적으로 박탈하고 있으며, 경제력을 4 사치와 향락은 근면과 저축의욕을 감퇴시키고 손쉬운 투기와 불로소득은 기업들의 창의력과 투자의욕을 감소시킴으로써 경제성장의 토대가 와해되고 있다. 부익부빈익빈의 극심한 양극화는 국민 간의 균열을 심화시킴으로써 사회 안정 기반이 동요되고 있으며 공공연한 비윤리적 축적은 공동체의 기본 규범인 윤리 전반을 문란케 하여 우리와 우리 자손들의 소중한 삶의 터전인 이 땅을 약육강식의 살벌한 세상으로 만들고 있다.

부동산 투기, 정경유착, 불로소득과 탈세를 공인하는 차명계좌의 허용, 극심한 소득차, 불공정한 노사관계, 농촌과 중소기업의 피폐 및 이 모든 것들의 결과인 부와 소득의 불공정한 분배, 그리고 재벌로의 경제적 집중, 사치와 향락, 환경오염 등 이 사회에 범람하고 있는 경제적 불의를 척결하고 경제정의를 실천함은 이 시대 우리 사회의 역사적 과제이다.

이의 실천이 없이는 경제 성장도 산업 평화도 민주복지 사회의 건설도 한갓 꿈에 불과하다. 이 중에서도 부동산 문제의 해결은 가장 시급한 우리의 당면 과제이다. 인위적으로 생산될 수 없는 귀중한 국토는 모든 국민들의 복지 증진을 위하여 생산과 생활에만 사용되어야 함에도 불구하고 소수의 재산 증식 수단으로 악용되고 있다. 토지 소유의 극심한 편중과 투기화, 그로 인한 지가의 폭등은 국민생활의 근거인 주택의 원활한 공급을 극도로 곤란하게 하고 있을 뿐만 아니라 물가 폭등 및 노사 분규의 격화, 거대한 투기 소득의 발생 등을 초래함으로써 현재 이 사회가 당면하고 있는 대부분의 경제적 사회적 불안과 부정의의 가장 중요한 원인으로 작용하고 있다.

정부 정책에 대한 국민들의 자유로운 선택권이 보장되며 경제적으로 시장 경제의 효율성과 역동성을 살리면서 깨끗하고 유능한 정부의 적절한 개입으로 분배의 편중, 독과점 및 공해 등 시장 경제의 결함을 해결하는 민주복지사회를 실현하여야 한다. 그리고 이것이 자유와 평등, 정의와 평화의 공동체로서 우리가 지향할 목표이다.

① 이 단체는 극빈층을 포함한 사회적 취약계층의 객관적인 생활수준은 향상되었지만 불공정한 분배, 비윤리적 부의 축적 그리고 사치와 향락 분위기 만연으로 상대적 빈곤은 심각해지고 있다고 인식한다.

② 이 단체는 정책 결정 과정이 소수의 특정 집단에 좌우되고 있다고 보고 있으므로, 정책 결정 과정에 국민 다수의 참여 보장을 주장할 가능성이 크다.

③ 이 단체는 윤리 정립과 불의 척결 등의 요소도 경제 성장에 기여할 수 있다고 본다.

④ 이 단체는 '기업의 비사업용 토지소유 제한을 완화하는 정책'에 비판적일 것이다.

8. 다음은 근로장려금 신청자격 요건에 대한 정부제출안과 국회 통과안의 내용이다. 이에 근거하여 옳은 내용은?

요건	정부제출안	국회통과안
총소득	부부의 연간 총소득이 1,700만 원 미만일 것(총소득은 근로소득과 사업소득 등 다른 소득을 합산한 소득)	좌동
부양 자녀	다음 항목을 모두 갖춘 자녀를 2인 이상 부양할 것 (1) 거주자의 자녀이거나 동거하는 입양자일 것 (2) 18세 미만일 것(단, 중증장애인은 연령제한을 받지 않음) (3) 연간 소득금액의 합계액이 100만 원 이하일 것	다음 항목을 모두 갖춘 자녀를 1인 이상 부양할 것 (1)~(3) 좌동
주택	세대원 전원이 무주택자일 것	세대원 전원이 무주택자이거나 기준시가 5천만 원 이하의 주택을 한 채 소유할 것
재산	세대원 전원이 소유하고 있는 재산 합계액이 1억 원 미만일 것	좌동
신청 제외자	(1) 3개월 이상 국민기초생활보장급여 수급자 (2) 외국인(단, 내국인과 혼인한 외국인은 신청 가능)	좌동

① 정부제출안보다 국회통과안에 의할 때 근로장려금 신청자격을 갖춘 대상자의 수가 더 줄어들 것이다.

② 두 안의 총소득요건과 부양자녀요건을 충족하고, 소유 재산이 주택(5천만 원), 토지(3천만 원), 자동차(2천만 원)인 A는 정부제출안에 따르면 근로장려금을 신청할 수 없지만 국회통과안에 따르면 신청할 수 있다.

③ 소득이 없는 20세 중증장애인 자녀 한 명만을 부양하는 B가 국회통과안에서의 다른 요건들을 모두 충족하고 있다면 B는 국회통과안에 의해 근로장려금을 신청할 수 있다.

④ 총소득, 부양자녀, 주택, 재산 요건을 모두 갖춘 한국인과 혼인한 외국인은 정부제출안에 따르면 근로장려금을 신청할 수 없지만 국회통과안에 따르면 신청할 수 있다.

9. 다음은 □□社에 근무하는 Mr. M. Lee의 출장일정표이다. 옳은 것은?

Monday, January 10 (Seoul to New York)

9:00a.m Leave Incheon Airport on OZ902 for JFK Airport.
9:25a.m Arrive at JFK Airport.
1:00p.m Meeting with Roger Harpers, President, ACF Corporation at Garden Grill.
7:00p.m Dinner Meeting with Joyce Pitt, Consultant, American Business System at Stewart's Restaurant.

Tuesday, January 11 (New York)

9:30a.m Presentation "The Office Environment-Networking" at the National Office Systems Conference, City Conference Center
12:00p.m Luncheon with Raymond Bernard, Vice President, Wilson Automation, Inc., at the Oakdale City Club.

---

① Mr. M. Lee is going to fly to USA on OZ902.

② Mr. M. Lee will make a presentation at the City Conference Center after lunch.

③ Mr. M. Lee will have a luncheon meeting at Garden Grill on January 11th.

④ Mr. M. Lee will meet Roger Harpers, the day after he arrives in New York.

10. 다음은 A공사에 근무하는 김 대리가 작성한 '보금자리주택 특별공급 사전예약 안내문'이다. 자료에 대한 내용으로 옳은 것은?

보금자리주택 특별공급 사전예약이 진행된다. 신청자격은 사전예약 입주자 모집 공고일 현재 미성년(만 20세 미만)인 자녀를 3명 이상 둔 서울, 인천, 경기도 등 수도권 지역에 거주하는 무주택 가구주에게 있다. 청약저축통장이 필요 없고, 당첨자는 배점기준표에 의한 점수 순에 따라 선정된다. 특히 자녀가 만 6세 미만 영유아일 경우, 2명 이상은 10점, 1명은 5점을 추가로 받게 된다.

총점은 가산점을 포함하여 90점 만점이며 배점기준은 다음 〈표〉와 같다.

배점요소	배점기준	점수
미성년 자녀수	4명 이상	40
	3명	35
가구주 연령, 무주택 기간	가구주 연령이 만 40세 이상이고, 무주택 기간 5년 이상	20
	가구주 연령이 만 40세 미만이고, 무주택 기간 5년 이상	15
	무주택 기간 5년 미만	10
당해 시·도 거주기간	10년 이상	20
	5년 이상~10년 미만	15
	1년 이상~5년 미만	10
	1년 미만	5

※ 다만 동점자인 경우 ① 미성년 자녀수가 많은 자, ② 미성년 자녀수가 같을 경우, 가구주의 연령이 많은 자 순으로 선정한다.

① 가장 높은 점수를 받을 수 있는 배점요소는 '가구주 연령, 무주택 기간'이다.

② 사전예약 입주자 모집 공고일 현재 22세, 19세, 16세, 5세의 자녀를 둔 서울 거주 무주택 가구주 甲은 신청자격이 있다.

③ 보금자리주택 특별공급 사전예약에는 청약저축통장이 필요하다.

④ 배점기준에 따른 총점이 동일하고 미성년 자녀수가 같다면, 미성년 자녀의 평균 연령이 더 많은 자 순으로 선정한다.

┃11~12┃ 甲기업 재무팀에서는 2018년도 예산을 편성하기 위해 2017년에 시행되었던 A~F 프로젝트에 대한 평가를 실시하여, 아래와 같은 결과를 얻었다. 물음에 답하시오.

〈프로젝트 평가 결과〉

(단위 : 점)

프로젝트	계획의 충실성	계획 대비 실적	성과지표 달성도
A	96	95	76
B	93	83	81
C	94	96	82
D	98	82	75
E	95	92	79
F	95	90	85

• 프로젝트 평가 영역과 각 영역별 기준 점수는 다음과 같다.
  - 계획의 충실성 : 기준 점수 90점
  - 계획 대비 실적 : 기준 점수 85점
  - 성과지표 달성도 : 기준 점수 80점
• 평가 점수가 해당 영역의 기준 점수 이상인 경우 '통과'로 판단하고 기준 점수 미만인 경우 '미통과'로 판단한다.
• 모든 영역이 통과로 판단된 프로젝트에는 전년과 동일한 금액을 편성하며, 2개 영역이 통과로 판단된 프로젝트에는 전년 대비 10% 감액, 1개 영역만 통과로 판단된 프로젝트에는 15% 감액하여 편성한다. 다만 '계획 대비 실적' 영역이 미통과인 경우 위 기준과 상관없이 15 % 감액하여 편성한다.
• 2017년도 甲기업의 A~F 프로젝트 예산은 각각 20억 원으로 총 120억 원이었다.

11. 전년과 동일한 금액의 예산을 편성해야 하는 프로젝트는 총 몇 개인가?

① 1개　　　　　　② 2개

③ 3개　　　　　　④ 3개

12. 甲기업의 2018년도 A~F 프로젝트 예산 총액은 전년 대비 얼마나 감소하는가?

① 10억 원　　　　② 9억 원

③ 8억 원　　　　　④ 7억 원

13. 다음은 국고보조금의 계상과 관련된 법조문이다. 이를 근거로 제시된 상황을 판단할 때, 2016년 정당에 지급할 국고보조금 총액은?

제00조(국고보조금의 계상)
① 국가는 정당에 대한 보조금으로 최근 실시한 임기만료에 의한 국회의원선거의 선거권자 총수에 보조금 계상단가를 곱한 금액을 매년 예산에 계상하여야 한다.
② 대통령선거, 임기만료에 의한 국회의원선거 또는 동시지방선거가 있는 연도에는 각 선거(동시지방선거는 하나의 선거로 본다)마다 보조금 계상단가를 추가한 금액을 제1항의 기준에 의하여 예산에 계상하여야 한다.
③ 제1항 및 제2항에 따른 보조금 계상단가는 전년도 보조금 계상단가에 전전년도와 대비한 전년도 전국소비자물가 변동률을 적용하여 산정한 금액을 증감한 금액으로 한다.
④ 중앙선거관리위원회는 제1항의 규정에 의한 보조금(경상보조금)은 매년 분기별로 균등분할하여 정당에 지급하고, 제2항의 규정에 의한 보조금(선거보조금)은 당해 선거의 후보자등록마감일 후 2일 이내에 정당에 지급한다.

• 2014년 실시된 임기만료에 의한 국회의원선거의 선거권자 총수는 3천만 명이었고, 국회의원 임기는 4년이다.
• 2015년 정당에 지급된 국고보조금의 보조금 계상단가는 1,000원이었다.
• 전국소비자물가 변동률을 적용하여 산정한 보조금 계상단가는 전년 대비 매년 30원씩 증가한다.
• 2016년에는 5월에 대통령선거가 있고 8월에 임기만료에 의한 동시지방선거가 있다. 각 선거의 한 달 전에 후보자등록을 마감한다.
• 2017년에는 대통령선거, 임기만료에 의한 국회의원선거 또는 동시지방선거가 없다.

① 600억 원   ② 618억 원
③ 900억 원   ④ 927억 원

14. 다음의 사례가 말하고자 하는 것으로써 옳은 내용을 고르면?

2000년 이후 신사복 시장은 의류의 전반적인 캐주얼화 경향과 브랜드 난립 때문에 저성장 추세로 접어들었다. 업체 간 경쟁도 '120수'니 '150수'니 하는 원단 고급화 쪽으로 모아져 수익성마저 악화되고 있는 실정이었다. 이런 상황에서 L사는 2004년부터 30년 이상 경력의 패턴 사들로 구성된 태스크포스 팀을 구성, 세계 최고라고 평가받는 해외 선진 신사복 브랜드인 제냐 카날리 등의 패턴을 분석하는 한편 기존 고객들의 체형도 데이터베이스화했다. 이 자료를 바탕으로 '뉴 패턴'을 연이어 개발하고 상품화를 위해 공장의 제작 공정까지 완전히 새롭게 편성했다. 이런 노력이 결실을 맺어 원단 중심이던 신사복 업계의 패러다임을 착용감과 실루엣으로 바꿨다. L사의 '뉴 패턴' 라인이 출시된 이후 다른 업체들도 서둘러 실루엣을 강조한 제품 라인을 내놨지만 착실히 준비해온 L사의 제품을 쉽게 넘보지 못하고 있다. L사의 신제품은 2005년 7월 말 기준 6.3% 신장(전년 동기 대비)하는 기염을 토했다. 백화점에 입점한 전체 남성복 매출이 3.4% 정도 역신장한 것에 비하면 눈부신 성과가 아닐 수 없다.

① 단순히 자료를 많이 모으는 것이 가장 중요하다는 것을 느끼게 하고 있다.
② 시장을 완전경쟁이 아닌 독점체제로 이끌어가는 것이 중요하다는 것을 역설하고 있다.
③ 현재의 고객에 대해서만 조사를 충실히 하면 성공할 수 있다는 것을 보여주고 있다.
④ 데이터베이스 구축의 중요성에 대한 사례이다.

15. 최근과 같은 무한경쟁시대에서는 동일한 자원을 투입하여 더 높은 성과를 내는 것이 경쟁우위의 기본이 되어 가고 있다. 이러한 상황에서 자신이 현재 보유하고 있는 자원을 적절히 관리하는 것은 상당히 중요한 요소가 된다. 또한, 보유하고 있는 자원을 효과적으로 활용하지 않으면 그만큼 뒤처지게 된다. 기업도 기술의 발전으로 인해 각종 자원을 용이하게 관리하고자 한다. 그 중에서도 전사적 자원관리는 이에 부합하는 개념으로 활용되고 있는데, 아래의 사례는 전사적 자원관리에 대한 내용이다. 이를 읽고 전사적 자원관리가 수행하는 기능에 관한 내용으로 적절하지 않은 항목을 고르면?

> ㉠ 한국무역협회 자회사인 국가전자무역기반사업자인 한국무역정보통신(KTNET)이 페루에 한국형 전자무역시스템을 처음으로 수출한다. KTNET은 중남미 국가로는 처음으로 페루에 전자무역시스템을 수출한다고 20일 밝혔다. KTNET은 내년 11월까지 페루의 요건확인업무 자동화 및 이마켓플레이스 등의 플랫폼을 구축한다. 전사적 자원관리(ERP) 시스템 개발 및 컨설팅 업무 등 전자무역환경 개선을 위한 업무도 수행한다. 이번 사업은 페루 정부가 오는 2023년까지 총 6000만 달러(약 720억 원) 규모로 추진하고 있는 국가전자무역시스템 구축사업(VUCE 2.0)의 1단계라고 할 수 있는 사업이다.
>
> ㉡ 한국오라클은 국내 바이오기업 젠바디에 클라우드 기반 전사적 자원관리(ERP) 솔루션을 공급했다고 14일 발표했다. 2012년 설립된 젠바디는 다양한 질병을 소변, 혈액, 콧물 등으로 간단히 확인할 수 있는 항원항체 원료와 진단키트 등을 제조하는 회사다. 지난해 기준 연 매출은 624억 원 규모다. 젠바디는 브라질 등 글로벌 진단시장에 진출함에 따라 해외납품 물량이 급증해 자원관리 시스템 구축이 필요했다. 추가적으로 해외지사와 생산 공장 투자 확대를 준비하는 상황이었다. 이에 따라 업무 프로세스를 명확히 하고, 투명한 운영을 위해 오라클 ERP 클라우드를 도입하게 됐다는 게 회사 측 설명이다. 이를 통해 구매와 거래처 이력, 입고 품목·수량 등을 체계적으로 관리한다. 정점규 젠바디 대표는 "빠르게 성장하는 글로벌 체외진단 시장에서 유동적인 생산 물량을 처리하기 위해 통합적인 자원관리시스템을 갖추는 것은 필수"라며 "장기적으로는 재무, 영업, 생산관리까지 확장할 계획"이라고 말했다.

① 재무·회계 기능은 각각의 업무 프로세스 가치를 중심으로 표현되고 기업 내부에서 가치 흐름을 계획, 관리, 검사할 수 있도록 지원하며 원가 통제, 재무 분석, 비용 관리와 예산 수립 업무 지원 등의 기능을 제공한다.

② 생산 관리 기능은 연구개발, 작업 센터 관리, 일정 계획, 자재 흐름과 생산과 관련되는 정보의 흐름을 최적화하는 데에 필요한 기능을 제공한다.

③ 인적자원관리는 기업 조직의 경영 자원인 사람에 대해 인사 계획, 정보 관리, 급여, 교육훈련 등 모든 인사 업무를 지원하는 종합적인 인사관리시스템이라 할 수 있다.

④ 기업 서비스는 자재 예측, 구매, 유통, 재고, 협업 등의 업무에 필요한 정보 흐름을 최적화하는 데에 필요한 기능을 제공한다.

16. 다음에서 설명하고 있는 인력배치의 원칙의 예로 적절한 것은?

> 혈연·지연·학연 등 일차 집단적 연고를 다른 사회적 관계보다 중요시하고, 이런 행동양식을 다른 사회관계에까지 확장·투사하는 문화적 특성을 말한다. 또한, 조직 내에 가족적·친화적 분위기를 조성해 인간관계를 개선하나, 파벌적·할거주의적 행태를 조장함으로써 대내외적 정책 및 조직 관리의 공평성과 합리성을 저해하는 역기능을 초래한다.

① 사무능력과 두뇌회전이 빠른 직원에게 총무 업무를 맡긴다.
② 이번 해의 중요 계약 성립에 관여한 직원을 승진시킨다.
③ 같은 지역 학교를 졸업한 사람을 직원으로 선발한다.
④ 수학교육을 전공한 직원에게 수리 문제 제작 업무를 맡긴다.

▌17~18▐ 다음은 시간관리 매트릭스에 관한 설명이다. 물음에 답하시오.

〈시간관리 매트릭스〉

	긴급함	긴급하지 않음
중요함	제1사분면	제2사분면
중요하지 않음	제3사분면	제4사분면

- 제1사분면 : 중요하고 긴급한 일로 위기사항이나 급박한 문제, 기간이 정해진 프로젝트 등 이 해당
- 제2사분면 : 긴급하지는 않지만 중요한 일로 인간관계 구축이나 새로운 기회의 발굴, 중장기 계획 등이 포함
- 제3사분면 : 긴급하지만 중요하지 않은 일로 잠깐의 급한 질문, 일부 보고서, 눈 앞의 급박한 사항이 해당
- 제4사분면 : 중요하지 않고 긴급하지 않은 일로 하찮은 일이나 시간낭비거리, 즐거운 활동 등이 포함

17. 다음 중 긴급하지 않고 중요하지 않은 일에 해당하는 것은?

① 우편물 확인
② 인간관계 구축
③ 중장기 계획
④ 눈앞의 급박한 상황

18. 다음은 중완이가 해야 할 일 목록이다. 다음 중 가장 먼저 해야 할 일은?

- 갑자기 떠오른 질문
- 친구와 통화
- 피아노 레슨
- 마감이 가까운 업무
- 휴가 계획
- 모임에 참석
- 공연 관람
- 가족과 식사

① 모임에 참석하기
② 가족과 식사
③ 피아노 레슨
④ 마감이 가까운 업무

19. 다음은 정부에서 지원하는 〈귀농인 주택시설 개선사업 개요〉와 〈심사 기초 자료〉이다. 이를 근거로 판단할 때, 지원대상 가구만을 모두 고르면?

〈귀농인 주택시설 개선사업 개요〉

□ 사업목적 : 귀농인의 안정적인 정착을 도모하기 위해 일정 기준을 충족하는 귀농가구의 주택 개·보수 비용을 지원
□ 신청자격 : △△군에 소재하는 귀농가구 중 거주기간이 신청마감일(2014. 4. 30.) 현재 전입일부터 6개월 이상이고, 가구주의 연령이 20세 이상 60세 이하인 가구
□ 심사기준 및 점수 산정방식
  ○ 신청마감일 기준으로 다음 심사기준별 점수를 합산한다.
  ○ 심사기준별 점수
    (1) 거주기간 : 10점(3년 이상), 8점(2년 이상 3년 미만), 6점(1년 이상 2년 미만), 4점(6개월 이상 1년 미만)
    ※ 거주기간은 전입일부터 기산한다.
    (2) 가족 수 : 10점(4명 이상), 8점(3명), 6점(2명), 4점(1명)
    ※ 가족 수에는 가구주가 포함된 것으로 본다.
    (3) 영농규모 : 10점(1.0 ha 이상), 8점(0.5 ha 이상 1.0 ha 미만), 6점(0.3 ha 이상 0.5 ha 미만), 4점(0.3 ha 미만)
    (4) 주택노후도 : 10점(20년 이상), 8점(15년 이상 20년 미만), 6점(10년 이상 15년 미만), 4점(5년 이상 10년 미만)
    (5) 사업시급성 : 10점(매우 시급), 7점(시급), 4점(보통)
□ 지원내용
  ○ 예산액 : 5,000,000원
  ○ 지원액 : 가구당 2,500,000원
  ○ 지원대상 : 심사기준별 점수의 총점이 높은 순으로 2가구. 총점이 동점일 경우 가구주의 연령이 높은 가구를 지원. 단, 하나의 읍·면당 1가구만 지원 가능

〈심사 기초 자료(2014. 4. 30. 현재)〉

귀농가구	가구주 연령 (세)	주소지 (△△군)	전입일	가족 수 (명)	영농 규모 (ha)	주택 노후도 (년)	사업 시급성
甲	49	A	2010. 12. 30	1	0.2	17	매우 시급
乙	48	B	2013. 5. 30	3	1.0	13	매우 시급
丙	56	B	2012. 7. 30	2	0.6	23	매우 시급
丁	60	C	2013. 12. 30	4	0.4	13	시급
戊	33	D	2011. 9. 30	2	1.2	19	보통

① 甲, 乙
② 甲, 丙
③ 乙, 丙
④ 乙, 丁

20. 甲, 乙, 丙은 서울특별시(수도권 중 과밀억제권역에 해당) ○○동 소재 3층 주택 소유자와 각 층별로 임대차 계약을 체결하고 현재 거주하고 있는 임차인들이다. 이들의 보증금은 각각 5,800만 원, 2,000만 원, 1,000만 원이다. 위 주택 전체가 경매절차에서 주택가액 8,000만 원에 매각되었고, 甲, 乙, 丙 모두 주택에 대한 경매신청 등기 전에 주택의 인도와 주민등록을 마쳤다. 乙과 丙이 담보물권자보다 우선하여 변제받을 수 있는 금액의 합은? (단, 확정일자나 경매비용은 무시한다)

제00조
① 임차인은 보증금 중 일정액을 다른 담보물권자(擔保物權者)보다 우선하여 변제받을 권리가 있다. 이 경우 임차인은 주택에 대한 경매신청의 등기 전에 주택의 인도와 주민등록을 마쳐야 한다.
② 제1항에 따라 우선변제를 받을 보증금 중 일정액의 범위는 다음 각 호의 구분에 의한 금액 이하로 한다.
   1. 수도권정비계획법에 따른 수도권 중 과밀억제권역 : 2,000만 원
   2. 광역시(군지역과 인천광역시지역은 제외) : 1,700만 원
   3. 그 밖의 지역 : 1,400만 원
③ 임차인의 보증금 중 일정액이 주택가액의 2분의 1을 초과하는 경우에는 주택가액의 2분의 1에 해당하는 금액까지만 우선변제권이 있다.
④ 하나의 주택에 임차인이 2명 이상이고 그 각 보증금 중 일정액을 모두 합한 금액이 주택가액의 2분의 1을 초과하는 경우, 그 각 보증금 중 일정액을 모두 합한 금액에 대한 각 임차인의 보증금 중 일정액의 비율로 그 주택가액의 2분의 1에 해당하는 금액을 분할한 금액을 각 임차인의 보증금 중 일정액으로 본다.
제00조 전조(前條)에 따라 우선변제를 받을 임차인은 보증금이 다음 각 호의 구분에 의한 금액 이하인 임차인으로 한다.
   1. 수도권정비계획법에 따른 수도권 중 과밀억제권역 : 6,000만 원
   2. 광역시(군지역과 인천광역시지역은 제외) : 5,000만 원
   3. 그 밖의 지역 : 4,000만 원

① 2,200만 원   ② 2,300만 원
③ 2,400만 원   ④ 2,500만 원

21. 다음 A, B 두 국가 간의 시간차와 비행시간으로 옳은 것은?

⟨A↔B 국가 간의 운항 시간표⟩

구간	출발시각	도착시각
A → B	09 : 00	13 : 00
B → A	18 : 00	06 : 00(다음날)

• 출발 및 도착시간은 모두 현지시각이다.
• 비행시간은 A → B 구간, B → A 구간 동일하다.
• A가 B보다 1시간 빠르다는 것은 A가 오전 5시일 때, B가 오전 4시임을 의미한다.

	시차	비행시간
①	A가 B보다 4시간 느리다.	12시간
②	A가 B보다 4시간 빠르다.	8시간
③	A가 B보다 2시간 느리다.	10시간
④	A가 B보다 2시간 빠르다.	8시간

22. 다음은 2017년도 에어컨 매출액 상위 10개 업체와 매출액 증가에 관한 자료이다. 이를 참고하여 2018년도 에어컨 매출액 중 세 번째로 높은 업체는?

〈2017년도 에어컨 매출액 상위 10개 업체〉

(단위 : 십억 원)

업체명	매출액
A	1,139
B	1,097
C	285
D	196
E	154
F	149
G	138
H	40
I	30
J	27

〈2018년도 전년 대비 에어컨 매출 증가율〉

(단위 : %)

업체명	전년 대비 매출액 증가율
A	15
B	19
C	10
D	80
E	25
F	90
G	46
H	61
I	37
J	58

① B
② D
③ F
④ H

23. 다음은 동석이의 7월 보수 지급 명세서이다. 이에 대한 설명으로 옳지 않은 것은?

〈보수 지급 명세서〉

(단위 : 원)

실수령액			
: ( )			
보수		공제	
보수항목	보수액	공제항목	공제액
봉급	( )	소득세	150,000
중요직무급	130,000	지방소득세	15,000
시간외수당	320,000	일반기여금	184,000
정액급식비	120,000	건강보험료	123,000
직급보조비	200,000	장기요양보험료	9,800
보수총액	( )	공제총액	( )

① 소득세는 지방소득세의 8배 이상이다.
② 소득세가 공제총액에서 차지하는 비율은 30% 이상이다.
③ 봉급이 193만 원 이라면 보수총액은 공제총액의 6배 이상이다.
④ 시간외수당은 정액급식비와 15만 원 이상 차이난다.

▍**24~25** ▍ 다음은 전기 관련 사고에 대한 자료이다. 물음에 답하시오.

구분	2006	2011	2012	2013	2014	2015	2016
감전사고(건)	212	222	224	215	224	232	221
정전사고(건)	6,166	5,229	5,392	5,092	4,762	4,621	4,292
전기화재 (천 건)	336	341	345	329	337	350	332
인구 1만 명당 감전사고(건)	3.1	2.4	2.4	2.2	2.0	1.9	1.7
인구 10만 명당 감전사고 사망자수(명)	12.7	10.7	10.8	10.1	9.4	9.1	8.5
전기화재 피해자 중 사망자 구성비(%)	37.4	39.1	37.6	38.9	40.1	38.8	39.9

24. 다음 중 위의 자료를 올바르게 해석하지 못한 것은 어느 것인가?

① 2016년에는 10년 전보다 감전사고 건수와 전기화재 피해자 중 사망자 구성비가 더 증가하였다.

② 정전사고와 전기화재 건수의 합은 2012년 이후 지속적으로 감소하였다.

③ 2011~2016년까지의 평균 감전사고 건수보다 더 높은 건수를 기록한 해는 3개 연도이다.

④ 전기화재가 발생하면 10명 중 약 4명꼴로 사망하였다.

25. 2006년의 총 인구 수가 1천만 명이었다고 가정할 경우, 2016년의 총 감전사고 건수가 2006년과 같아지게 될 때의 총 인구 수는 몇 명인가? (반올림하여 천의 자리까지 표시함)

① 17,508천 명
② 17,934천 명
③ 18,011천 명
④ 18,235천 명

|26~27| 다음은 수도권 지하철역에서 제공하고 있는 유아수유실 현황에 관한 자료이다. 물음에 답하시오.

〈유아수유실 현황〉

○ 1호선

역명	역명
종로3가(1)역	동대문역

○ 2호선

역명	역명
시청역	성수역
강변역	잠실역
삼성역	강남역
신림역	대림역
신촌역	영등포구청역
신설동역	

○ 3호선

역명	역명
구파발역	독립문역
옥수역	고속터미널역
양재역	도곡역

○ 4호선

역명	역명
노원역	미아사거리역
길음역	동대문역사문화공원역
서울역	이촌역
사당역	

○ 5호선

역명	역명
김포공항역	우장산역
까치산역	목동역
영등포구청역	신길역
여의도역	여의나루역
충정로역	광화문역
동대문역사문화공원역	청구역
왕십리역	답십리역
군자역	아차산역
천호역	강동역
고덕역	올림픽공원역
거여역	

○ 6호선

역명	역명
응암역	불광역
월드컵경기장역	합정역
대흥역	공덕역
삼각지역	이태원역
약수역	상월곡역
동묘앞역	안암역

○ 7호선

역명	역명
수락산역	노원역
하계역	태릉입구역
상봉역	부평구청역
어린이대공원역	뚝섬유원지역
논현역	고속터미널역
이수역	대림역
가산디지털단지역	광명사거리역
온수역	까치울역
부천종합운동장역	춘의역
신중동역	부천시청역
상동역	삼산체육관역
굴포천역	

○ 8호선

역명	역명
모란역	몽촌토성역
잠실역	가락시장역
장지역	남한산성입구역

※ 해당 역에 하나의 유아수유실을 운영 중이다.

26. 다음 중 2호선 유아수유실이 전체에서 차지하는 비율은?

① 10.5%
② 11.5%
③ 12.5%
④ 13.5%

27. 다음 중 가장 많은 유아수유실을 운영 중인 지하철 호선 ㉮와 가장 적은 유아수유실을 운영 중인 지하철 호선 ㉯로 적절한 것은?

	㉮	㉯		㉮	㉯
①	7호선	1호선	②	6호선	4호선
③	5호선	3호선	④	4호선	2호선

28. 다음은 2015~2017년도의 지방자치단체 재정력지수에 대한 자료이다. 매년 지방자치단체의 기준재정수입액이 기준재정수요액에 미치지 않는 경우, 중앙정부는 그 부족분만큼의 지방교부세를 당해년도에 지급한다고 할 때, 3년간 지방교부세를 지원받은 적이 없는 지방자치단체는 모두 몇 곳인가? (단, 재정력지수 = $\frac{기준재정수입액}{기준재정수요액}$)

연도 지방 자치단체	2005	2006	2007	평균
서울	1.106	1.088	1.010	1.068
부산	0.942	0.922	0.878	0.914
대구	0.896	0.860	0.810	0.855
인천	1.105	0.984	1.011	1.033
광주	0.772	0.737	0.681	0.730
대전	0.874	0.873	0.867	0.871
울산	0.843	0.837	0.832	0.837
경기	1.004	1.065	1.032	1.034
강원	0.417	0.407	0.458	0.427
충북	0.462	0.446	0.492	0.467
충남	0.581	0.693	0.675	0.650
전북	0.379	0.391	0.408	0.393
전남	0.319	0.330	0.320	0.323
경북	0.424	0.440	0.433	0.432
경남	0.653	0.642	0.664	0.653

① 0곳
② 1곳
③ 2곳
④ 3곳

29. 다음은 푸르미네의 에너지 사용량과 연료별 탄소배출량 및 수종(樹種)별 탄소흡수량을 나타낸 것이다. 푸르미네 가족의 월간 탄소배출량과 나무의 월간 탄소흡수량을 같게 하기 위한 나무의 올바른 조합을 고르면?

■ 푸르미네의 에너지 사용량

연료	사용량
전기	420kWh/월
상수도	40m³/월
주방용 도시가스	60m³/월
자동차 가솔린	160ℓ /월

■ 연료별 탄소배출량

연료	탄소배출량
전기	0.1kg/kWh
상수도	0.2kg/m³
주방용 도시가스	0.3kg/m³
자동차 가솔린	0.5kg/ℓ

■ 수종별 탄소흡수량

수종	탄소흡수량
소나무	14kg/그루·월
벗나무	6kg/그루·월

① 소나무 4그루와 벗나무 12그루

② 소나무 6그루와 벗나무 9그루

③ 소나무 7그루와 벗나무 10그루

④ 소나무 8그루와 벗나무 6그루

30. 다음은 A~E 5대의 자동차별 속성과 연료 종류별 가격에 관한 자료이다. 동일한 거리를 운행하는 데에 연료비가 가장 많이 드는 자동차는?

■ 자동차별 속성

특성 자동차	사용연료	최고시속(km/h)	연비(km/l)	연료탱크용량(l)
A	휘발유	200	10	60
B	LPG	160	8	60
C	경유	150	12	50
D	휘발유	180	20	45
E	경유	200	8	50

■ 연료 종류별 가격

연료 종류	리터당 가격(원/ℓ)
휘발유	1,700
LPG	1,000
경유	1,500

① B

② C

③ D

④ E

▮31~32▮ 다음은 SWOT분석에 대한 설명이다. 설명을 읽고 문제에 제시된 SWOT분석을 통해 도출한 전략으로 옳은 것을 고르시오.

SWOT이란, 강점(Strength), 약점(Weakness), 기회(Opportunity), 위협(Threat)의 머리글자를 모아 만든 단어로 경영 전략을 수립하기 위한 도구이다. SWOT분석을 통해 도출된 조직의 외부/내부 환경을 분석 결과를 통해 각각에 대응하는 전략을 도출하게 된다.

SO 전략이란 기회를 활용하면서 강점을 더욱 강화하는 공격적인 전략이고, WO 전략이란 외부환경의 기회를 활용하면서 자신의 약점을 보완하는 전략으로 이를 통해 기업이 처한 국면의 전환을 가능하게 할 수 있다. ST 전략은 외부환경의 위협요소를 회피하면서 강점을 활용하는 전략이며, WT 전략이란 외부환경의 위협요인을 회피하고 자사의 약점을 보완하는 전략으로 방어적 성격을 갖는다.

내부 외부	강점(Strength)	약점(Weakness)
기회 (Opportunity)	SO 전략 (강점-기회 전략)	WO 전략 (약점-기회 전략)
위협 (Threat)	ST 전략 (강점-위협 전략)	WT 전략 (약점-위협 전략)

31. 다음은 국내 화장품 산업의 SWOT분석이다. 주어진 전략 중 가장 적절한 것은?

강점 (Strength)	• 참신한 제품 개발 능력과 상위의 생산시설 보유 • 한류 콘텐츠와 연계된 성공적인 마케팅 • 상대적으로 저렴한 가격 경쟁력
약점 (Weakness)	• 아시아 외 시장에서의 존재감 미약 • 대기업 및 일부 브랜드 편중 심화 • 색조 분야 경쟁력이 상대적으로 부족
기회 (Opportunity)	• 중국·동남아 시장 성장 가능성 • 중국 화장품 관세 인하 • 유럽에서의 한방 원료 등을 이용한 'Korean Therapy' 관심 증가
위협 (Threat)	• 글로벌 업체들의 중국 진출(경쟁 심화) • 중국 로컬 업체들의 추격 • 중국 정부의 규제 강화 가능성

내부 외부	강점(Strength)	약점(Weakness)
기회 (Opportunity)	① 색조 화장품 개발로 중국·동남아 시장 진출	② 다양한 한방 화장품 개발로 유럽 시장에 존재감 부각
위협 (Threat)	③ 저렴한 가격과 높은 품질을 강조하여 유럽 시장에 공격적인 마케팅	④ 한류 콘텐츠와 연계한 마케팅으로 중국 로컬 업체들과 경쟁

32. 다음은 국내 SW 산업의 SWOT분석이다. 주어진 전략 중 가장 적절한 것은?

강점 (Strength)	• 다양한 부문의 시스템 구축 경험 및 도메인 지식 확보 • 시장의 신기술 거부감이 상대적으로 낮아 선점 기회 높음
약점 (Weakness)	• SW기업의 글로벌 시장에 대한 경쟁력 및 경험 부족 • SW산업을 3D 업종으로 인식해 신규 우수인재 기피
기회 (Opportunity)	• 정부의 SW산업 성장동력화 추진 의지 • 제조 분야의 고품질화, 지능화 욕구로 성장 잠재력 기회
위협 (Threat)	• 중국 등 후발경쟁국과 급격히 줄어든 기술격차 • 고급 SW인력의 이직 등에 의한 이탈 심화

내부 외부	강점(Strength)	약점(Weakness)
기회 (Opportunity)	① 한발 빠른 신기술 개발로 후발경쟁국과의 기술격차를 넓힘	② SW기반 서비스 시장 창출
위협 (Threat)	③ 국가별·지역별 전략적 해외진출 강화	④ 작업환경변화 등 우수 인력 유입 촉진을 위한 기반을 조성하여 이직 등에 의한 이탈에 대비

33. 다음은 조직의 유형에 대한 설명이다. 옳은 것을 모두 고른 것은?

> ㉠ 조직은 영리성을 기준으로 공식조직과 비공식조직으로 구분할 수 있다.
> ㉡ 조직은 비공식조직으로부터 공식조직으로 발전해왔다.
> ㉢ 정부조직은 비영리조직에 속한다.
> ㉣ 비공식조직 내에서 인간관계를 지향하면서 공식조직이 생성되기도 한다.
> ㉤ 기업과 같이 이윤을 목적으로 하는 조직을 공식조직이라 한다.

① ㉠㉣
② ㉡㉢
③ ㉡㉤
④ ㉢㉣

┃34~35┃ 다음 결재규정을 보고 주어진 상황에 알맞게 작성된 양식을 고르시오.

〈결재규정〉
• 결재를 받으려면 업무에 대해서는 최고결재권자(대표이사)를 포함한 이하 직책자의 결재를 받아야 한다.
• '전결'이라 함은 회사의 경영활동이나 관리활동을 수행함에 있어 의사결정이나 판단을 요하는 일에 대하여 최고결재권자의 결재를 생략하고, 자신의 책임 하에 최종적으로 의사결정이나 판단을 하는 행위를 말한다.
• 전결사항에 대해서도 위임 받은 자를 포함한 이하 직책자의 결재를 받아야 한다.
• 표시내용 : 결재를 올리는 자는 최고결재권자로부터 전결사항을 위임 받은 자가 있는 경우 결재란에 전결이라고 표시하고 최종 결재권자에 위임 받은 자를 표시한다. 다만, 결재가 불필요한 직책자의 결재란은 상향대각선으로 표시한다.
• 최고결재권자의 결재사항 및 최고결재권자로부터 위임된 전결사항은 다음의 표에 따른다.

구분	내용	금액 기준	결재서류	팀장	본부장	대표 이사
접대비	거래처 식대, 경조사비 등	20만 원 이하	접대비지출품의서 지출결의서	●■		
		30만 원 이하			●■	
		30만 원 초과				●■
교통비	국내 출장비	30만 원 이하	출장계획서 출장비 신청서	●■		
		50만 원 이하		●	■	
		50만 원 초과		●		■
	해외 출장비			●		■
소모품비	사무용품		지출결의서	■		
	문서, 전산소모품					■
	기타 소모품	20만 원 이하		■		
		30만 원 이하			■	
		30만 원 초과				■
교육 훈련비	사내외 교육		기안서 지출결의서	●		■
법인 카드	법인카드 사용	50만 원 이하	법인카드 신청서	■		
		100만 원 이하			■	
		100만 원 초과				■

● : 기안서, 출장계획서, 접대비지출품의서
■ : 지출결의서, 세금계산서, 발행요청서, 각종 신청서

34. 영업부 사원 I씨는 거래업체 직원들과 저녁 식사를 위해 270,000원을 지불하였다. I씨가 작성해야 하는 결재 방식으로 옳은 것은?

①

접대비지출품의서			
결재	담당	팀장	본부장	최종 결재

	담당	팀장	본부장	최종 결재
결재	I			전결

②

접대비지출품의서			
결재	담당	팀장	본부장	최종 결재

	담당	팀장	본부장	최종 결재
결재	I	전결		본부장

③

지출결의서			
결재	담당	팀장	본부장	최종 결재

	담당	팀장	본부장	최종 결재
결재	I	전결		본부장

④

접대비지출품의서			
결재	담당	팀장	본부장	최종 결재

	담당	팀장	본부장	최종 결재
결재	I		전결	본부장

35. 편집부 직원 R씨는 해외 시장 모색을 위해 영국행 비행기 티켓 500,000원과 호주행 비행기 티켓 500,000원을 지불하였다. R씨가 작성해야 할 결재 방식으로 옳은 것은?

①

출장계획서			
결재	담당	팀장	본부장	최종 결재

	담당	팀장	본부장	최종 결재
결재	R			전결

②

출장계획서			
결재	담당	팀장	본부장	최종 결재

	담당	팀장	본부장	최종 결재
결재	R		전결	본부장

③

출장비신청서			
결재	담당	팀장	본부장	최종 결재

	담당	팀장	본부장	최종 결재
결재	R	전결		본부장

④

출장비신청서			
결재	담당	팀장	본부장	최종 결재

	담당	팀장	본부장	최종 결재
결재	R			대표이사

36. 해외 법인에서 근무하는 귀하는 중요한 프로젝트의 계약을 앞두고 현지 거래처 귀빈들을 위한 식사 자리를 준비하게 되었다. 본사와 거래처의 최고 경영진들이 대거 참석하는 자리인 만큼 의전에도 각별히 신경을 써야 하는 매우 중요한 자리이다. 이러한 외국 손님들과의 식사 자리를 준비하는 에티켓에 관한 다음 보기와 같은 설명 중 적절하지 않은 것은 무엇인가?

① 테이블의 모양과 좌석의 배치 등도 매우 중요하므로 반드시 팩스나 이메일로 사전에 참석자에게 정확하게 알려 줄 필요가 있다.

② 종교적 이유로 특정음식을 먹지 않는 고객의 유무 등 특별 주문 사항이 있는지를 미리 확인한다.

③ 상석(上席)을 결정할 경우, 나이는 많은데 직위가 낮으면 나이가 직위를 우선한다.

④ 최상석에 앉은 사람과 가까운 자리일수록 순차적으로 상석이 되며, 멀리 떨어진 자리가 말석이 된다.

37. 다음 중 임파워먼트에 해당하는 사례는 무엇인가?

① 영업부 팀장 L씨는 사원 U씨에게 지난 상반기의 판매 수치를 정리해 오라고 요청하였다. 또한 데이터베이스를 업데이트하고, 회계부서에서 받은 수치를 반영하여 새로운 보고서를 제출하라고 지시하였다.

② 편집부 팀장 K씨는 사원 S씨에게 지난 3달간의 도서 판매 실적을 정리해 달라고 요청하였다. 또한 신간등록이 되어 있는지 확인 후 업데이트하고, 하반기에 내놓을 새로운 도서의 신간 기획안을 제출하라고 지시하였다.

③ 마케팅팀 팀장 I씨는 사원 Y씨에게 상반기 판매 수치를 정리하고 이 수치를 분석하여 하반기 판매 향상에 도움이 될 만한 마케팅 계획을 직접 개발하도록 지시했다.

④ 홍보부 팀장 H씨는 사원 R씨에게 지난 2년간의 회사 홍보물 내용을 검토하고 업데이트 할 내용을 정리한 후 보고서로 작성하여 10부를 복사해 놓으라고 지시하였다.

38. 다음 중 아래의 조직도를 올바르게 이해한 것은?

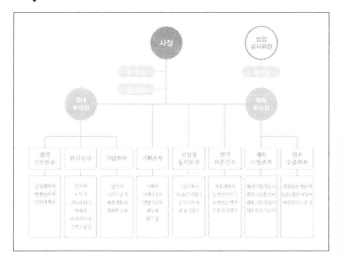

ㄱ 사장직속으로는 3개 본부, 13개 처, 2개 실로 구성되어 있다.
ㄴ 국내·해외부사장은 각 3개의 본부를 이끌고 있다.
ㄷ 감사실은 다른 부서들과는 별도로 상임 감사위원 산하에 따로 소속되어 있다.
ㄹ 노무처와 재무처는 서로 업무협동이 있어야 하므로 같은 본부에 소속되어 있다.

① ㄱ   ② ㄷ
③ ㄴㄷ   ④ ㄷㄹ

39. 김 대리는 여성의류 인터넷쇼핑몰 서비스팀에 근무 중으로 최근 불만 및 반품 접수가 증가하고 있어 이와 관련하여 회의를 진행하였다. 아래의 회의록을 보고 알 수 있는 내용은?

회의록

• 회의일시 : 2017년 2월 13일
• 회의장소 : 웰니스빌딩 3층 303호 소회의장
• 부서 : 물류팀, 개발팀, 서비스팀
• 참석자 : 물류팀 팀장, 과장, 개발팀 팀장, 과장, 서비스팀 팀장, 과장

• 회의 안건
제품 의류에 염료 얼룩으로 인한 고객 불만반품에 따른 원인조사 및 대책방안

• 회의 내용
주문폭주로 인한 물량증가로 염료가 덜 마른 부직포 포장지를 사용하여 제품인 의류에 염색 얼룩이 묻은 것으로 추측

• 의결 사항
[물류팀]
컬러 부직포로 제품포장 하였던 기존방식에서 내부비닐포장 및 염료를 사용하지 않는 부직포로 2중 포장, 외부 종이상자 포장으로 교체
[서비스팀]
- 주문물량이 급격히 증가했던 일주일 동안 포장된 제품 전격 회수
- 제품을 구매한 고객에 사과문 발송 및 100% 환불 보상 공지
[개발팀]
포장 재질 및 부직포 염료 유해성분 조사

---

① 마케팅팀은 해당 브랜드의 전 제품을 회수 및 100% 환불 보상할 것을 공지한다.
② 주문량이 증가한 날짜는 2017년 02월 13일부터 일주일간이다.
③ 주문량이 많아 염료가 덜 마른 부직포 포장지를 사용한 것이 문제 발생의 원인으로 추측된다.
④ 개발팀에서 제품을 전격 회수해 포장재 및 인쇄된 잉크의 유해성분을 조사하기로 했다.

40. 다음에 해당하는 리더십의 유형은?

- 구성원에게 권한을 부여하고, 자신감을 불어넣는다.
- 구성원에게 도전적 목표와 임무, 미래의 비전을 추구하도록 한다.
- 구성원에게 개별적 관심과 배려를 보이고, 지적 자극을 준다.

① 카리스마적 리더십   ② 변혁적 리더십
③ 발전적 리더십   ④ 촉매적 리더십

41. 다음은 A기업 각 팀 직원들의 한 주 동안 휴대전화 사용 시간을 조사한 표이다. 각 팀의 직원 수가 모두 같을 때, 이 표에 대한 설명으로 옳은 것을 〈보기〉에서 모두 고른 것은?

(단위 : 시간)

구분	총무팀	기획팀	영업팀	홍보팀	재무팀
평균	12	9	12	10	11
표준편차	2.6	2.1	3.3	3.7	1.8

〈보기〉
㉠ 홍보팀의 분산이 가장 크다.
㉡ 휴대전화 평균 사용 시간이 가장 적은 팀은 재무팀이다.
㉢ 총무팀과 영업팀의 휴대전화 사용 시간의 총합이 서로 같다.
㉣ 휴대전화 사용 시간이 평균에 가장 가까이 몰려 있는 팀은 기획팀이다.

① ㉠   ② ㉠, ㉢
③ ㉡, ㉢   ④ ㉡, ㉣

42. A기업 기획팀에서는 새로운 프로젝트를 추진하면서 업무추진력이 높은 직원은 프로젝트의 팀장으로 발탁하려고 한다. 성취행동 경향성이 높은 사람을 업무추진력이 높은 사람으로 규정할 때, 아래의 정의를 활용해서 〈보기〉의 직원들을 업무추진력이 높은 사람부터 순서대로 바르게 나열한 것은?

성취행동 경향성(TACH)의 강도는 성공추구 경향성(Ts)에서 실패회피 경향성(Tf)을 뺀 점수로 계산할 수 있다(TACH = Ts − Tf). 성공추구 경향성에는 성취동기(Ms)라는 잠재적 에너지의 수준이 영향을 준다. 왜냐하면 성취동기는 성과가 우수하다고 평가받고 싶어 하는 것으로 어떤 사람의 포부수준, 노력 및 끈기를 결정하기 때문이다. 어떤 업무에 대해서 사람들이 제각기 다양한 방식으로 행동하는 것은 성취동기가 다른 데도 원인이 있지만, 개인이 처한 환경요인이 서로 다르기 때문이기도 하다. 이 환경요인은 성공기대확률(Ps)과 성공결과의 가치(Ins)로 이루어진다. 즉 성공추구 경향성은 이 세 요소의 곱으로 결정된다(Ts = Ms × Ps × Ins).

한편 실패회피 경향성은 실패회피동기, 실패기대확률 그리고 실패결과의 가치의 곱으로 결정된다. 이때 성공기대확률과 실패기대확률의 합은 1이며, 성공결과의 가치와 실패결과의 가치의 합도 1이다.

〈보기〉
- A는 성취동기가 3이고, 실패회피동기가 1이다. 그는 국제환경협약에 대비한 공장건설환경규제안을 만들었는데, 이 규제안의 실현가능성을 0.7로 보며, 규제안이 실행될 때의 가치를 0.2로 보았다.
- B는 성취동기가 2이고, 실패회피동기가 1이다. 그는 도시고속화도로 건설안을 기획하였는데, 이 기획안의 실패가능성을 0.7로 보며, 도로건설사업이 실패하면 0.3의 가치를 갖는다고 보았다.
- C는 성취동기가 3이고, 실패회피동기가 2이다. 그는 △△지역의 도심재개발계획을 주도하였는데, 이 계획의 실현가능성을 0.4로 보며, 재개발사업이 실패하는 경우의 가치를 0.3으로 보았다.

① A, B, C   ② B, A, C
③ B, C, A   ④ C, B, A

43. 김대리는 모스크바 현지 영업소로 출장을 갈 계획이다. 4일 오후 2시(현지시각) 모스크바에서 회의가 예정되어 있어 모스크바 공항에 적어도 오전 11시 이전에는 도착하고자 한다. 인천에서 모스크바까지 8시간이 걸리며, 시차는 인천이 모스크바보다 6시간이 더 빠르다. 김대리는 인천에서 늦어도 몇 시(인천기준)에 출발하는 비행기를 예약하여야 하는가?

① 3일 09 : 00   ② 3일 19 : 00
③ 4일 09 : 00   ④ 4일 11 : 00

44. 다음 글을 읽고 이 글의 내용과 부합되는 것을 고르시오.

> 말갈은 고구려의 북쪽에 있으며 읍락마다 추장이 있으나 서로 하나로 통일되지는 못했다. 무릇 7종이 있으니 첫째는 속말부라 부르며 고구려에 접해 있고, 둘째는 백돌부로 속말의 북쪽에 있다. 셋째. 안차골부는 백돌의 동북쪽에 있고, 넷째, 불열부는 백돌의 동쪽에 있다. 다섯째는 호실부로 불열의 동쪽에 있고, 여섯째는 흑수부로 안차골의 서북쪽에 있으며, 일곱째는 백산부로 속말의 동쪽에 있다. 정병은 3천이 넘지 않고 흑수부가 가장 강하다.

① 벽돌부는 호실부의 서쪽에 있다.
② 흑수부는 백산부의 동쪽에 있다.
③ 백산부는 불열부의 북쪽에 있다.
④ 안차골부는 속말부의 서북쪽에 있다.

45. 다음 다섯 사람 중 오직 한 사람만이 거짓말을 하고 있다. 거짓말을 하고 있는 사람은 누구인가?

> • A : B는 거짓말을 하고 있지 않다.
> • B : C의 말이 참이면 D의 말도 참이다.
> • C : E는 거짓말을 하고 있다.
> • D : B의 말이 거짓이면 C의 말은 참이다.
> • E : A의 말이 참이면 D의 말은 거짓이다.

① E
② D
③ C
④ B

46. 아래의 사례를 통해 1팀과 2팀에 대해 알 수 없는 내용을 고르면?

> 가위를 생산하는 Q사의 개발부서 1팀과 2팀에게 새로운 가위를 생산하기 위한 아이디어를 제출하라는 지시가 내려왔다. 1팀과 2팀은 모두 부서원들이 참석하는 개발회의를 열었다.
> 1팀에서는 부서장이 새로운 가위를 개발하기 위해 좋은 아이디어를 부서원들에게 제시해 보라고 하였고, 부서들은 "몇 번을 잘라도 잘리는 정도가 같은 가위를 개발하는 것이 좋겠습니다.", "가위를 손쉽게 가지고 다니기 위해서 가위집으로 덮인 가위를 개발하는 것은 어때요" 등등 이런 저런 아이디어를 제시하기 시작했다. 회의는 여러 가지 아이디어가 제시되면서 열띠게 진행되었다. 그러나 회의가 끝날 무렵, 아이디어는 많이 제시된 것 같은데 정리할 수가 없었다.
> 반면 2팀에서는 얼마 전 창의력 개발과정에 참여한 부서장을 중심으로 차트와 포스트잇, 필기구를 준비하여, 다양한 아이디어 개발 방법을 사용하여 회의를 진행하였다. 그들은 우선 생각나는 대로 자유롭게 아이디어를 제시하게 하고, 각 아이디어를 포스트잇에 하나씩 적어나갔다. 그리고 포스트잇에 적힌 아이디어를 종합해서 관련성이 있는 아이디어끼리 묶어 가는 과정을 통해서 신상품 가위의 개발 방향, 방법, 홍보 등에 대한 결론을 내릴 수 있었다.

① 위 내용은 창의적인 사고를 개발하는 방법에 관한 사례이다.
② 사례의 1팀 및 2팀은 둘 다 창의적 사고를 통해 새로운 아이디어를 도출하고 있음을 알 수 있다.
③ 1팀의 경우 아이디어만을 제시한 것으로 상황을 종료하고 있다.
④ 1팀과 2팀이 차이가 나는 것은 일반적인 사고를 개발하기 위해 용이하게 접근하느냐 하지 못하느냐의 차이라고 할 수 있다.

47. A는 현재 야간 아르바이트를 하고 있다. 늦은 밤 아래 내용에 해당하는 고객이 들이닥쳤을 시에 A가 취할 수 있는 바람직한 응대해결방안으로 가장 적절한 것은?

이러한 유형의 고객은 보통 즐겁고 협조적인 성격이지만 한 편으로는 타인이 의사결정을 내려주기를 기다리는 경향이 있어서 요점을 명확하게 말하지 않는다. 너구나 대부분 보상을 얼마나 받아야 하는지 또는 요구하는 보상이 기준 이상이라는 것을 자신이 잘 알고 있는 경우가 많다.

① 고객 스스로가 감정을 조절할 수 있도록 유도하는 우회화법을 활용해야 한다.

② 고객이 결정을 내리지 못하는 갈등의 요소가 무엇인지를 표면화시키기 위해 시기적절한 질문을 제시하여 상대가 자신의 생각을 솔직하게 드러낼 수 있도록 도와주어야 한다.

③ 대화중에 반론을 하거나 또는 자존심을 건드리는 행위를 하지 않도록 주의해야 한다.

④ 이러한 형태의 고객들은 단순한 면이 있으므로 칭찬해 주면서 맞장구 쳐주면 의외로 쉽게 문제를 해결할 수 있다.

48. 5명(A ~ E)이 다음 규칙에 따라 게임을 하고 있다. 4 → 1 → 1의 순서로 숫자가 호명되어 게임이 진행되었다면 네 번째 술래는?

- A → B → C → D → E 순으로 반시계방향으로 동그랗게 앉아 있다.
- 한 명의 술래를 기준으로, 술래는 항상 숫자 3을 배정받고, 반시계방향으로 술래 다음 사람이 숫자 4를, 그 다음 사람이 숫자 5를, 술래 이전 사람이 숫자 2를, 그 이전 사람이 숫자 1을 배정받는다.
- 술래는 1 ~ 5의 숫자 중 하나를 호명하고, 호명된 숫자에 해당하는 사람이 다음 술래가 된다. 새로운 술래를 기준으로 다시 위의 조건에 따라 숫자가 배정되며 게임이 반복된다.
- 첫 번째 술래는 A다.

① A   ② B

③ C   ④ D

49. 아래의 내용을 읽고 밑줄 친 부분을 해결방안으로 삼아 실행했을 시에 주의해야 하는 내용으로 바르지 않은 것은?

동합금 제조기업 서원은 연간 40억 원의 원가 절감을 목표로 '원가혁신 2030' 출범 행사를 열었다고 26일 밝혔다. 원가혁신 2030은 오는 2020년까지 경영혁신은 통해 인가 또는 비용은 20% 줄이고 이익은 30% 향상시키는 혁신활동의 일환이라고 회사 측은 설명했다.

이 회사는 원가혁신 2030을 통해 연간 40억 원을 절감한다는 계획이다. 이를 달성하기 위해 체계적으로 원가코스트 센터를 통해 예산을 통제하고, 원가활동별로 비용 절감을 위한 개선활동도 진행한다. 또 종합생산성혁신(Total Productivity Innovation)을 통해 팀별, 본부별 단위로 <u>목표에 의한 관리</u>를 추진할 예정이다. 이에 대한 성과 평가와 보상을 위한 성과관리시스템도 구축 중이다.

서원은 비용 및 원가 절감뿐 아니라 원가혁신 2030을 통해 미래 성장비전도 만들어가기로 했다. 정직, 인재, 도전, 창조, 상생의 5개 핵심가치를 중심으로 지식을 공유하는 조직문화를 정착시키는 계획도 추진한다. 박기원 원가혁신위원장은 "내실을 다지면서 변화와 혁신을 도구 삼아 지속 성장이 가능한 기업으로 거듭나야 한다"라며 "제2의 창업이라는 각오로 혁신활동을 안착시키겠다"라고 말했다.

① 목표에 의한 관리가 제대로 수행되어질 수 있게끔 조직을 분권화 하는 등의 조직시스템의 재정비가 뒤따라야 한다.

② 의사소통의 통로 및 종업원들의 태도와 그들의 행위변화에 대한 대책을 마련하여, 올바른 조직문화 형성에 노력을 아끼지 말아야 한다.

③ 종업원들끼리의 지나친 경쟁과 리더의 역할갈등으로 인해 집단 저항의 우려가 있다.

④ 기업 조직의 사기 및 분위기나 문화 등이 경영환경에 대응해야만 하는 조직의 단기적인 안목에 대한 전략이 약화될 수 있으므로 주의해야 한다.

50. ◇◇자동차그룹 기술개발팀은 수소연료전지 개발과 관련하여 다음의 자료를 바탕으로 회의를 진행하고 있다. 잘못된 분석을 하고 있는 사람은?

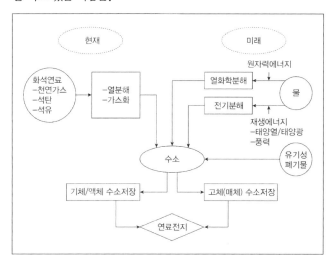

① 甲 : 현재는 석유와 천연가스 등 화석연료에서 수소를 얻고 있지만, 미래에는 재생에너지나 원자력을 활용한 수소 제조법이 사용될 것이다.

② 乙 : 수소는 기체, 액체, 고체 등 저장 상태에 관계없이 연료전지에 활용할 수 있다는 장점을 갖고 있다.

③ 丙 : 수소저장기술은 기체나 액체 상태로 저장하는 방식과 고체(매체)로 저장하는 방식으로 나눌 수 있다.

④ 丁 : 수소를 제조하는 기술에는 화석연료를 전기분해하는 방법과 재생에너지를 이용하여 물을 열분해하는 두 가지 방법이 있다.

>> 직무수행능력평가 (50문항/60분)

1. 항만시설 중 기능시설에 해당하는 것은?

① 항로 · 정박지 · 선유장 · 선회장 등 수역시설

② 도로 · 교량 · 철도 · 궤도 · 운하 등 임항교통시설

③ 고정식 또는 이동식 하역장비, 화물 이송시설, 배관시설 등 하역시설

④ 안벽 · 물양장 · 잔교 · 부잔교 · 돌핀 · 선착장 · 램프 등 계류시설

2. 다음 중 항만기본계획에 포함되어야 할 사항이 아닌 것은?

① 항만의 지정 및 변경에 관한 사항

② 항만시설의 공급에 관한 사항

③ 항만의 관리 · 운영 결과에 관한 사항

④ 항만시설의 기능개선 및 정비에 관한 사항

3. 항만시설관리권에 대한 설명으로 옳지 않은 것은?

① 해양수산부장관은 항만시설을 유지 · 관리하고 그 항만시설의 사용자로부터 사용료를 받을 수 있는 권리를 설정할 수 있다.

② 항만시설관리권을 설정받은 자는 대통령령으로 정하는 바에 따라 해양수산부장관에게 등록하여야 한다.

③ 항만시설관리권은 물권으로 보며, 특별한 규정이 없는 한 「상법」 중 주식회사에 관한 규정을 준용한다.

④ 저당권이 설정된 항만시설관리권은 그 저당권자의 동의가 없으면 처분할 수 없다.

4. 해양수산부장관은 항만배후단지 개발사업의 시행자로 하여금 도로, 공원, 농지 등 공공시설을 설치하도록 할 수 있다. 다음 중 공공시설로 보기 어려운 시설은?

① 항만배후단지 안의 공원

② 공공폐수처리시설 및 폐기물처리시설

③ 용수공급시설, 가스공급시설

④ 항만배후단지의 진입도로 및 고속도로, 이면도로

5. 원형지의 공급과 개발에 대한 내용으로 옳지 않은 것은?

① 사업시행자는 사업구역의 일부(해당 사업구역 전체 면적의 3분의 1 이내로 한정)를 자연친화적으로 개발하거나 입체적으로 개발하기 위하여 필요한 경우에는 조성되지 아니한 상태의 토지(원형지)의 공급계획을 작성하여 해양수산부장관의 승인을 받아 국가기관, 지방자치단체, 항만공사, 공공기관에 원형지를 공급하여 개발하게 할 수 있다.

② 원형지 공급계획에는 원형지를 공급받아 개발하는 자(원형지 개발자)에 관한 사항과 원형지의 공급 내용 등이 포함되어야 한다.

③ 해양수산부장관은 원형지 공급계획의 승인을 할 때에는 원형지 개발과 관련하여 용적률 등 개발밀도, 토지용도별 면적 및 배치, 교통처리계획 및 기반시설의 설치 등에 관한 이행조건을 붙일 수 있다.

④ 원형지 개발자(국가기관 및 지방자치단체는 제외)는 5년의 범위에서 대통령령으로 정하는 기간 동안에는 원형지를 제3자에게 매각할 수 없다. 단, 이주용 주택이나 공공시설 등의 용도로 사용하려는 경우로서 미리 해양수산부장관의 승인을 받은 경우는 그러하지 아니하다.

6. 항만위원회의 구성에 관한 설명으로 가장 옳지 않은 것은?

① 위원회의 위원장은 위원 중에서 호선한다.

② 위원의 경우 공사의 사장에게 위원으로서의 업무수행에 필요한 자료를 요구할 수 있다.

③ 위원 중에는 해당 항만의 소재지를 관할하는 광역시장 · 도지사 또는 특별자치도지사가 대통령령으로 정하는 바에 따라 추천하는 사람과 해당 항만의 이용자단체를 대표하는 사람이 포함되어야 한다.

④ 위원회는 해양수산부장관이 임명하는 11명 이내의 비상임위원으로 구성한다.

7. 다음의 내용을 읽고 괄호 안에 들어갈 말을 순서대로 바르게 나열한 것은?

> 사장의 임기는 (㉠)으로 하고, 사장을 제외한 임원의 임기는 (㉡)년으로 하며, 1년 단위로 연임할 수 있다. 이 경우 임명권자는 직무수행 실적의 평가 결과와 그 밖의 직무수행 실적을 고려하여 연임 여부를 결정한다.

① ㉠ 2년, ㉡ 2년
② ㉠ 3년, ㉡ 3년
③ ㉠ 2년, ㉡ 3년
④ ㉠ 3년, ㉡ 2년

8. 다음 중 항만위원회의 위원에 대한 결격사유에 해당하지 않는 것은?

① 정당의 당원
② 공직선거법에 따른 선거에 후보자로 등록한 사람
③ 파산선고를 받고 복권된 자
④ 금고 이상의 형을 선고받고 그 집행유예 기간이 끝난 날부터 2년이 지나지 아니한 자

9. 다음 중 실시계획에 따라 관보에 고시해야 하는 사항이 아닌 것은?

① 항만시설공사의 역사적 특성
② 항만시설공사의 목적
③ 항만명
④ 항만시설공사의 종류

10. 다음 중 공사가 징수할 수 있는 임대료가 아닌 것은?

① 창고시설 임대료
② 화물크기별 임대료
③ 항만배후단지 임대료
④ 부두시설 임대료

11. 다음 중 만들어진 시기가 가장 늦은 것은?

①

②

③

④

12. 다음 중 밑줄 친 단어에 해당하지 않는 것은?

> • ① 이 나라는 큰 산과 골짜기가 많고 평지와 연못이 없다. 사람들은 계곡을 따라 살며 골짜기 물을 식수로 마셨다. 좋은 밭이 없어서 힘들게 농사를 지어도 배를 채우기는 부족했다.
> • ② 이 왕은 원래 양인이었다가 억울하게 노비가 된 사람을 '안검(조사)'하여 다시 양인으로 풀어주도록 했다.
> • 고려 말기 원의 그늘 아래 있던 고려의 개혁을 위해 노력한 ③ 왕이다. 쌍성총관부를 공격해 고려의 영토를 넓혔으며, 고려 사회에 널리 퍼진 몽골 풍습도 없앴다.
> • 고려와 강화를 맺은 후 ④ 이 나라는 일본 원정을 계획하게 된다. 이어 정동행성을 설치하고 두 차례의 일본 원정을 시도하게 되는데 많은 전쟁 물자와 함께 인적 자원을 수탈하였다.

① 고구려   ② 광종
③ 공민왕   ④ 진

13. 다음 중 시기상 두 번째로 일어난 사건은?

① 한일월드컵
② 금모으기 운동
③ 하나회 숙청
④ G20 첫 회의

14. 다음 인물에 대한 설명으로 옳은 것은?

> 그는 선진적인 청(淸)의 문물을 받아들여 상공업을 발전시켜야 한다고 주장하였다. 또 그는 상공업의 발전을 위하여 국가는 수레(車)를 쓸 수 있도록 길을 내어야 하고 화폐 사용을 활성화해야 한다는 중상주의적 국가관을 내세우고 있다.

① 거중기를 제작하여 화성 축조에 활용하였다.
② 북한산의 진흥왕 순수비를 처음으로 고증하였다.
③ 북학의에서 절약보다 적절한 소비를 권장하였다.
④ 양반전을 지어 양반의 무능과 허례를 풍자하였다.

15. 다음 중 고구려에 대한 설명으로 옳지 않은 것은?

① 공사상과 비유비무를 강조하는 삼론종이 융성하였다.
② 태학을 세워 인재를 양성하였다.
③ 양인이었다가 노비가 된 사람을 조사하여 다시 양인이 될 수 있도록 조처한 법을 시행하였다.
④ 소수림왕 때에 불교를 받아들였다.

16. 다음 제시된 글과 관련된 국가와 맺지 않은 조약은?

> 고종 3년(1866)에 제너럴 셔먼 호가 대동강을 통해 와서 통상을 요구하다가, 평양 군민이 불살라 버린 사건에 대한 문책을 구실로 로저스 제독이 5척의 군함으로 강화도를 공격하여 왔다. 이를 조선의 수비대가 광성보와 갑곶 등지에서 미국 함대를 격퇴시켰다. 흥선 대원군은 "서양 오랑캐가 침범하여 싸우지 않음은 곧 화의하는 것이요, 화의를 주장함은 나라를 파는 것이다(양이침범 비전즉화 주화매국(洋夷侵犯 非戰則和主和賣國))."라는 내용의 척화비를 각지에 세우고 통상수교 거부정책을 확고하게 유지하였다. 이러한 대외 정책은 외세의 침략을 일시적으로 저지하는 데에는 성공하였으나, 조선의 문호 개방을 늦추는 결과를 가져왔다.

① 대륙붕협약
② 주둔군지위협정
③ 자유무역협정
④ 투자협정

17. 다음 중 설명이 다른 하나는?

① 1963년 사적 제57호로 지정되었으며, 2014년에는 유네스코에 의해 세계문화유산으로 지정되었다.
② 군수 물자를 저장하는 특수 창고를 설치한 중요한 거점성이었다.
③ 갑곶진과 더불어 강화 입구를 지키는 성으로, 1694년(숙종 20)에 축성되었다.
④ 조선시대에는 외성과 옹성을 갖춘 전형적인 산성이면서, 산성의 변화 과정과 기능을 이해하는데 가장 중요한 유적으로 평가되고 있다.

18. 다음 글에서 설명하고 있는 인물은?

> 1909년 10월 26일 일본인으로 가장, 하얼빈 역에 잠입하여 역 플랫폼에서 러시아군의 군례를 받는 이토를 사살하고 하얼빈 총영사 가와카미 도시히코, 궁내대신 비서관 모리 타이지로, 만철 이사 다나카 세이타로 등에게 중상을 입히고 현장에서 러시아 경찰에게 체포되었다.

① 윤봉길
② 안중근
③ 안창호
④ 김구

19. 다음의 일이 일어난 결과 발생한 사실로 옳은 것은?

> "만약 상국 국경을 침범해 천자에게 죄를 진다면 나라와 백성의 운명은 끝날 것이다. 나는 합당한 이치로 글을 올려 군사를 돌이킬 것을 청하였다. 그러나 왕은 살피지 아니하였고 최영도 늙고 혼몽하여 듣지 아니하였다. 너희들은 나와 함께 왕을 만나 직접 진실을 말하고 임금 곁에는 악인을 없애 백성을 편안하게 하지 않겠는가?" 여러 장수들이 모두 말하였다. "우리나라 사직의 안위가 공에 매여 있으니 감히 명령대로 따르지 않겠습니까?" 군사를 돌이켜 압록강에 이르러 흰 말을 타고 활과 화살을 잡고 언덕 위에 서서 군사가 다 건너기를 기다렸다.
> – 고려사 –

① 요동 지방에 대한 정벌이 단행되었다.
② 명이 고려에 철령 이북의 땅을 요구하였다.
③ 권문세족들이 권력을 배경으로 농장을 확대하였다.
④ 과전법을 비롯한 사회 전반에 대한 개혁이 실시되었다.

20. 다음 퍼즐 안에 들어가지 않은 글자는 무엇인가?

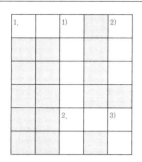

[가로]

1. 고려 말에 원나라 지배에서 벗어나고자 과감한 개혁정치를 단행한 왕
2. 고려시대 국립교육기관으로 국가에서 필요한 인재를 양성하기 위한 최고의 교육기관

[세로]

1) 신라의 승려 혜초가 고대 인도의 5천축국을 답사하고 쓴 여행기
2) 고구려시대의 빈민구호제도로 춘궁기에 국가에서 곡식을 대여하였다가 수확기에 갚게 하는 제도
3) 조선시대 각 도의 감사가 정무를 보던 관아

① 군   ② 공
③ 진   ④ 법

21. 다음 중 시장침투가격(penetration pricing) 전략이 적합한 상황과 가장 거리가 먼 것은?

① 소비자들이 가격에 민감하지 않을 때
② 시장 성장률이 높을 때
③ 경쟁자의 진입을 사전에 방지하고자 할 때
④ 규모의 경제가 존재할 때

22. 다음 중 촉진믹스 선정에 대한 설명으로 가장 옳은 것은?

① 소비재를 판매하는 기업은 대부분의 촉진비용을 PR에 주로 사용하며 그 다음으로 광고, 판매촉진, 그리고 인적판매의 순으로 촉진비용을 지출하게 된다.
② 푸쉬(Push) 전략을 사용하는 생산자는 유통경로 구성원들을 상대로 인적판매나 중간상 판촉 등과 같은 촉진활동을 수행한다.
③ 구매자의 의사결정단계 중 인지와 지식의 단계에서는 인적판매가 보다 효과적이다.
④ 제품수명주기 단계 중 성숙기에서는 광고가 판매촉진에 비하여 중요한 역할을 수행하게 된다.

23. 보스톤 컨설팅 그룹에서 개발한 BCG 매트릭스에서 상대적 시장점유율이 높고 시장성장률이 낮은 경우와 상대적 시장점유율이 낮고 시장성장률이 높은 경우를 각각 어떤 사업 분야로 분류하는가?

① 자금젖소(cash cow)와 물음표(question mark)
② 자금젖소(cash cow)와 별(star)
③ 물음표(question mark)와 별(star)
④ 물음표(question mark)와 개(dog)

24. 제품에 대하여 소비자가 비교적 낮은 관여도(Involvement)를 보이며 브랜드 간의 차이가 미미할 경우에 취할 수 있는 소비자 구매행동은?

① 복잡한 구매행동(complex buying behavior)
② 부조화 감소 구매행동(dissonance-reducing buying behavior)
③ 다양성 추구 구매행동(variety-seeking buying behavior)
④ 습관적 구매행동(habitual buying behavior)

25. 어떤 기업이 지난 달 8천만 원의 매출을 달성하였는데, 직원 10명이 지난달에 각각 160시간씩 근무했고, 장비 5대가 지난달에 각각 300시간씩 운용되었다. 이 기업의 지난달 노동생산성으로 올바른 것은?

① 10,000원/시간   ② 22,222원/시간
③ 40,000원/시간   ④ 50,000원/시간

26. 한 투자자는 두 가지 투자대안을 고려하고 있으며 그 성과는 앞으로의 불확실한 경제 상황에 따라 달라질 수 있다. 경제 상황별 발생 확률과 각 상황별 투자대안의 성과(순이익)가 표와 같을 때, 기대가치기준으로 의사결정나무 분석을 한다면 경제 상황에 대한 완전정보의 가치는 얼마인가?

경제 상황 대안	호황	불황
A1	200만 원	-20만 원
A2	150만 원	30만 원
발생 확률	0.3	0.7

① 10만 원   ② 15만 원
③ 20만 원   ④ 25만 원

27. 다음 도매상의 형태 중 한정서비스상인 도매상에 해당하는 것은?

① 전문품 도매상 ② 브로커
③ 트럭 배달 도매상 ④ 판매 대리점

28. 기본 경제적 주문량(EOQ) 모형에 관한 설명으로 옳지 않은 것은?

① 기본 경제적 주문량 모형에서는 주문은 한 번에 배달되고, 주문량에 따른 수량 할인은 없다고 가정한다.
② 기본 경제적 주문량 모형에서 재주문점(reorder point)은 리드타임에 일일 수요를 곱하여 구할 수 있다.
③ 기본 경제적 주문량 모형에서 발주비용은 발주량과 선형의 역비례 관계를 갖는다.
④ 기본 경제적 주문량 모형에서 재고유지비는 발주량의 크기와 정비례 관계를 갖는다.

29. 다음 표에는 어떤 프로젝트를 구성하고 있는 작업(activity)들과 관련 정보가 정리되어 있다. 이 프로젝트의 주공정경로(critical path)의 길이는 얼마인가?

작업(activity)	선행 작업	수행시간
A	–	13
B	A	8
C	A	7
D	B, C	7
E	B, C	8
F	D, E	3
G	D	5

① 31시간 ② 32시간
③ 33시간 ④ 34시간

30. 기업전략에서 고려하는 지속가능성(sustainability)에 대한 설명으로 가장 옳은 것은?

① 지속가능 기업전략에서는 이해관계자와 관계없이 주주의 이익을 우선시한다.
② 지속가능성 평가 기준의 일종인 삼중선(triple bottom lines)은 기업의 경제, 사회, 정부 차원의 책무를 강조한다.
③ 사회적 책임이 포함된 기업전략을 수립하는 것에 대해 모든 기업이 동의한다.
④ 기업의 이익을 넘어 사회의 이익을 제공할 수 있는 전략을 수립한다.

31. 따라잡기 효과(catch-up effect)에 관한 설명으로 옳은 것을 모두 고르면?

> ㉠ 가난한 상태에서 출발한 나라들이 부유한 상태에 있는 나라들에 비해 성장률이 낮은 경향을 따라잡기 효과라고 한다.
> ㉡ 따라잡기 효과는 학습효과(learning-by-doing)로 인하여 발생한다.
> ㉢ 한국과 미국의 연평균 1인당 GDP성장률이 지난 30년간 각각 6%, 2%인 현상을 따라잡기 효과로 설명할 수 있다.

① ㉠㉡ ② ㉠
③ ㉡㉢ ④ ㉢

32. 케인즈학파의 일반적 경제정책관에 관한 설명으로 옳지 않은 것은?

① 정부의 적극적 정책개입을 주장한다.
② 외적 충격에 대한 비수용적(nonaccommodative) 정책을 주장한다.
③ 재량에 의한 경제정책운용을 주장한다.
④ 재정정책의 상대적 유효성을 주장한다.

33. 수출국이 보조금을 지원하는 수출상품에 대해 자국산업을 보호하기 위하여 부과하는 관세는?

① 보복관세 ② 상계관세
③ 일반관세 ④ 특혜관세

34. 국제수지표에 외자도입에 따른 이자지급은 어느 항목에 기록되는가?

① 경상거래의 수취
② 경상거래의 지급
③ 자본거래의 수취
④ 자본거래의 지급

35. 연초에 한 미국인 투자가는 1억 달러를 1,200원/달러에 원화로 환전하여 한국주식에 투자해서 1년 동안 연 10%의 수익률을 올렸다. 연말에 1,000원/달러에 다시 달러로 환전할 수 있었다. 이 미국 투자가의 달러환산 연 수익률은 얼마인가?

① 11%
② 21%
③ 32%
④ 43%

36. 정상재(normal goods)의 수요곡선은 반드시 우하향한다. 그 이유로 가장 옳은 것은?

① 소득효과와 대체효과는 같은 방향으로 움직이기 때문이다.
② 소득효과의 절대적 크기가 대체효과의 절대적 크기보다 크기 때문이다.
③ 소득효과의 절대적 크기가 대체효과의 절대적 크기보다 작기 때문이다.
④ 소득이 증가함에 따라 소비자는 재화의 소비를 줄이기 때문이다.

37. 어떤 상품의 시장은 수많은 기업들이 비슷하지만 차별화된 제품을 생산하는 시장구조를 가지고 있으며 장기적으로 이 시장으로의 진입과 탈퇴가 자유롭다. 장기균형에서 이 시장에 대한 설명으로 가장 옳은 것은?

① 가격은 한계비용 및 평균비용보다 높다.
② 가격은 평균비용보다는 높지만 한계비용과는 동일하다.
③ 가격은 한계비용보다는 높지만 평균비용과는 동일하다.
④ 가격은 한계비용 및 평균비용보다 낮다.

38. IS-LM모형을 이용한 분석에서 LM곡선은 수평이고 소비함수는 $C = 200 + 0.8Y$이다. 정부지출을 2,000억 원 증가시킬 때, 균형소득의 증가량은? (단, C는 소비, Y는 소득이다.)

① 8,000억 원

② 1조 원

③ 1조 2,000억 원

④ 유동성함정 상태이므로 소득증가는 발생하지 않는다.

39. 〈보기〉의 빈칸에 들어갈 것으로 가장 옳은 것은?

> 〈보기〉
> 먼델-플레밍 모형에서 정부가 수입규제를 시행할 경우, 변동환율제에서는 순수출이 _____㉠_____, 고정환율제에서는 순수출이 _____㉡_____.

	㉠	㉡
①	증가하고	증가한다
②	증가하고	불변이다
③	불변이고	불변이다
④	불변이고	증가한다

40. 갑(甲)은 주유소에 갈 때마다 휘발유 가격에 상관없이 매번 일정 금액만큼 주유한다. 갑(甲)의 휘발유에 대한 수요의 가격탄력성과 수요곡선의 형태에 대한 설명으로 가장 옳은 것은? (단, 수요곡선의 가로축은 수량, 세로축은 가격이다.)

	수요의 가격탄력성	수요곡선
①	단위탄력적	직각쌍곡선
②	완전비탄력적	수직선
③	단위탄력적	수직선
④	완전비탄력적	직각쌍곡선

41. 물류관리에 관한 설명으로 옳지 않은 것은?

① 상적유통과 구분되는 물류는 마케팅의 물적유통(physical distribution)을 의미한다.

② 물류합리화를 통한 물류비 절감은 소매물가와 도매물가 상승을 억제하는데 기여한다.

③ 물류합리화는 상류합리화에 기여하며, 상거래 규모의 증가를 유도한다.

④ 물리적 흐름의 관점에서 물류관리의 목표는 노동투입을 증가시키는 것이다.

42. 중앙집중식 구매조직의 장점으로 옳지 않은 것은?

① 구매를 한 곳으로 집중하여 수량할인과 배송의 경제성을 얻을 수 있다.

② 구매인력이 하나의 부서에 집중되기 때문에 업무기능의 중복 가능성을 줄일 수 있다.

③ 보편적으로 관료주의적 행태를 줄이게 되어 더욱 신속한 대응을 가능하게 하고 구매자와 사용자 간 원활한 의사소통에 도움이 된다.

④ 다수의 공급업자 관리가 일원화되어 개별 공급업자에 대하여 높은 수준의 협상력을 가질 수 있다.

43. 물류서비스에 관한 설명으로 옳지 않은 것은?

① 물류서비스 품질은 고객이 물류서비스를 제공받는 과정에서 알게 되는 것과 물류서비스가 완료된 이후의 성과 간 차이로 결정된다.

② 물류서비스의 거래 전 구성요소는 고객서비스에 관한 기업의 정책과 연관되어 있으며, 기업에 대한 고객인식과 고객의 전반적인 만족에 영향을 미칠 수 있다.

③ 운송서비스는 서비스 프로세스 매트릭스에서 서비스공장(service factory)으로 분류된다.

④ 고객서비스 수준이 결정되어 있지 않다면 수익과 비용을 동시에 고려하여 최적의 서비스 수준을 결정하는 과정이 선행되어야 한다.

44. 전자상거래를 이용한 기업소모성자재(MRO)에 관한 설명으로 옳은 것은?

① MRO의 주된 구매품목은 생산활동과 직접 관련되는 원자재이다.

② MRO사업자는 구매 대상 품목을 표준화할 필요가 없다.

③ MRO는 Maintenance, Resource & Operation의 약어이다.

④ MRO사업자는 구매자에게 신뢰성 있는 제품정보를 제공하기 위하여 공급업체를 철저히 관리해야 한다.

45. 다음 공급사슬 성과지표 중 고객에게 정시에, 완전한 수량으로, 손상 없이, 정확한 문서와 함께 인도되었는지의 여부를 평가하는 성과지표는?

① 현금화 사이클 타임(cash-to-cash cycle time)

② 주문충족 리드타임(order fulfillment lead time)

③ 총공급사슬관리비용(total supply chain management cost)

④ 완전주문충족(율)(perfect order fulfillment)

46. 최근 국제물류환경 변화에 관한 설명으로 적절하지 않은 것은?

① 기업의 국제경영활동 증가

② 물류서비스에 대한 수요의 고급화·다양화·개성화

③ 글로벌시장의 수평적 분업화로 다품종 대량생산으로 변화 추세

④ 통합된 국제물류체계 구축을 위한 경영자원의 필요성 증가

47. 물류를 아웃소싱한 기업이 얻을 수 있는 장점으로 옳지 않은 것은?

① 전문업체와의 계약에 따라 물류서비스의 최적화 유지 가능

② 별도의 예비인력 확보 및 물류운영에 대한 부담 해소

③ 고정 차량 부족 시에도 효율적인 물류업무 수행 가능

④ 장기적인 측면에서 유능한 내부 물류전문인력 양성 가능

48. 물류 관련 용어에 관한 설명으로 옳지 않은 것은?

① Anchorage : 선박이 닻을 내리고 접안하기 위해 대기하는 수역을 말한다. 선박이 안전하게 정박하기 위해서는 충분한 수면, 필요한 수심, 닻이 걸리기 쉬운 지질, 계선을 위한 부표설비 등이 갖추어져야 한다.

② Berth : 개항의 항계 안에서 폭발, 화재 및 오염 등을 사전에 봉쇄하여 항만교통의 안전을 유지하기 위하여 컨테이너 부두 내의 일정 지역을 별도로 설정하여 특수 소화장비 등을 비치한 장치장이다.

③ Marshalling Yard : 접안선박이 입항하기 전에 접안선박의 적부계획에 따라 작업순서대로 컨테이너를 쌓아두는 장치장 역할을 한다. 그리고 양하된 컨테이너를 일시적으로 보관한 후 화주의 인도요구에 즉시 응할 수 있도록 임시 장치해 두는 일정한 공간이다.

④ Apron : 하역작업을 위한 공간으로 Gantry Crane이 설치되어 컨테이너의 양하 및 적하가 이루어지는 장소를 말한다.

49. 국제물류주선업자(Freight Forwarder)의 역할이 아닌 것은?

① 운송수단의 수배

② 수출화물의 혼재작업

③ House B/L 발행

④ 해상보험증명서 발행

50. 매도인과 매수인 간에 보험과 관련해 별도의 계약이 없다면, 선적항과 목적항 간의 해상보험을 매수인이 부보할 이유가 없는 Incoterms® 2010 거래규칙을 모두 고른 것은?

㉠ DAT	㉡ CFR
㉢ FCA	㉣ DDP
㉤ CPT	㉥ DAP

① ㉠, ㉡, ㉣

② ㉠, ㉢, ㉥

③ ㉠, ㉣, ㉥

④ ㉡, ㉢, ㉤

항만공사 통합채용

필기시험 모의고사

[제 2 회]

영 역	직업기초능력 (의사소통, 자원관리, 수리, 조직이해, 문제해결) 직무능력검사 (항만법, 항만공사법, 한국사, 경영학원론, 경제학원론, 물류관리 및 국제물류개론)
문항 수 / 시간	직업기초능력평가 50문항 / 60분 직무수행능력평가 50문항 / 60분
비 고	객관식 4지선다형

SEOWONGAK
(주)서원각

>> **직업기초능력평가**(50문항/60분)

1. 다음 중 맞춤법이 옳은 것으로 적절한 것은?

김씨는 여행 도중 ㉠고냉지 농업의 한 장면을 사진에 담을 수 있었다. 앞머리가 ㉡벗겨진 농부는 새벽부터 수확에 열을 다하고 있었다. 잠깐 쉬고 있던 젊은 친구들은 밭 주인의 성화에 못이겨 ㉢닝큼 일어났다. 때마침 배추를 가지러 온 트럭은 너무 많은 양을 실었는지 움직이지 못하고 바퀴가 헛돌고 있었다. 한 번에 많이 실어가려고 요령을 피우다 결국 트럭은 시동이 꺼지고 오히려 고장이 나버렸다. 머리를 굴리다 오히려 이것이 큰 ㉣골칫거리가 된 셈이다. 다른 차량이 오기까지는 한 시간은 기다려야 해서 결국 수확은 잠시 중단되었다. 한 시간 가량을 쉰 젊은 일꾼들은 차량이 오자 오뚜기처럼 다시 일어났다.

① ㉠   ② ㉡
③ ㉢   ④ ㉣

2. 다음의 괄호 안에 들어갈 적절한 어휘는?

원래 (   )란 엄청나게 큰 사람이나 큰 물건을 가리키는 뜻에서 비롯되었는데 그것이 부정어와 함께 굳어지면서 '어이없다'는 뜻으로 쓰이게 되었다. 크다는 뜻 자체는 약화되고 그것이 크든 작든 우리가 가지고 있는 상상이나 상식을 벗어난 경우를 지칭하게 된 것이다.

특히 풀리지 않는 글을 붙잡고 있거나 어떤 생각거리에 매달려 있는 동안 내가 생활에서 저지르는 사소한 실수들은 나 스스로도 (   )가 없을 지경이다.

① 어처구니   ② 동그마니
③ 우두커니   ④ 철딱서니

3. 다음 서식을 보고 빈칸에 들어갈 알맞은 단어를 고른 것은?

납품(장착) 확인서

1. 제　　품　　명 : 슈퍼터빈(연료과급기)
2. 회　　사　　명 : 서원각
3. 사업자등록번호 : 123-45-67890
4. 주　　　　　　소 : 경기도 고양시 일산서구 가좌동 846
5. 대　　표　　자 : 정 확 한
6. 공 급 받 는 자 : ㈜소정 코리아
7. 납품(계약)단가 : 일금 이십육만원정(₩ 260,000)
8. 납품(계약)금액 : 일금 이백육십만원정(₩ 2,600,000)
9. 장착차량 현황

차종	연식	차량 번호	사용 연료	규격 (size)	수량	비고
스타렉스			경유	72mm	4	
카니발			경유		2	
투싼			경유	56mm	2	
야무진			경유		1	
이스타나			경유		1	
합계					10	₩2,600,000

귀사 제품 슈퍼터빈을 테스트한 결과 연료절감 및 매연저감에 효과가 있으므로 당사 차량에 대해 (   ) 장착하였음을 확인합니다.

납 품 처 : ㈜소정 코리아
사업자등록번호 : 987-65-43210
상　　　　호 : ㈜소정 코리아
주　　　　소 : 서울시 강서구 가양동 357-9
대　　표　　자 : 장 착 해

---

① 일절   ② 일체
③ 전혀   ④ 반품

4. 다음은 A공사의 특정 직군에 대한 직원 채용 공고문의 일부 내용이다. 다음 내용을 읽고 문의사항에 대하여 담당 직원과 질의응답을 한 내용 중 공고문의 내용과 일치한다고 볼 수 없는 것은 어느 것인가?

〈전형일정〉

구분	일정	장소	비고
서류전형	8/14(화)	–	–
필기전형	8/25(토)	서울	세부사항 별도 공지
면접전형	9/5(수)	인재개발원	노원구 공릉동
합격자 발표	9/12(수)	–	채용 홈페이지
입사예정일	10/1(월)		별도 안내

〈본인 확인을 위한 추가사항 입력 안내〉
□ 목적 : 필기시험 및 종합면접 시 본인 확인용
□ 대상 : 1차 전형(서류전형) 합격자
□ 입력사항 : 주민등록상 생년월일, 본인 증명사진
□ 입력방법 : 채용홈페이지 1차 전형(서류전형) 합격자 발표 화면에서 입력
□ 입력기간 : 서류전형 합격 발표시점~8.21(화)까지

〈블라인드 채용 안내〉
□ 입사지원서에 사진등록란, 학교명, 학점, 생년월일 등 기재란 없음
□ e-메일 기재 시 학교명, 특정 단체명이 드러나는 메일 주소 기재 금지
□ 지원서 및 자기소개서 작성 시 개인 인적사항(출신학교, 가족관계 등) 관련 내용 일체 기재 금지
□ 입사지원서에 기재한 성명, 연락처 및 서류전형 합격자 발표 화면에서 등록한 생년월일 등은 면접전형 시 블라인드 처리됨

〈기타사항〉
□ 채용 관련 세부일정 및 장소는 당사 채용홈페이지를 통해 공지함
□ 지원인원 미달 또는 전형 결과 적격자가 없는 경우 선발하지 않을 수 있음
□ 지원서 및 관련 서류를 허위로 작성·제출하는 경우, 시험 부정행위자 등은 불합격 처리하고, 향후 5년간 우리 회사 입사 지원이 제한됨
□ 지원서 작성 시 기재 착오 등으로 인한 불합격이나 손해에 대한 모든 책임은 지원자 본인에게 있으므로 유의하여 작성
□ 각 전형 시 신분증(주민등록증, 여권, 운전면허증 중 1개)과 수험표를 반드시 지참하여야 하며, 신분증 미지참 시 응시 불가
※ 신분증을 분실한 경우 거주지 관할 주민센터에서 발급받은 '주민등록증 발급신청 확인서' 지참
□ 자의 또는 타의에 의한 부정청탁으로 인해 합격된 사실이 확인될 경우 당해 합격을 취소할 수 있으며, 향후 5년간 공공기관 채용시험 응시자격을 제한할 수 있음

Q. 합격자 발표는 입사지원서에 적은 전화번호로 문자나 전화 등으로 알려 주시게 되나요?

A. ① 아닙니다. 합격자 발표는 본인이 직접 확인하셔야 하며, 저희 회사 홈페이지에서 채용 관련 안내에 따라 확인하실 수 있습니다.

Q. 이번 채용 방식은 블라인드 채용으로 알고 있는데 생년월일 등을 추가로 입력해야 하는 이유는 뭐죠?

A. ② 블라인드 채용 시 입사지원서에 개인 인적사항을 적을 수 없습니다만, 전형 과정에서 본인 확인용으로 필요한 경우 생년월일을 기재하도록 요청할 수 있습니다.

Q. e-mail 주소를 적는 칸이 있던데요, e-mail 주소 정도에는 저희 학교 이름이 들어가도 별 상관없겠지요?

A. ③ 아닙니다. 그런 경우, 다른 개인 e-mail 주소를 적으셔야 하며, 학교 이름을 인식할 수 있는 어떤 사항도 기재하셔서는 안 됩니다.

Q. 전형 과정의 필요상 일부 인적 사항을 적게 되면, 그건 면접관 분들에게 공개될 수밖에 없겠네요?

A. ④ 본인 확인용으로 면접 시 필요하여 요청 드린 사항이므로 사진과 생년월일 등 본인 확인에 필요한 최소 사항만 공개됩니다.

5. 다음 글이 어느 전체 글의 서론에 해당하는 내용일 때, 본론에서 다루어질 내용이라고 판단하기에 적절하지 않은 것은 어느 것인가?

지난 2017년 1월 20일 제 45대 미국 대통령으로 취임한 도널드 트럼프는 미국 내 석유·천연가스 생산을 증진하고 수출을 늘려 미국의 고용과 성장을 추구하며 이를 위해 각종 규제들을 완화하거나 폐지해야 한다는 주장을 해왔다. 이어 트럼프 행정부는 취임 직후부터 에너지 부문 규제를 전면 재검토하고 중단되었던 에너지 인프라 프로젝트를 추진하는 등 관련 조치들을 단행하였다. 화석에너지 자원을 중시하는 트럼프 행정부의 에너지 정책은 과거 오바마 행정부가 온실가스 감축과 신재생에너지 확산을 중시하면서 화석연료 소비는 절약 및 효율개선을 통해 줄이려했던 것과는 반대되는 모습이다.

셰일혁명에 힘입어 세계 에너지 시장과 산업에서 미국의 영향력은 점점 커지고 있어 미국의 정책 변화는 미국의 에너지 산업이나 에너지수급 뿐만 아니라 세계 에너지 시장과 산업에 상당한 영향을 미칠 수 있다. 물론 미국의 행정부 교체에 따른 에너지정책 변화가 미국과 세계의 에너지 부문에 급격히 많은 변화를 야기할 것이라는 전망은 다소 과장된 것일 수 있다. 미국의 에너지정책은 상당부분 주정부의 역할이 오히려 더 중요한 역할을 하고 있기도 하고 미국의 에너지시장은 정책 요인보다는 시장논리에 따라서 움직이는 요소가 크다는 점에서 연방정부의 정책 변화의 영향은 제한적일 것이라는 분석도 일리가 있다. 또한 기후변화 대응을 위한 온실가스 감축노력과 저탄소 에너지 사용 확대 노력은 이미 세계적으로 대세를 형성하고 있어 이러한 흐름을 미국이 역행하는 것은 한계가 있다는 견해도 많다.

어쨌든 트럼프 행정부가 이미 출범했고 화석연료 중심의 에너지정책과 규제 완화 등 공약사항들을 상당히 빠르게 추진하고 있어 이에 따른 미국 및 세계 에너지 수급과 에너지시장에의 영향을 조기에 전망하고 우리나라의 에너지수급과 관련된 사안이 있다면 이에 대한 적절한 대응을 위한 시사점을 찾아낼 필요가 있으며 트럼프 행정부 초기에 이러한 작업을 하는 것은 매우 시의적절하다 하겠다.

① 트럼프 행정부의 에너지 정책 추진 동향에 대한 분석
② 세계 에너지부문에의 영향을 파악하여 우리나라의 대응 방안 모색
③ 미국의 화석에너지 생산 및 소비 현황과 국제적 비중 파악
④ 중국, EU 등 국제사회와의 무역 갈등에 대한 원인과 영향 분석

6. 다음 밑줄 친 단어의 의미와 동일하게 쓰인 것을 고르시오.

김동연 경제부총리 겸 기획재정부 장관은 26일 최근 노동이슈 관련 "다음 주부터 시행되는 노동시간 단축 관련 올해 말까지 계도기간을 설정해 단속보다는 제도 정착에 초점을 두고 추진할 것"이라고 밝혔다.

김동연 부총리는 이날 정부서울청사에서 노동현안 관련 경제현안간담회를 주재하고 "7월부터 노동시간 단축제도가 시행되는 모든 기업에 대해 시정조치 기간을 최장 6개월로 늘리고, 고소·고발 등 법적인 문제의 처리 과정에서도 사업주의 단축 노력이 충분히 참작될 수 있도록 하겠다."라며 이같이 말했다.

김 부총리는 "노동시간 단축 시행 실태를 면밀히 조사해 탄력 근로단위기간 확대 등 제도개선 방안도 조속히 마련하겠다.''라며 "불가피한 경우 특별 연장근로를 인가받아 활용할 수 있도록 구체적인 방안을 강구할 것"이라고 밝혔다.

① 우리는 10년 만에 넓은 평수로 늘려 이사했다.
② 그 집은 알뜰한 며느리가 들어오더니 금세 재산을 늘려 부자가 되었다.
③ 적군은 세력을 늘린 후 다시 침범하였다.
④ 대학은 학생들의 건의를 받아들여 쉬는 시간을 늘리는 방안을 추진 중이다.

7. 다음 밑줄 친 단어의 의미와 동일하게 쓰인 것을 고르시오.

농림축산식품부를 비롯한 농정 유관기관들이 제7호 태풍 '쁘라삐룬'과 집중호우 피해 최소화에 총력을 모으고 나섰다.

농식품부는 2일 오전 10시 농식품부 소관 실국과 농촌진흥청, 농어촌공사, 농협중앙회 등 유관기관이 참여하는 '태풍 쁘라삐룬 2차 대책회의'를 열고 집중호우에 따른 농업분야 피해 및 대책 추진상황을 긴급 점검했다.

농식품부가 지자체 등의 보고를 토대로 집계한 농업분야 피해는 이날 오전 6시 현재 농작물 4258ha, 저수지 1개소 제방 유실, 용수간선 4개소 유실·매몰 피해가 발생했다.

① 안전기의 스위치를 열고 퓨즈가 끊어진 것을 확인한다.
② 아직 교육의 혜택을 제대로 받지 못한 오지에 학교를 열었다.
③ 정상회담에 앞서서 준비회담을 열었으나 그 회담 내용은 알려지지 않았다.
④ 사람들이 토지에 정착하여 살 수 있게 됨으로써 인류 역사에 농경 시대를 열게 되었다.

8. 아래의 글을 읽고 ⓐ의 내용을 뒷받침할 수 있는 경우로 보기 가장 어려운 것을 고르면?

범죄 사건을 다루는 언론 보도의 대부분은 수사기관으로부터 얻은 정보에 근거하고 있고, 공소제기 전인 수사 단계에 집중되어 있다. 따라서 언론의 범죄 관련 보도는 범죄사실이 인정되는지 여부를 백지상태에서 판단하여야 할 법관이나 배심원들에게 유죄의 예단을 심어줄 우려가 있다. 이는 헌법상 적법절차 보장에 근거하여 공정한 형사재판을 받을 피고인의 권리를 침해할 위험이 있어 이를 제한할 필요성이 제기된다. 실제로 피의자의 자백이나 전과, 거짓말탐지기 검사 결과 등에 관한 언론 보도는 유죄판단에 큰 영향을 미친다는 실증적 연구도 있다. 하지만 보도 제한은 헌법에 보장된 표현의 자유에 대한 침해가 된다는 반론도 만만치 않다. 미국 연방대법원은 어빈 사건 판결에서 지나치게 편향적이고 피의자를 유죄로 취급하는 언론 보도가 예단을 형성시켜 실제로 재판에 영향을 주었다는 사실이 입증되면, 법관이나 배심원이 피고인을 유죄라고 확신하더라도 그 유죄판결을 파기하여야 한다고 했다. 이 판결은 이른바 '현실적 예단'의 법리를 형성시켰다. 이후 리도 사건 판결에 와서는, 일반적으로 보도의 내용이나 행태 등에서 예단을 유발할 수 있다고 인정이 되면, 개개의 배심원이 실제로 예단을 가졌는지의 입증 여부를 따지지 않고, 적법 절차의 위반을 들어 유죄판결을 파기할 수 있다는 '일반적 예단'의 법리로 나아갔다.

세퍼드 사건 판결에서는 유죄 판결을 파기하면서, '침해 예방'이라는 관점을 제시하였다. 즉, 배심원 선정 절차에서 상세한 질문을 통하여 예단을 가진 후보자를 배제하고, 배심원이나 증인을 격리하며, 재판을 연기하거나, 관할을 변경하는 등의 수단을 언급하였다. 그런데 법원이 보도기관에 내린 '공판 전 보도금지명령'에 대하여 기자협회가 연방대법원에 상고한 네브래스카 기자협회 사건 판결에서는 침해의 위험이 명백하지 않은데도 가장 강력한 사전 예방 수단을 쓰는 것은 위헌이라고 판단하였다.

이러한 판결들을 거치면서 미국에서는 언론의 자유와 공정한 형사절차를 조화시키면서 범죄 보도를 제한할 수 있는 방법을 모색하였다. 그리하여 세퍼드 사건에서 제시된 수단과 함께 형사 재판의 비공개, 형사소송 관계인의 언론에 대한 정보제공금지 등이 시행되었다. 하지만 ⓐ <u>예단 방지 수단들의 실효성을 의심하는</u> 견해가 있고, 여전히 표현의 자유와 알 권리에 대한 제한의 우려도 있어, 이 수단들은 매우 제한적으로 시행되고 있다. 그런데 언론 보도의 자유와 공정한 재판이 꼭 상충된다고만 볼 것은 아니며, 피고인 측의 표현의 자유를 존중하는 것이 공정한 재판에 도움이 된다는 입장에서 네브래스카 기자협회 사건 판결의 의미를 새기는 견해도 있다. 이 견해는 수사기관으로부터 얻은 정보에 근거한 범죄 보도로 인하여 피고인을 유죄로 추정하는 구조에 대항하기 위하여 변호인이 적극적으로 피고인 측의 주장을 보도기관에 전하여, 보도가 일방적으로 편향되는 것을 방지할 필요가 있다고 한다. 일반적으로 변호인이 피고인을 위하여 사건에 대해 발언하는 것은 범죄 보도의 경우보다 적법절차를 침해할 위험성이 크지

않은데도 제한을 받는 것은 적절하지 않다고 보며, 반면에 수사기관으로부터 얻은 정보를 기반으로 하는 언론 보도는 예단 형성의 위험성이 큰데도 헌법상 보호를 두텁게 받는다고 비판한다. 미국과 우리나라의 헌법상 변호인의 조력을 받을 권리는 변호인의 실질적 조력을 받을 권리를 의미한다. 실질적 조력에는 법정 밖의 적극적 변호 활동도 포함된다. 따라서 형사 절차에서 피고인 측에게 유리한 정보를 언론에 제공할 기회나 반론권을 제약하지 말고, 언론이 검사 측 못지않게 피고인 측에게도 대등한 보도를 할 수 있도록 해야 한다.

① 법원이 재판을 장기간 연기했지만 재판 재개에 임박하여 다시 언론 보도가 이어진 경우

② 검사가 피의자의 진술거부권 행사 사실을 공개하려고 하였으나 법원이 검사에게 그 사실에 대한 공개 금지명령을 내린 경우

③ 변호사가 배심원 후보자에게 해당 사건에 대한 보도를 접했는지에 대해 질문했으나 후보자가 정직하게 답변하지 않은 경우

④ 법원이 관할 변경 조치를 취하였으나 이미 전국적으로 보도가 된 경우

9. 아래에 제시된 글을 읽고 20세기 중반 이후의 정당 체계에서 발생한 정당 기능의 변화로 볼 수 없는 것을 고르면?

대의 민주주의에서 정당의 역할에 대한 대표적인 설명은 책임 정당정부 이론이다. 이 이론에 따르면 정치에 참여하는 각각의 정당은 자신의 지지 계급과 계층을 대표하고, 정부 내에서 정책 결정 및 집행 과정을 주도하며, 다음 선거에서 유권자들에게 그 결과에 대해 책임을 진다. 유럽에서 정당은 산업화 시기 생성된 노동과 자본 간의 갈등을 중심으로 다양한 사회 경제적 균열을 이용하여 유권자들을 조직하고 동원하였다. 이 과정에서 정당은 당원 중심의 운영 구조를 지향하는 대중 정당의 모습을 띠었다. 당의 정책과 후보를 당원 중심으로 결정하고, 당내 교육과정을 통해 정치 엘리트를 충원하며, 정치인들이 정부 내에서 강한 기율을 지니는 대중정당은 책임정당 정부 이론을 뒷받침하는 대표적인 정당 모형이었다. 대중정당의 출현 이후 정당은 의회의 정책 결정과 행정부의 정책 집행을 통제하는 정부 속의 정당 기능, 지지자들의 이익을 집약하고 표출하는 유권자 속의 정당 기능, 그리고 당원을 확충하고 정치 엘리트를 충원하고 교육하는 조직으로서의 정당 기능을 갖추어 갔다. 그러나 20세기 중반 이후 발생한 여러 원인으로 인해 정당은 이러한 기능에서 변화를 겪게 되었다. 산업 구조와 계층 구조가 다변화됨에 따라 정당들은 특정 계층이나 집단의 지지만으로는 집권이 불가능해졌고 이에 따라 보다 광범위한 유권자 집단으로부터 지지를 획득하고자 했다. 그 결과 정당 체계는 특정 계층을 뛰어넘어 전체 유권자 집단에 호소하여 표를 구하는 포괄정당 체계의 모습을 띠게 되었다. 선거 승리라는 목표가 더욱 강조될 경우 일부 정당은 외부 선거 전문가로 당료들을 구성하는 선거전문가정당 체계로 전환되기도 했다. 이 과정에서 계층과 직능을 대표하던 기존의 조직 라인은 당 조직의 외곽으로 밀려나기도 했다. 한편 탈산업사회의 도래와 함께 환경, 인권, 교육 등에서 좀 더 나은 삶의 질을 추구하는 탈물질주의가 등장함에 따라 새로운 정당의 출현에 대한 압박이 생겨났다. 이는 기득권을 유지해 온 기성 정당들을 위협했다. 이에 정당들은 자신의 기득권을 유지하기 위해 공적인 정치 자원의 과점을 통해 신생 혹은 소수당의 원 내 진입이나 정치 활동을 어렵게 하는 카르텔정당 체계를 구성하기도 했다. 다양한 정치관계법은 이런 체계를 유지하는 내표적인 수단으로 활용되었다.

정치관계법과 관련된 선거 제도의 예를 들면, 비례대표제에 비해 다수대표제는 득표 대비 의석 비율을 거대정당에 유리하도록 만들어 정당의 카르텔화를 촉진하는 데 활용되기도 한다. 이러한 정당의 변화 과정에서 정치 엘리트들의 자율성은 증대되었고, 정당 지도부의 권력이 강화되어 정부 내 자당 소속의 정치인들에 대한 통제력이 증가되었다. 하지만 반대로 평당원의 권력은 약화되고 당원 수는 감소하여 정당은 지지 계층 및 집단과의 유대를 잃어가기 시작했다. 뉴미디어가 발달하면서 정치에 관심은 높지만 정당과는 거리를 두는 '인지적' 시민이 증가함에 따라 정당 체계는 또 다른 도전에 직면하게 되었다. 정당 조직과 당원들이 수행했던 기존의 정치적 동원은 소셜 네트워크 내 시민들의 자기 조직적 참여로 대체 되었다. 심지어 정당을 우회하는 직접 민주주의의 현상도 나타났

다. 이에 일부 정당은 카르텔 구조를 유지하면서도 공직 후보 선출권을 일반 국민에게 개방하는 포스트카르텔정당 전략이나, 비록 당원으로 유입시키지 못할지라도 온라인 공간에서 인지적 시민과의 유대를 강화하려는 네트워크정당 전략으로 위기에 대응하고자 했다. 그러나 이러한 제반의 개혁 조치가 대중 정당으로의 복귀를 의미하지는 않았다. 오히려 당원이 감소되는 상황에서 선출권자나 후보들을 정당 밖에서 충원함으로써 고전적 의미의 정당 기능은 약화되었다. 물론 이러한 상황에서도 20세기 중반 이후 정당 체계들이 여전히 책임정당 정치를 일정하게 구현하고 있다는 주장이 제기되기도 했다.

예를 들어 국가 간 비교를 행한 연구는 최근의 정당들이 구체적인 계급, 계층 집단을 조직하고 동원하지는 않지만 일반 이념을 매개로 정치 영역에서 유권자들을 대표하는 기능을 강화했음을 보여주었다. 유권자들은 좌우의 이념을 통해 정당의 정치적 입장을 인지하고 자신과 이념적으로 가까운 정당에 정치적 이해를 표출하며, 정당은 집권 후 이를 고려하여 책임정치를 일정하게 구현하고 있다는 것이다. 이때 정당은 포괄정당에서 네트워크정당까지 다양한 모습을 띨 수 있지만, 이념을 매개로 유권자의 이해와 정부의 책임성 간의 선순환적 대의 관계를 잘 유지하고 있다는 것이다. 이와 같이 정당의 이념적 대표성을 긍정적으로 평가하는 주장에 대해 몇몇 학자 및 정치인들은 대중정당론에 근거한 반론을 제기하기도 한다. 이들은 여전히 정당이 계급과 계층을 조직적으로 대표해야 하며, 따라서 정당의 전통적인 기능과 역할을 복원하여 책임정 당정치를 강화해야 한다는 주장을 제기하고 있다.

① 조직으로서의 정당 기능의 강화
② 유권자의 일반 이념을 대표하는 기능의 강화
③ 유권자를 정치적으로 동원하는 기능의 약화
④ 정부 속의 정당 기능의 강화

10. 다음 글에 나타난 글쓴이의 생각으로 적절하지 않은 것은?

21세기는 각자의 개성이 존중되는 다원성의 시대이다. 역사 분야에서도 역사를 바라보는 관점에 따라 다양한 역사 서술들이 이루어지고 있다. 이렇게 역사 서술이 다양해질수록 역사 서술에 대한 가치 판단의 요구는 증대될 수밖에 없다. 그렇다면 이 시대의 역사 서술은 어떤 기준으로 평가되어야 할까?

역사 서술 방법 중에 가장 널리 알려진 것은 근대 역사가들이 표방한 객관적인 역사 서술 방법일 것이다. 이들에게 역사란 과거의 사실을 어떤 주관도 개입시키지 않은 채 객관적으로만 서술하는 것이다. 하지만 역사가는 특정한 국가와 계층에 속해 있고 이에 따라 특정한 이념과 가치관을 가지므로 객관적일 수 없다. 역사가의 주관적 관점은 사료를 선별하는 과정에서부터 이미 개입되기 시작하며 사건의 해석과 평가라는 역사 서술에 지속적으로 영향을 주게 된다. 따라서 역사 서술에 역사가의 주관은 개입될 수밖에 없으므로 완전히 객관적인 역사 서술은 불가능한 일이다.

이러한 역사 서술의 주관성 때문에 역사가 저마다의 관점에 따른 다양한 역사 서술이 존재하게 된다. 이에 따라 우리는 다양한 역사 서술 속에서 우리에게 가치 있는 역사 서술이 무엇인지를 판단할 필요가 있다. 역사학자 카(E. H. Carr)는 역사 서술에 대해 '역사는 과거와 현재의 대화이다.'라는 말을 남겼다. 이 말은 현재를 거울삼아 과거를 통찰하고 과거를 거울삼아 현재를 바라보며 더 나은 미래를 창출하는 것으로 해석할 수 있다. 이러한 견해에 의하면 역사 서술의 가치는 과거와 현재의 합리적인 소통 가능성에 따라 판단될 수 있다.

과거와 현재의 합리적 소통 가능성은 역사 서술의 사실성, 타당성, 진정성 등을 준거로 판단할 수 있다. 이 기준을 지키지 못한 역사 서술은 과거나 현재를 왜곡할 우려가 있으며, 결과적으로 미래를 올바르게 바라보지 못하게 만드는 원인이 될 수 있다. 이를테면 수많은 반증 사례가 있음에도 자신의 관점에 부합하는 사료만을 편파적으로 선택한 역사 서술은 '사실성'의 측면에서 신뢰받기 어렵다. 사료를 배열하고 이야기를 구성하는 과정이 지나치게 자의적이라면 '타당성'의 측면에서 비판받을 것이다. 또한 사료의 선택과 해석의 방향이 과거의 잘못을 미화하기 위한 것이라면 '진정성'의 측면에서도 가치를 인정받지 못하게 될 것이다.

요컨대 역사가의 주관이 다양하고 그에 따른 역사 서술도 다양할 수밖에 없다면 그 속에서 가치 있는 역사 서술을 가려낼 필요가 있다. '사실성, 타당성, 진정성'에 바탕을 둔 합리적 소통 가능성으로 역사 서술을 평가하는 것은 역사를 통해 미래를 위한 혜안을 얻는 한 가지 방법이 될 것이다.

① 역사 서술에서 완전한 객관성의 실현은 불가능하다.
② 역사 서술들이 다양해질수록 가치 판단 요구는 증대된다.
③ 역사가를 둘러싼 환경은 역사 서술 관점 형성에 영향을 준다.
④ 역사 서술의 사실성을 높이려면 자신의 관점에 어긋난 사료는 버려야 한다.

11. 외국계 은행 서울지사에 근무하는 甲은 런던지사 乙, 시애틀지사 丙과 같은 프로젝트를 진행하면서 다음과 같이 영상업무회의를 진행하였다. 회의 시각은 런던을 기준으로 11월 1일 오전 9시라고 할 때, ㉠에 들어갈 일시는? (단 런던은 GMT+0, 서울은 GMT+9, 시애틀은 GMT−7을 표준시로 사용한다.)

甲 : 제가 프로젝트에서 맡은 업무는 오늘 오후 10시면 마칠 수 있습니다. 런던에서 받아서 1차 수정을 부탁드립니다.

乙 : 네, 저는 甲님께서 제시간에 끝내 주시면 다음날 오후 3시면 마칠 수 있습니다. 시애틀에서 받아서 마지막 수정을 부탁드립니다.

丙 : 알겠습니다. 저는 앞선 두 분이 제시간에 끝내 주신다면 서울을 기준으로 모레 오전 10시면 마칠 수 있습니다. 제가 업무를 마치면 프로젝트가 최종 마무리 되겠군요.

甲 : 잠깐, 다들 말씀하신 시각의 기준이 다른 것 같은데요? 저는 처음부터 런던을 기준으로 이해하고 말씀드렸습니다.

乙 : 저는 처음부터 시애틀을 기준으로 이해하고 말씀드렸는데요?

丙 : 저는 처음부터 서울을 기준으로 이해하고 말씀드렸습니다. 그렇다면 계획대로 진행될 때 서울을 기준으로 (㉠)에 프로젝트를 최종 마무리할 수 있겠네요.

甲, 乙 : 네, 맞습니다.

① 11월 2일 오후 3시
② 11월 2일 오후 11시
③ 11월 3일 오전 10시
④ 11월 3일 오후 7시

12. 다음은 중·저준위방사성폐기물 처분시설 유치 관련 주민투표 결과를 나타내는 표이다. 중·저준위방사성폐기물 처분시설 부지선정은 19년간 표류하였던 최장기 국책사업이 최초로 주민투표를 통해 결정됨으로써 풀뿌리 민주주의 실현을 통한 효과적인 폐자원 처리능력과 함께 사회적 갈등에 대한 민주적 해결사례의 새로운 모델을 제시한 바 있다. 다음 〈보기〉의 설명을 토대로 할 때, 빈 칸 ㉠~㉣에 들어갈 알맞은 지역명을 순서대로 나열한 것은 어느 것인가?

(단위 : 명)

구분	㉠	㉡	㉢	㉣
총 선거인수	208,607	196,980	37,536	374,697
투표인수	147,625	138,192	30,107	178,586
−부재자 투표	70,521	65,336	9,523	63,851
−기표소 투표	77,115	72,856	20,584	114,735
투표율(%)	70.8	70.2	80.2	47.7
찬성률(%)	89.5	84.4	79.3	67.5

<보기>

1. 영덕군과 포항시의 총 선거인수의 합은 네 개 지역 전체 선거인 수의 절반이 넘는다.
2. 영덕군과 군산시의 기표소 투표자의 합은 10만 명을 넘지 않는다.
3. 경주시와 군산시의 찬성률 차이는 군산시와 영덕군의 찬성률 차이와 정확히 같다.

① 포항시 – 군산시 – 영덕군 – 경주시
② 경주시 – 영덕군 – 군산시 – 포항시
③ 군산시 – 경주시 – 영덕군 – 포항시
④ 경주시 – 군산시 – 영덕군 – 포항시

13. 다음 글과 〈법조문〉을 근거로 판단할 때, 甲이 乙에게 2,000만 원을 1년간 빌려주면서 선이자로 800만 원을 공제하고 1,200만 원만을 준 경우, 乙이 갚기로 한 날짜에 甲에게 전부 변제하여야 할 금액은?

돈이나 물품 등을 빌려 쓴 사람이 돈이나 같은 종류의 물품을 같은 양만큼 갚기로 하는 계약을 소비대차라 한다. 소비대차는 이자를 지불하기로 약정할 수 있고, 그 이자는 일정한 이율에 의하여 계산한다. 이런 이자는 돈을 빌려주면서 먼저 공제할 수도 있는데, 이를 선이자라 한다. 한편 약정 이자의 상한에는 법률상의 제한이 있다.

〈법조문〉

제00조

① 금전소비대차에 관한 계약상의 최고이자율은 연 30%로 한다.
② 계약상의 이자로서 제1항에서 정한 최고이자율을 초과하는 부분은 무효로 한다.
③ 약정금액(당초 빌려주기로 한 금액)에서 선이자를 사전공제한 경우, 그 공제액이 '채무자가 실제 수령한 금액'을 기준으로 하여 제1항에서 정한 최고이자율에 따라 계산한 금액을 초과하면 그 초과부분은 약정금액의 일부를 변제한 것으로 본다.

① 760만 원
② 1,000만 원
③ 1,560만 원
④ 1,640만 원

14. 甲은 가격이 1,000만 원인 자동차 구매를 위해 ○○은행의 자동차 구매 상품인 A, B, C에 대해서 상담을 받았다. 다음 상담 내용에 따를 때, 〈보기〉에서 옳은 것을 모두 고르면? (단, 총비용으로는 은행에 내야 하는 금액과 수리비만을 고려하고, 등록비용 등 기타 비용은 고려하지 않는다)

• A상품 : 이 상품은 고객님이 자동차를 구입하여 소유권을 취득하실 때, 은행이 자동차 판매자에게 즉시 구입금액 1,000만 원을 지불해 드립니다. 그리고 그 날부터 매월 1,000만 원의 1%를 이자로 내시고, 1년이 되는 시점에 1,000만 원을 상환하시면 됩니다.
• B상품 : 이 상품은 고객님이 원하시는 자동차를 구매하여 고객님께 전달해 드리고, 고객님께서는 1년 후에 자동차 가격에 이자를 추가하여 총 1,200만 원을 상환하시면 됩니다. 자동차의 소유권은 고객님께서 1,200만 원을 상환하시는 시점에 고객님께 이전되며, 그 때까지 발생하는 모든 수리비는 저희가 부담합니다.
• C상품 : 이 상품은 고객님이 원하시는 자동차를 구매하여 고객님께 임대해 드립니다. 1년 동안 매월 90만 원의 임대료를 내시면 1년 후에 그 자동차는 고객님의 소유가 되며, 임대기간 중에 발생하는 모든 수리비는 저희가 부담합니다.

〈보기〉

㉠ 자동차 소유권을 얻기까지 은행에 내야 하는 총금액은 A상품의 경우가 가장 적다.
㉡ 1년 내에 사고가 발생해 50만 원의 수리비가 소요될 것으로 예상한다면 총비용 측면에서 A상품보다 B, C상품을 선택하는 것이 유리하다.
㉢ 최대한 빨리 자동차 소유권을 얻고 싶다면 A상품을 선택하는 것이 가장 유리하다.
㉣ 사고 여부와 관계없이 자동차 소유권 취득 시까지의 총비용 측면에서 B상품보다 C상품을 선택하는 것이 유리하다.

① ㉠, ㉡
② ㉡, ㉢
③ ㉢, ㉣
④ ㉠, ㉢, ㉣

15. ㈜서원각에서 근무하는 김 대리는 제도 개선 연구를 위해 영국 런던에서 관계자와 미팅을 하려고 한다. 8월 10일 오전 10시 미팅에 참석할 수 있도록 해외출장 계획을 수립하려고 한다. 김 대리는 현지 공항에서 입국 수속을 하는데 1시간, 예약된 호텔까지 이동하여 체크인을 하는데 2시간, 호텔에서 출발하여 행사장까지 이동하는데 1시간 이내의 시간이 소요된다는 사실을 파악하였다. 또한 서울 시각이 오후 0시 45분일 때 런던 현지 시각을 알아보니 오후 12시 45분이었다. 비행운임 및 스케줄이 다음과 같을 때, 김 대리가 선택할 수 있는 가장 저렴한 항공편은 무엇인가?

항공편	출발시각	경유시간	총 비행시간	운임
0001	8월 9일 19:30	7시간	12시간	60만 원
0002	8월 9일 20:30	5시간	13시간	70만 원
0003	8월 9일 23:30	3시간	12시간	80만 원
0004	8월 10일 02:30	직항	11시간	100만 원
0005	8월 10일 05:30	직항	9시간	120만 원

① 0001　　　　　　② 0002

③ 0003　　　　　　④ 0004

16. 정수는 친구와 함께 서울에서 부산까지 여행을 가려고 한다. 다음 자료를 보고 보완적 평가방식을 활용하여 정수의 입장에서 종합평가점수가 가장 높아 구매대안이 될 수 있는 운송수단을 고르면?

평가기준	중요도	운송수단에 대한 평가			
		KTX	고속버스	승용차	비행기
속도	40	8	5	4	9
승차감	30	7	8	8	7
경제성	20	5	8	3	4
디자인	10	7	7	5	7

① KTX　　　　　　② 고속버스

③ 승용차　　　　　　④ 비행기

17. 다음은 책꽂이 1개를 제작하기 위한 자재 소요량 계획이다. [주문]을 완료하기 위해 추가적으로 필요한 칸막이와 옆판의 개수로 옳은 것은?

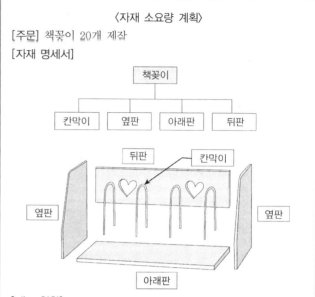

〈자재 소요량 계획〉

[주문] 책꽂이 20개 제작

[자재 명세서]

[재고 현황]

책꽂이	칸막이	옆판	아래판	뒤판
0개	40개	30개	20개	20개

[조건]
1. 책꽂이 1개를 만들기 위해서는 칸막이 4개, 옆판 2개, 아래판 1개, 뒤판 1개가 필요하다.
2. 책꽂이를 제작할 때 자재 명세서에 제시된 부품 이외의 기타 부품은 고려하지 않는다.

	칸막이	옆판
①	20	10
②	20	20
③	40	10
④	40	20

18. 다음은 소정기업의 재고 관리 사례이다. 금요일까지 부품 재고 수량이 남지 않게 완성품을 만들 수 있도록 월요일에 주문할 A~C 부품 개수로 옳은 것은? (단, 주어진 조건 이외에는 고려하지 않는다)

○○ 기업 재고 관리 사례
[부품 재고 수량과 완성품 1개당 소요량]

부품명	부품 재고 수량	완성품 1개당 소요량
A	500	10
B	120	3
C	250	5

[완성품 납품 수량]

항목 \ 요일	월	화	수	목	금
완성품 납품 개수	없음	30	20	30	20

[조건]
1. 부품 주문은 월요일에 한 번 신청하며 화요일 작업 시작 전 입고된다.
2. 완성품은 부품 A, B, C를 모두 조립해야 한다.

	A	B	C
①	100	100	100
②	100	180	200
③	500	100	100
④	500	180	250

19. 다음은 ○○기업의 인적 자원 관리 사례이다. 이에 대한 설명으로 옳은 것만을 모두 고른 것은?

- 직무 분석 결과에 따른 업무 조정 및 인사 배치
- 기업 부설 연수원에서 사원 역량 강화 교육 실시
- 건강 강좌 제공 및 전문 의료진과의 상담 서비스 지원

㉠ 법정 외 복리 후생 제도를 실시하고 있다.
㉡ 인적 자원 관리의 원칙 중 '단결의 원칙'을 적용하고 있다.
㉢ OJT(On the Job Training) 형태로 사원 교육을 진행하고 있다.

① ㉠
② ㉡
③ ㉠, ㉢
④ ㉡, ㉢

20. 다음은 장식품 제작 공정을 나타낸 것이다. 이에 대한 설명으로 옳은 것만을 〈보기〉에서 있는 대로 고른 것은? (단, 주어진 조건 이외의 것은 고려하지 않는다)

〈조건〉
- A~E의 모든 공정 활동을 거쳐 제품이 생산되며, 제품 생산은 A 공정부터 시작된다.
- 각 공정은 공정 활동별 한 명의 작업자가 수행하며, 공정 간 부품의 이동 시간은 고려하지 않는다.

〈작업순서〉

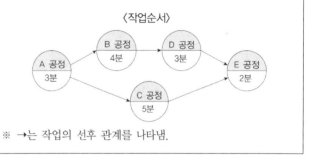

※ →는 작업의 선후 관계를 나타냄.

〈보기〉
㉠ 첫 번째 완제품은 생산 시작 12분 후에 완성된다.
㉡ 제품은 최초 생산 후 매 3분마다 한 개씩 생산될 수 있다.
㉢ C 공정의 소요 시간이 2분 지연되어도 첫 번째 완제품을 생산하는 총소요시간은 변화가 없다.

① ㉠
② ㉡
③ ㉠, ㉢
④ ㉡, ㉢

21. 다음은 수입예산에 관한 자료이다. 잡이익이 이자수익의 2배일 때, ㉠은 ㉡의 몇 배에 해당하는가? (단, 소수 첫 번째 자리에서 반올림한다.)

〈수입예산〉

(단위 : 백만 원)

구분		예산
총 합계		(㉠)
영업 수익	합계	2,005,492
	운수수익	1,695,468
	광고료 등 부대사업수익	196,825
	기타사용료 등 기타영업수익	88,606
	대행사업수익	24,593
영업 외 수익	합계	
	이자수익	(㉡)
	임대관리수익	2,269
	불용품매각수익	2,017
	잡이익	7,206

① 555배   ② 557배

③ 559배   ④ 561배

22. 어떤 이동 통신 회사에서는 휴대폰의 사용 시간에 따라 매월 다음과 같은 요금 체계를 적용한다고 한다.

요금제	기본 요금	무료 통화	사용 시간(1분)당 요금
A	10,000원	0분	150원
B	20,200원	60분	120원
C	28,900원	120분	90원

예를 들어, B요금제를 사용하여 한 달 동안의 통화 시간이 80분인 경우 사용 요금은 다음과 같이 계산한다.

$$20,200 + 120 \times (80 - 60) = 22,600 원$$

B요금제를 사용하는 사람이 A요금제와 C요금제를 사용할 때 보다 저렴한 요금을 내기 위한 한 달 동안의 통화 시간은 a분 초과 b분 미만이다. 이때, $b - a$의 최댓값은? (단, 매월 총 사용 시간은 분 단위로 계산한다.)

① 70   ② 80

③ 90   ④ 100

23. 다음은 X공기업의 팀별 성과급 지급 기준이다. Y팀의 성과평가 결과가 〈보기〉와 같다면 3/4 분기에 지급되는 성과급은?

- 성과급 지급은 성과평가 결과와 연계함
- 성과평가는 유용성, 안전성, 서비스 만족도의 총합으로 평가함. 단, 유용성, 안전성, 서비스 만족도의 가중치를 각각 0.4, 0.4, 0.2로 부여함
- 성과평가 결과를 활용한 성과급 지급 기준

성과평가 점수	성과평가 등급	분기별 성과급 지급액	비고
9.0 이상	A	100만 원	성과평가 등급이 A이면 직전 분기 차감액의 50%를 가산하여 지급
8.0 이상 9.0 미만	B	90만 원(10만 원 차감)	
7.0 이상 8.0 미만	C	80만 원(20만 원 차감)	
7.0 미만	D	40만 원(60만 원 차감)	

〈보기〉				
구분	1/4 분기	2/4 분기	3/4 분기	4/4 분기
유용성	8	8	10	8
안전성	8	6	8	8
서비스 만족도	6	8	10	8

① 130만 원   ② 120만 원

③ 110만 원   ④ 100만 원

24. 다음은 Y년의 산업부문별 전기다소비사업장의 전기 사용현황을 나타낸 자료이다. 다음 자료를 참고할 때, Y−1년의 화공산업 부문 전기다소비사업장의 전기사용량은 얼마인가? (전기사용량은 절삭하여 원 단위로 표시함)

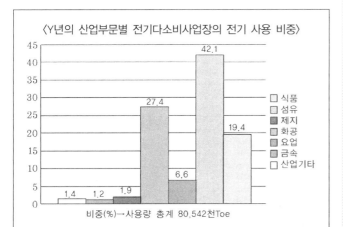

〈Y년의 산업부문별 전기다소비사업장의 전기 사용 비중〉

비중(%)→사용량 총계 80,542천Toe

〈Y년의 산업부문별 전기다소비사업장의 전기 사용 증가율〉

구분	식품	섬유	제지	화공	요업	금속	산업기타
전년대비 증가율(%)	1.8	−3.9	−12.6	4.5	1.6	−1.2	3.9

① 20,054천Toe
② 20,644천Toe
③ 20,938천Toe
④ 21,117천Toe

25. 그림과 같이 6등분 되어 있는 원판이 있다. 회전하고 있는 원판에 화살을 세 번 쏘았을 때, 적어도 화살 하나는 6의 약수에 맞을 확률은? (단, 화살은 반드시 원판에 맞으며, 경계선에 맞는 경우는 없다.)

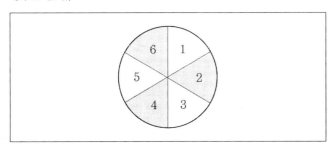

① $\dfrac{1}{27}$
② $\dfrac{2}{9}$
③ $\dfrac{5}{9}$
④ $\dfrac{26}{27}$

26. 다음은 서원이가 매일하는 운동에 관한 기록지이다. 1회당 정문에서 후문을 왕복하여 달리는 운동을 할 때, 정문에서 후문까지의 거리 ㉠과 후문에서 정문으로 돌아오는데 걸린 시간 ㉡은? (단, 매회 달리는 속도는 일정하다고 가정한다.)

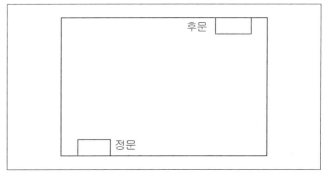

회차	속도		시간
1회	정문→후문	20m/초	5분
	후문→정문		
⋮	⋮		⋮
5회			70분

※ 총 5회 반복
※ 마지막 바퀴는 10분을 쉬고 출발

	㉠	㉡
①	6,000m	7분
②	5,000m	8분
③	4,000m	9분
④	3,000m	10분

27. 다음은 H국의 연도별 청소기 매출에 관한 자료이다. 다음의 조건에 따를 때, 2002년과 2010년의 청소기 매출액의 차이는?

〈조건〉
㉠ 2006년 대비 2010년의 청소기 매출액 증가율은 62.5%
㉡ 2002년 대비 2004년의 청소기 매출액 감소율은 10%

① 190억 원
② 200억 원
③ 210억 원
④ 220억 원

28. 다음은 연도별 ICT산업 생산규모 관한 자료이다. 다음 상황을 참고하여 ㈜에 들어갈 값으로 적절한 것은?

(단위 : 천억 원)

구분	연도	2005	2006	2007	2008
정보 통신 방송 서비스	통신 서비스	37.4	38.7	40.4	42.7
	방송 서비스	8.2	9.0	9.7	9.3
	융합 서비스	3.5	㈎	4.9	6.0
	소계	49.1	㈏	55.0	58.0
정보 통신 방송 기기	통신 기기	43.4	43.3	47.4	61.2
	정보 기기	14.5	㈐	㈑	9.8
	음향 기기	14.2	15.3	13.6	㈒
	소계	72.1	㈓	71.1	85.3
합계		121.2	㈔	126.1	143.3

〈상황〉

㉠ 2006년 융합서비스의 생산규모는 전년대비 1.2배가 증가하였다.

㉡ 2007년 정보기기의 생산규모는 전년대비 3천억 원이 감소하였다.

① 121.4   ② 122.8

③ 123.6   ④ 124.9

29. 다음은 두 회사의 주가에 관한 자료이다. 다음 중 B사 주가의 최댓값과 주가지수의 최솟값은?

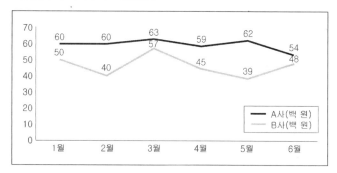

$$\text{주가지수} = \frac{\text{해당 월 } A\text{사의 주가} + \text{해당 월 } B\text{사의 주가}}{1\text{월 } A\text{사의 주가} + 1\text{월 } B\text{사의 주가}} \times 100$$

	B사 주가의 최댓값	주가지수의 최솟값
①	57	90.9
②	50	91.8
③	48	94.5
④	45	100.0

30. 다음은 문화산업부문 예산에 관한 자료이다. 다음 중 출판 분야의 예산 ㈎와 예산의 총합 ㈒를 구하면?

분야	예산(억 원)	비율(%)
출판	㈎	㈐
영상	40.85	19
게임	51.6	24
광고	㈏	31
저작권	23.65	11
총합	㈒	100

	출판 분야의 예산 ㈎	예산의 총합 ㈒
①	29.25	185
②	30.25	195
③	31.25	205
④	32.25	215

31. 甲공단에 근무하는 乙은 빈곤과 저출산 문제를 해결하기 위한 대안을 분석 중이다. 상황이 다음과 같을 때, 대안별 월 소요 예산 규모를 비교한 것으로 옳은 것은?

◈ 현재 상황
• 전체 1,500가구는 자녀 수에 따라 네 가지 유형으로 구분할 수 있는데, 그 구성은 무자녀 가구 300가구, 한 자녀 가구 600가구, 두 자녀 가구 500가구, 세 자녀 이상 가구 100가구이다.
• 전체 가구의 월 평균 소득은 200만 원이다.
• 각 가구 유형의 30%는 맞벌이 가구이다.
• 각 가구 유형의 20%는 빈곤 가구이다.

◈ 대안
A안 : 모든 빈곤 가구에게 전체 가구 월 평균 소득의 25%에 해당하는 금액을 가구당 매월 지급한다.
B안 : 한 자녀 가구에는 10만 원, 두 자녀 가구에는 20만 원, 세 자녀 이상 가구에는 30만 원을 가구당 매월 지급한다.
C안 : 자녀가 있는 모든 맞벌이 가구에 자녀 1명당 30만 원을 매월 지급한다. 다만 세 자녀 이상의 맞벌이 가구에는 일률적으로 가구당 100만 원을 매월 지급한다.

① A < B < C
② A < C < B
③ B < A < C
④ B < C < A

32. 신입사원 교육을 받으러 온 직원들에게 나눠준 조직도를 보고 사원들이 나눈 대화이다. 다음 중 조직도를 올바르게 이해한 사원을 모두 고른 것은?

A : 조직도를 보면 본사는 3개 본부, 1개 지원실, 콜센터를 포함한 총 10개 팀으로 구성되어 있군.
B : 그런데 품질혁신팀은 따로 본부에 소속되어 있지 않고 대표이사님 직속으로 소속되어 있네.
C : 전국의 서비스센터는 고객지원실에서 관리해.

① A
② B
③ A, C
④ B, C

33. 다음에 주어진 조직의 특성 중 유기적 조직에 대한 설명을 모두 고른 것은?

㉠ 구성원들의 업무가 분명하게 규정되어 있다.
㉡ 급변하는 환경에 적합하다.
㉢ 비공식적인 상호의사소통이 원활하게 이루어진다.
㉣ 엄격한 상하 간의 위계질서가 존재한다.
㉤ 많은 규칙과 규정이 존재한다.

① ㉠㉢
② ㉡㉢
③ ㉡㉤
④ ㉢㉣

34. 다음의 내용을 보고 밑줄 친 부분에 대한 특성으로 옳지 않은 것은?

롯데홈쇼핑은 14일 서울 양평동 본사에서 한국투명성기구와 '윤리경영 세미나'를 개최했다고 15일 밝혔다. 롯데홈쇼핑은 지난 8월 국내 민간기업 최초로 한국투명성기구와 '청렴경영 협약'을 맺고 롯데홈쇼핑의 반부패 청렴 시스템 구축, 청렴도 향상 · 윤리경영 문화 정착을 위한 교육, 경영 투명성과 윤리성 확보를 위한 활동 등을 함께 추진하기도 했다.

이번 '윤리강령 세미나'에서는 문형구 고려대학교 경영학과 교수가 '윤리경영의 원칙과 필요성'을, 강성구 한국투명성기구 상임정책위원이 '사례를 통해 본 윤리경영의 방향'을 주제로 강의를 진행했다. 문형구 교수는 윤리경영을 통해 혁신이 이뤄지고 기업의 재무성과가 높아진 실제 연구사례를 들며 윤리경영의 필요성에 대해 강조했으며, "롯데홈쇼핑이 잘못된 관행을 타파하고 올바르게 사업을 진행해 나가 윤리적으로 모범이 되는 기업으로 거듭나길 바란다"고 말했다. 또 강성구 상임정책위원은 윤리적인 기업으로 꼽히는 '존슨 앤 존슨'과 '유한킴벌리'의 경영 사례를 자세히 설명하고 "윤리경영을 위해 기업의 운영과정을 투명하게 공개하는 것이 중요하다"고 강조했다. 강연을 마친 후에는 개인 비리를 막을 수 있는 조직의 대응방안 등 윤리적인 기업으로 거듭나는 방법에 대한 질의응답이 이어졌다. 임삼진 롯데홈쇼핑 CSR동반성장위원장은 "투명하고 공정한 기업으로 거듭나기 위한 방법에 대해 늘 고민하고 있다"며, "강연을 통해 얻은 내용들을 내부적으로 잘 반영해 진정성 있는 변화의 모습을 보여 드리겠다"고 말했다.

① 윤리경영은 경영상의 관리지침이다.
② 윤리경영은 경영활동의 규범을 제시해 준다.
③ 윤리경영은 응용윤리이다.
④ 윤리경영은 경영의사결정의 도덕적 가치기준이다.

35. 조직이 유연하고 자유로운지 아니면 안정이나 통제를 추구하는지, 조직이 내부의 단결이나 통합을 추구하는지 아니면 외부의 환경에 대한 대응성을 추구하는지의 차원에 따라 집단문화, 개발문화, 합리문화, 계층문화로 구분된다. 지문에 주어진 특징을 갖는 조직문화의 유형은?

과업지향적인 문화로, 결과지향적인 조직으로써의 업무의 완수를 강조한다. 조직의 목표를 명확하게 설정하여 합리적으로 달성하고, 주어진 과업을 효과적이고 효율적으로 수행하기 위하여 실적을 중시하고, 직무에 몰입하며, 미래를 위한 계획을 수립하는 것을 강조한다. 합리문화는 조직구성원 간의 경쟁을 유도하는 문화이기 때문에 때로는 지나친 성과를 강조하게 되어 조직에 대한 조직구성원들의 방어적인 태도와 개인주의적인 성향을 드러내는 경향을 보인다.

① 집단문화   ② 개발문화
③ 합리문화   ④ 계층문화

┃36~37┃ 다음은 J사의 2015년 조직도이다. 주어진 조직도를 보고 물음에 답하시오.

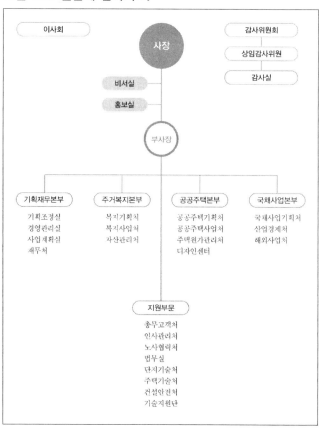

36. 위 조직도를 보고 잘못 이해한 것은?

① 부사장은 따로 비서실을 두고 있지 않다.

② 비서실과 홍보실은 사장 직속으로 소속되어 있다.

③ 감사실은 공정한 감사를 위해 다른 조직들과는 구분되어 감사위원회 산하로 소속되어 있다.

④ 부사장 직속으로는 1개 부문, 1실, 6개 처, 1개의 지원단으로 구성되어 있다.

37. 다음은 J사의 내년 조직개편사항과 A씨가 개편사항을 반영하여 수정한 조직도이다. 수정된 조직도를 보고 상사인 B씨가 A씨에게 지적할 사항으로 옳은 것은?

〈조직개편사항〉

• 미래기획단 신설(사장 직속)
• 명칭변경(주거복지본부) : 복지기획처 → 주거복지기획처, 복지사업처 → 주거복지사업처
• 지원부문을 경영지원부문과 기술지원부문으로 분리한다.
 – 경영지원부문 : 총무고객처, 인사관리처, 노사협력처, 법무실
 – 기술지원부문 : 단지기술처, 주택기술처, 건설안전처, 기술지원단
• 공공주택본부 소속으로 행복주택부문(행복주택계획처, 행복주택사업처, 도시재생계획처) 신설
• 중소기업지원단 신설(기술지원부문 소속)

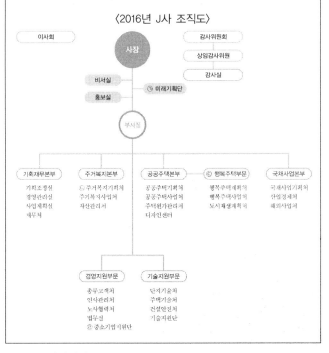

〈2016년 J사 조직도〉

① ㉠ 미래기획단을 부사장 직속으로 이동시켜야 합니다.

② ㉡ 주거복지기획처를 복지기획처로 변경해야 합니다.

③ ㉢ 행복주택부문을 부사장 직속으로 이동해야 합니다.

④ ㉣ 중소기업지원단을 기술지원부문으로 이동해야 합니다.

│38~39│ 다음은 작년의 사내 복지 제도와 그에 따른 4/4분기 복지 지원 내역이다. 올 1/4분기부터 복지 지원 내역의 변화가 있었을 때, 다음의 물음에 답하시오.

〈사내 복지 제도〉

구분	세부사항
주택 지원	사택지원 (1~6동 총 6개 동 120가구) 기본 2년 (신청 시 1회 2년 연장 가능)
경조사 지원	본인/가족 결혼, 회갑 등 각종 경조사 시 경조금, 화환 및 경조휴가 제공
학자금 지원	고등학생, 대학생 학자금 지원
기타	상병 휴가, 휴직, 4대 보험 지원

〈4/4분기 지원 내역〉

이름	부서	직위	세부사항	금액(천 원)
정희진	영업1팀	사원	모친상	1,000
유연화	총무팀	차장	자녀 대학진학 (입학금 제외)	4,000
김길동	인사팀	대리	본인 결혼	500
최선하	IT개발팀	과장	병가(실비 제외)	100
김만길	기획팀	사원	사택 제공(1동 702호)	–
송상현	생산2팀	사원	장모상	500
길태화	기획팀	과장	생일	50(상품권)
최현식	총무팀	차장	사택 제공(4동 204호)	–
최판석	총무팀	부장	자녀 결혼	300
김동훈	영업2팀	대리	생일	50(상품권)
백예령	IT개발팀	사원	본인 결혼	500

38. 인사팀의 사원 Z씨는 팀장님의 지시로 작년 4/4분기 지원 내역을 구분하여 정리했다. 다음 중 구분이 잘못된 직원은?

구분	이름
주택 지원	김만길, 최현식
경조사 지원	정희진, 김길동, 길태화, 최판석, 김동훈, 백예령
학자금 지원	유연화
기타	최선하, 송상현

① 정희진   ② 김동훈

③ 유연화   ④ 송상현

39. 다음은 올해 1/4분기 지원 내역이다. 변경된 복지 제도 내용으로 옳지 않은 것은?

이름	부서	직위	세부사항	금액(천 원)
김태호	총무팀	대리	장인상	1,000
이준규	영업2팀	과장	자녀 대학 등록금	4,000
박신영	기획팀	사원	생일	50(기프트 카드)
장민하	IT개발팀	차장	자녀 결혼	300
백유진	기획팀	대리	병가(실비 포함)	200
배주한	인사팀	차장	생일	50(기프트 카드)

① 경조사 지원금은 직위와 관계없이 동일한 금액으로 지원됩니다.

② 배우자 부모 사망 시 경조사비와 본인 부모 사망 시 경조사비를 동일하게 지급합니다.

③ 직원 본인 병가 시 위로금 10만 원과 함께 병원비(실비)를 함께 지급합니다.

④ 생일 시 지급되는 상품권을 현금카드처럼 사용할 수 있는 기프트 카드로 변경 지급합니다.

40. 다음 중 고객만족에 대한 정의로 보기 어려운 것은?

① 고객이 느끼는 어떤 가치에 대해서 적절한 보상 또는 부적절한 보상을 받았다는 느낌을 가지는 심리상태를 말한다.

② 고객의 경험과정과 결과에 따라 만족감이 달라지는 현상이다.

③ 소비자의 성취반응으로 소비자의 판단이다.

④ 고객에게 주어진 서비스 또는 제품의 수준이 고객의 기대와 얼마만큼 일치하는가의 척도이다.

┃41~42┃ 다음 〈표〉와 〈선정절차〉는 정부가 추진하는 신규 사업에 지원한 A~E 기업의 현황과 사업 선정절차에 대한 자료이다. 물음에 답하시오.

〈표〉A~E 기업 현황

기업	직원수 (명)	임원수 (명) 이사	임원수 (명) 감사	임원평균 근속기간 (년)	시설현황 사무실 수 (개)	시설현황 사무실 총면적 (㎡)	시설현황 휴게실 면적 (㎡)	시설현황 기업 총면적 (㎡)	통근 차량 대수 (대)
A	132	10	3	2.1	5	450	2,400	3,800	3
B	160	5	1	4.5	7	420	200	1,300	2
C	120	4	3	3.1	5	420	440	1,000	1
D	170	2	12	4.0	7	550	300	1,500	2
E	135	4	6	2.9	6	550	1,000	2,500	2

※ 여유면적 = 기업 총면적 − 사무실 총면적 − 휴게실 면적

〈선정절차〉

• 1단계 : 아래 4개 조건을 모두 충족하는 기업을 예비 선정한다.
– 사무실조건 : 사무실 1개당 직원수가 25명 이하여야 한다.
– 임원조건 : 임원 1인당 직원수가 15명 이하여야 한다.
– 차량조건 : 통근 차량 1대당 직원수가 100명 이하여야 한다.
– 여유면적조건 : 여유면적이 650㎡ 이상이어야 한다.
• 2단계 : 예비 선정된 기업 중 임원평균근속기간이 가장 긴 기업을 최종 선정한다.

41. 1단계 조건을 충족하여 예비 선정되는 기업을 모두 고르면?

① A, B
② B, C
③ C, D
④ D, E

42. 정부가 추진하는 신규 사업에 최종 선정되는 기업은?

① A
② B
③ C
④ D

43. A항만공사는 사내 식사 제공을 위한 외식 업체를 선정하기 위해 다음과 같이 5개 업체에 대한 평가를 실시하였다. 다음 평가 방식과 평가 결과에 의해 외식 업체로 선정될 업체는 어느 곳인가?

〈최종결과표〉

(단위 : 점)

구분	A업체	B업체	C업체	D업체	E업체
제안가격	84	82	93	90	93
위생도	92	90	91	83	92
업계평판	92	89	91	95	90
투입인원	90	92	94	91	93

〈선정 방식〉

- 각 평가항목별 다음과 같은 가중치를 부여하여 최종 점수 고득점 업체를 선정한다.
  - 투입인원 점수 15%
  - 업계평판 점수 15%
  - 위생도 점수 30%
  - 제안가격 점수 40%
- 어느 항목이라도 5개 업체 중 최하위 득점이 있을 경우(최하위 점수가 90점 이상일 경우 제외), 최종 업체로 선정될 수 없음.
- 동점 시, 가중치가 높은 항목 순으로 고득점 업체가 선정

① E업체
② D업체
③ C업체
④ B업체

44. 전력 설비 수리를 하기 위해 본사에서 파견된 8명의 기술자들이 출장지에서 하룻밤을 묵게 되었다. 1개 층에 4개의 객실(101~104호, 201~204호, 301~304호, 401~404호)이 있는 3층으로 된 조그만 여인숙에 1인당 객실 1개씩을 잡고 투숙하였고 다음과 같은 조건을 만족할 경우, 12개의 객실 중 8명이 묵고 있지 않은 객실 4개를 모두 알기 위하여 필요한 사실이 될 수 있는 것은 다음 보기 중 어느 것인가? (출장자 일행 외의 다른 투숙객은 없는 것으로 가정한다)

- 출장자들은 1, 2, 3층에 각각 객실 2개, 3개, 3개에 투숙하였다.
- 출장자들은 1, 2, 3, 4호 라인에 각각 2개, 2개, 1개, 3개 객실에 투숙하였다.

① 302호에 출장자가 투숙하고 있다.
② 203호에 출장자가 투숙하고 있지 않다.
③ 103호에 출장자가 투숙하고 있다.
④ 202호에 출장자가 투숙하고 있지 않다.

45. 다음 제시된 조건을 보고, 만일 영호와 옥숙을 같은 날 보낼 수 없다면, 목요일에 보내야 하는 남녀사원은 누구인가?

영업부의 박 부장은 월요일부터 목요일까지 매일 남녀 각 한 명씩 두 사람을 회사 홍보 행사 담당자로 보내야 한다. 영업부에는 현재 남자 사원 4명(길호, 철호, 영호, 치호)과 여자 사원 4명(영숙, 옥숙, 지숙, 미숙)이 근무하고 있으며, 다음과 같은 제약 사항이 있다.

㉠ 매일 다른 사람을 보내야 한다.
㉡ 치호는 철호 이전에 보내야 한다.
㉢ 옥숙은 수요일에 보낼 수 없다.
㉣ 철호와 영숙은 같이 보낼 수 없다.
㉤ 영숙은 지숙과 미숙 이후에 보내야 한다.
㉥ 치호는 영호보다 앞서 보내야 한다.
㉦ 옥숙은 지숙 이후에 보내야 한다.
㉧ 길호는 철호를 보낸 바로 다음 날 보내야 한다.

① 길호와 영숙
② 영호와 영숙
③ 치호와 옥숙
④ 길호와 옥숙

46. 다음 글의 내용이 참일 때 최종 선정되는 단체는 어디인가?

문화체육관광부는 우수 문화예술 단체 A, B, C, D, E 중 한 곳을 선정하여 지원하려 한다. 문화체육관광부의 금번 선정 방침은 다음 두 가지이다. 첫째, 어떤 형태로든 지원을 받고 있는 단체는 최종 후보가 될 수 없다. 둘째, 최종 선정 시 올림픽 관련 단체를 엔터테인먼트 사업(드라마, 영화, 게임) 단체보다 우선한다.

A 단체는 자유무역협정을 체결한 필리핀에 드라마 콘텐츠를 수출하고 있지만 올림픽과 관련한 사업은 하지 않는다. B 단체는 올림픽의 개막식 행사를, C 단체는 올림픽의 폐막식 행사를 각각 주관하는 단체이다. E 단체는 오랫동안 한국 음식 문화를 세계에 보급해 온 단체이다. A와 C 단체 중 적어도 한 단체가 최종 후보가 되지 못한다면, 대신 B와 E 중 적어도 한 단체는 최종 후보가 된다. 반면 게임 개발로 각광을 받는 단체인 D가 최종 후보가 된다면, 한국과 자유무역협정을 체결한 국가와 교역을 하는 단체는 모두 최종 후보가 될 수 없다.

후보 단체들 중 가장 적은 부가가치를 창출한 단체는 최종 후보가 될 수 없고, 최종 선정은 최종 후보가 된 단체 중에서만 이루어진다.

문화체육관광부의 조사 결과, 올림픽의 개막식 행사를 주관하는 모든 단체는 이미 보건복지부로부터 지원을 받고 있다. 그리고 위 문화예술 단체 가운데 한국 음식문화 보급과 관련된 단체의 부가가치 창출이 가장 저조하였다.

① A
② B
③ C
④ D

47. 영호, 준희, 담비, 사연이는 모두 배드민턴, 골프, 낚시, 자전거 동호회 4개 중 2개에 가입하고 있다. 3명은 배드민턴 동호회에 가입하여 활동 중이고, 2명은 골프 동호회에서, 2명은 낚시 동호회에서 활동 중이다. 준희는 자전거 동호회에, 담비는 낚시 동호회에, 사연이는 배드민턴과 골프 동호회에 가입한 것을 알았을 때, 다음 중 항상 옳지 않은 것은?

① 영호와 준희가 배드민턴 동호회에 가입되어 있다면 담비는 배드민턴 동호회에 가입하지 않았다.

② 담비가 골프 동호회에 가입되어 있다면 배드민턴 동호회에 가입하지 않았다.

③ 준희가 낚시 동호회에 가입되어 있다면 영호도 낚시 동호회에 가입되어 있다.

④ 사연이는 낚시 동호회에 가입하지 않았다.

48. 현경이네 가족은 주말을 맞아 집안 청소를 하기로 하였다. 현경이네 가족은 현경, 현수, 현우, 현아, 현성, 현진이다. 다음 조건에 따라 청소 당번을 정하기로 할 때, 청소 당번이 아닌 사람으로 짝지어진 것은?

〈조건〉
㉠ 현경이 당번이 되지 않는다면, 현아가 당번이 되어야 한다.
㉡ 현경이 당번이 된다면, 현우도 당번이 되어야 한다.
㉢ 현우와 현성이 당번이 되면, 현아는 당번이 되어서는 안 된다.
㉣ 현아나 현성이 당번이 된다면, 현진도 당번이 되어야 한다.
㉤ 현수가 당번이 되지 않는다면, 현우와 현성이 당번이 되어야 한다.
㉥ 현수는 당번이 되지 않는다.

① 현수, 현아

② 현경, 현수

③ 현우, 현아, 현진

④ 현수, 현우, 현진, 현성

49. 다음 조건을 통해 추론을 할 때, 서로 대화가 가능한 사람끼리 짝지어진 것은?

• 갑, 을, 병, 정은 사용가능한 언어만으로 대화를 할 수 있다.
• 갑, 을, 병, 정은 모두 2개 국어를 사용한다.
• 갑은 영어와 한국어를 사용한다.
• 을은 한국어와 프랑스를 사용한다.
• 병은 독일어와 영어를 사용한다.
• 정은 프랑스어와 중국어를 사용한다.
• 무는 태국어와 한국어를 사용한다.

① 갑, 정   ② 을, 병

③ 병, 무   ④ 무, 갑

50. 다음은 1년간 판매율이 가장 높았던 제품 4종에 대한 소비자 평가 점수이다. 이 자료를 참고할 때, 제시된 네 명의 구매자에게 선택받지 못한 제품은?

〈제품에 대한 소비자 평가 점수〉
(단위 : 점)

제품명 평가기준	B	D	K	M
원료	10	8	5	8
가격	4	9	10	7
인지도	8	7	9	10
디자인	5	10	9	7

〈구매 기준〉
㉠ 제인 : 나는 제품을 고를 때, 가격과 원료를 꼼꼼히 확인하겠어.
㉡ 데이먼 : 고민 없이 소비자 평가 총점이 높은 제품을 구매하겠어.
㉢ 밀러 : 내 기준에서 제품의 인지도와 디자인이 중요하다고 봐.
㉣ 휴즈 : 화장품은 원료, 가격, 인지도 모두가 중요한 요소라고 생각해.

① B   ② D

③ K   ④ M

>> 직무수행능력평가 (50문항/60분)

1. 다음 용어의 정의 중 올바르지 못한 것은?

① 항만이란 선박의 출입, 사람의 승선·하선, 화물의 하역·보관 및 처리, 해양친수활동 등을 위한 시설과 화물의 조립·가공·포장·제조 등 부가가치 창출을 위한 시설이 갖추어진 곳을 말한다.

② 무역항이란 국민경제와 공공의 이해에 밀접한 관계가 있고 주로 외항선이 입항·출항하는 항만으로써 해양수산부장관이 지정한 항만을 말한다.

③ 항만배후단지란 항만구역에 지원시설 및 항만친수시설을 집단적으로 설치하고 이들 시설의 기능 제고를 위하여 일반업무시설·판매시설·주거시설 등 대통령령으로 정하는 시설을 설치함으로써 항만의 부가가치와 항만 관련 산업의 활성화를 도모하며, 항만을 이용하는 사람의 편익을 꾀하기 위하여 지정·개발하는 일단의 토지로서 1종, 2종 항만배후단지를 말한다.

④ 항만물류란 항만에서 항만물류비 절감을 위하여 각종 정보의 실시간 획득 등을 위하여 항만이용 및 항만물류의 과정에서 발생하는 정보를 이용하여 상호교환·처리하는 과정을 말한다.

2. 항만기본계획 수립에 대한 설명으로 옳지 않은 것은?

① 해양수산부장관은 항만의 개발을 촉진하고 항만을 효율적으로 운영하기 위하여 항만기본계획을 5년 단위로 수립하여야 한다.

② 해양수산부장관은 항만기본계획을 수립하려면 관계 중앙행정기관의 장 및 관계 특별시장·광역시장·도지사·특별자치도지사와 협의한 후 중앙심의회의 심의를 거쳐야 한다.

③ 해양수산부장관은 합리적인 항만기본계획을 구립하기 위하여 개발 시기 및 규모 등의 산정에 필요한 조사·연구를 전담할 기관을 지정할 수 있다.

④ 해양수산부장관은 지정된 전담기관의 조사·연구에 필요한 경비를 지원할 수 있다.

3. 국가에 귀속되지 아니하는 항만시설 및 토지에 해당하지 않는 것은?

① 하역시설 및 무게 측정시설

② 사일로, 저유시설, 가스저장시설

③ 공해방지시설 중 고정식 시설 및 소모성 설비

④ 항만친수시설 중 해양레저용 시설 및 해양 문화·교육 시설

4. 항만배후단지개발 종합계획에 포함되어야 할 사항으로 보기 어려운 것은?

① 항만배후단지의 개발을 위한 용지 및 항만시설의 수요에 관한 사항

② 공유수면매립지·항만유휴부지 등 항만배후단지의 개발을 위한 용지의 계획적 조성·공급에 관한 사항

③ 항만배후단지개발사업 시행 주체의 변경에 관한 사항

④ 하수도시설 및 공공폐수처리시설·폐기물처리시설의 설치, 자연경관 및 자연생태계 보전 등 환경보전에 관한 사항

5. 항만재개발기본계획에 대한 설명으로 옳지 않은 것은?

① 해양수산부장관은 노후하거나 유휴 상태에 있는 항만과 그 주변지역의 효과적인 개발과 지속가능한 이용을 위하여 대통령령으로 정하는 바에 따라 10년마다 항만재개발기본계획을 수립하여야 한다.

② 해양수산부장관은 항만재개발기본계획을 수립하려는 경우에는 관계 중앙행정기관의 장 및 시·도지사와 미리 협의한 후 중앙심의회의 심의를 거쳐야 한다. 또한 항만재개발기본계획을 수립한 경우에는 이를 고시하고 관계 중앙행정기관의 장 및 시·도지사에게 통보하여야 한다.

③ 통보를 받은 시·도지사는 지체 없이 시장·군수 또는 구청장에게 통보하고, 통보받은 시장·군수·구청장은 관할 구역에 대한 항만재개발기본계획을 10일 이상 일반인이 열람할 수 있게 하여야 한다. 다만, 특별자치도지사는 직접 관할 구역에 대한 항만재개발기본계획을 10일 이상 일반인이 열람할 수 있게 하여야 한다.

④ 해양수산부장관은 항만재개발기본계획이 수립된 날부터 5년마다 그 타당성을 검토하여야 하며 필요한 경우 항만재개발기본계획을 변경할 수 있다.

6. 다음 중 항만위원회에서 심의·의결하는 사항이 아닌 것은?

① 기본재산의 취득 및 처분
② 정관의 변경
③ 국가재정감사
④ 사업계획 및 운영계획

7. 임원의 임명에 관한 내용으로 바르지 않은 것은?

① 공사는 사장 및 감사 등을 포함한 9명 이내의 임원을 둔다.
② 감사의 경우 임원추천위원회가 복수로 추천한 사람 중 해양수산부장관이 기획재정부장관과 협의하여 임명한다.
③ 사장 및 감사를 제외한 그 외 임원은 사장이 임명한다.
④ 사장의 경우 임원추천위원회가 복수로 추천하는 사람 중 해양수산부장관이 해당 시·도지사와의 협의를 거쳐서 임명(任命)한다.

8. 유사명칭의 사용금지를 위반하여 항만공사라는 명칭을 사용한 자에게 부과하는 과태료는 얼마인가?

① 2,000만 원 이하
② 1,000만 원 이하
③ 500만 원 이하
④ 50만 원 이하

9. 공사가 징수할 수 있는 사용료가 아닌 것은?

① 화물료
② 창고시설크기별 사용료
③ 선박료
④ 여객터미널 이용료

10. 다음 중 공사가 종류별 요율 등을 정하여 신고할 시에 해양수산부 장관에게 제출해야 하는 서류에 기재해야 하는 사항이 아닌 것은?

① 공사의 명칭 및 주소
② 신고사항을 변경하지 않는 경우의 변경사유 및 변경예정일
③ 사용료의 산출기초에 관한 서류
④ 신고 전후 사용료의 요율비교표

11. 다음 자료를 읽고 이 자료의 배경이 된 전쟁과 관련된 것을 모두 고르면?

> 이십삼일 동서남문의 영문에서 군사를 내고 임금께서는 북문에서 싸움을 독촉하셨다.
>
> 이십사일 큰 비가 내리니 성첩(城堞)을 지키는 군사들이 모두 옷을 적시고 얼어 죽은 사람이 많으니 임금이 세자와 함께 뜰 가운데 서서 하늘에 빌어 가로대, "오늘날 이렇게 이른 것은 우리 부자가 죄를 지었음이니 이 성의 군사들과 백성들이 무슨 죄가 있으리오. 하늘께서는 우리 부자에게 재앙을 내리시고 원컨대 만민을 살려주소서." 여러 신하들이 안으로 드시기를 청하였지만 임금께서 허락하지 아니하시더니 얼마 있지 않아 비가 그치고 날씨가 차지 아니하니 성중의 사람들이 감격하여 울지 않은 이가 없더라.
>
> 이십육일 이경직, 김신국이 술과 고기, 은합을 가지고 적진에 들어가니 적장이 가로되, "우리 군중에서는 날마다 소를 잡고 보물이 산처럼 높이 쌓여 있으니 이따위 것을 무엇에 쓰리오. 네 나라 군신(君臣)들이 돌구멍에서 굶은 지 오래되었으니 가히 스스로 쓰는 것이 좋을 듯 하도다."하고 마침내 받지 않고 도로 보냈다.

> ㉠ 권율은 행주산성에서 일본군을 크게 무찔렀다.
> ㉡ 왕이 삼전도에서 항복의 예를 함으로써 전쟁은 일단락되었다.
> ㉢ 진주목사 김시민이 지휘한 조선군은 진주성에서 일본군에게 막대한 피해를 입혔다.
> ㉣ 전쟁이 끝난 후 조선은 명과의 관계를 완전히 끊고 청나라에 복속하였다.
> ㉤ 청은 소현세자와 봉림대군을 비롯하여 대신들의 아들을 볼모로 데려갔다.

① ㉠, ㉡, ㉢
② ㉠, ㉢, ㉤
③ ㉡, ㉣, ㉤
④ ㉡, ㉢, ㉣

12. 조준, 정도전 등이 추진한 다음의 토지제도로 옳은 것은?

> ...(전하께서) 국내의 토지를 몰수하여 국가에 귀속시키고 식구를 헤아려 토지를 나누어 주어서 옛날의 올바른 전제를 회복하려 한 것인데, 당시 구가. 세족들이 자기들에게 불리하기 때문에 입을 모아 비방하고 원망하면서 온갖 방해를 하여 백성들로 하여금 지극한 정치의 혜택을 입지 못하게 하였으니 어찌 한스러운 일이 아니겠는가...

① 녹읍
② 과전법
③ 전시과
④ 관료전

13. 조선의 건국 과정을 순서대로 나열한 것은?

| ㉠ 한양 천도 | ㉡ 조선 건국 |
| ㉢ 위화도 회군 | ㉣ 과전법 실시 |

① ㉠ - ㉡ - ㉢ - ㉣
② ㉠ - ㉢ - ㉡ - ㉠
③ ㉢ - ㉠ - ㉡ - ㉣
④ ㉢ - ㉣ - ㉡ - ㉠

14. 다음 지도를 참고하여 각 지역의 봉기와 그 내용이 옳지 않은 것을 고르면?

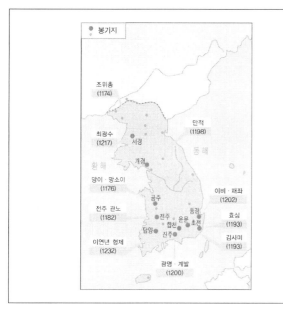

① 만적의 난 – 노비들의 신분 해방 운동
② 김보당·조위총의 난 – 농민들의 신분 해방 운동
③ 전주 관노비의 난 – 지방관의 가혹한 수탈에 반발
④ 김사미·효심의 봉기 – 경주와 강릉지역까지 세력 확대

15. 다음 (가), (나)는 고려 시대 대표적인 불상이다. 이에 대한 설명으로 옳은 것은?

| (가) | (나) |
| 관촉사 석조 미륵보살 입상 | 광주 춘궁리 철불 |

① (가)는 통일 신라 시대 양식을 계승하였다.
② 권문세족의 영향을 받았으며 특정 소재와 형태가 반복되었다.
③ (가), (나)를 통해 소형 불상이 유행하였음을 알 수 있다.
④ 친근하고 과장된 표현을 통해 지방 문화의 독자적인 모습을 엿볼 수 있다.

16. 다음의 정책을 추진한 인물에 대한 설명으로 옳은 것은?

- 위훈삭제
- 소격서 폐지
- 방납의 폐단 시정

① 경연을 강화하고 언론활동을 활성화하였다.
② 소수서원을 설립하여 훈구세력을 몰아내었다.
③ 관리들에게 '신언패'를 차고 다니게 하였다.
④ 나뭇잎에 꿀을 발라 '주초위왕'이라는 글씨를 써넣었다.

17. 다음 밑줄 친 '허생'과 같은 활동을 한 상인은?

　　허생은 안성의 한 주막에 자리를 잡고 밤, 대추, 감, 배, 귤 등의 과일을 모두 사들였다. 허생이 과일을 한꺼번에 사들이자, 온 나라가 잔치나 제사를 치르지 못할 지경에 이르렀다. 따라서 과일 값은 크게 올랐다. 허생은 이에 10배의 값으로 과일을 되팔았다.

－「허생전」－

① 도고　　　　　② 공인
③ 객주　　　　　④ 덕대

18. 다음 내용과 관련된 시기에 대한 설명으로 적절한 것은?

> • 조선 후기에 들어와 농업 경영에 새로운 변화가 나타났다.
> • 교환 경제가 발달하면서 화폐의 수요가 크게 늘어났다.

① 농종법 보급의 증가
② 광작의 금지
③ 타조법의 일반화
④ 다수 농민의 몰락

19. 고려 · 조선 시대의 신분제에 대한 설명으로 옳은 것을 모두 고른 것은?

> ㉠ 서얼은 관직의 진출이 불가능하였다.
> ㉡ 향리는 토착세력으로서 지방관을 보좌하면서 위세를 부리기도 하였다.
> ㉢ 고려 시대 백정은 일반 농민이고, 조선 시대에는 도살업에 종사하여 천민을 백정이라 하였다.
> ㉣ 노비 주인은 노비에 대한 상속, 매매, 증여권을 가지고 있었다.

① ㉠, ㉡
② ㉠, ㉢
③ ㉠, ㉡
④ ㉡, ㉢, ㉣

20. 다음 자료와 관련된 학자의 주장으로 옳은 것은?

> 비유하건대, 재물은 대체로 샘(井)과 같다. 퍼내면 차고, 버려두면 말라 버린다. 그러므로 비단옷을 입지 않아서 나라에 비단 짜는 사람이 없게 되면 여공(女工)이 쇠퇴하고, 쭈그러진 그릇을 싫어하지 않고 기교를 숭상하지 않아서 나라에 공장(工匠)이 도야하는 일이 없게 되면 기예가 망하게 되며, 농사가 황폐해져서 그 법을 잃게 되므로, 사농공상의 사민(四民)이 모두 곤궁하여 서로 구제할 수 없게 된다.

① 영업전 이외의 토지만 매매를 허용하자고 주장하였다.
② 사농공상의 직업 평등과 전문화를 주장하였다.
③ 관리, 선비, 농민 등 신분에 따라 차등 있게 토지를 분배하자고 주장하였다.
④ 상공업 발전을 위해 수레가 다닐 수 있도록 길을 만들도록 하고, 절약보다 소비를 권장해야 한다고 주장하였다.

21. 다음 중 시계열 수요예측 기법에 대한 설명으로 가장 옳은 것은?

① 과거에 발생하지 않았던 요소를 고려하여 미래의 수요를 예측한다.
② 시계열 수요예측 기법에는 델파이 방법과 회귀분석 방법 등이 있다.
③ 일반적으로 시계열은 추세, 계절적 요소, 주기 등과 같은 패턴을 갖는다.
④ 전략적 계획을 수립하는 데 필요한 장기적인 시장 수요를 파악하기 위하여 주로 사용된다.

22. 기업의 경영성과를 평가하는 데 사용되는 균형성과표(Balanced Scorecard : BSC)의 평가관점과 성과지표 · 측정지표 간의 연결로 가장 옳지 않은 것은?

① 재무 관점 − EVA(Economic Value Added)
② 고객 관점 − 시장점유율
③ 내부 프로세스 관점 − 자발적 이직률
④ 학습 및 성장 관점 − 직원 만족도

23. 다음 표에는 어떤 프로젝트를 구성하고 있는 작업(activity)들과 관련 정보가 정리되어 있다. 이 프로젝트의 주공정경로(critical path)의 길이는 얼마인가?

작업(activity)	선행 작업	수행시간
A	–	13
B	A	8
C	A	7
D	B, C	7
E	B, C	8
F	D, E	3
G	D	5

① 31시간
② 32시간
③ 33시간
④ 34시간

24. 카츠(R. L. Katz)가 제안한 경영자 또는 관리자로서 갖춰야 할 관리기술 중 최고경영자 계층에서 특히 중요시되는 것은?

① 운영적 기술(operational skill)

② 개념적 기술(conceptual skill)

③ 인간관계적 기술(human skill)

④ 전문적 기술(technical skill)

25. 인사평가 시 발생할 수 있는 대인지각 오류에 대한 설명으로 가장 옳지 않은 것은?

① 후광오류(halo errors)는 피평가자의 일부 특성으로 그 사람에 대한 전체적인 평가를 긍정적으로 내리는 경향이다.

② 나와 유사성 오류(similar-to-me errors)는 자신의 특성과 유사한 피평가자에 대해 관대히 평가하는 경향이다.

③ 상동적 태도(stereotyping)는 피평가자가 속한 집단의 특성으로 피평가자 개인을 평가하려는 경향이다.

④ 대비오류(contrast errors)는 평가자가 본인의 특성과 피평가자의 특성을 비교하려는 경향이다.

26. 경영이론에 대한 설명으로 옳은 것은?

① 테일러(F. Taylor)의 과학적 관리론에서는 고정적 성과급제를 통한 조직관리를 강조하였다.

② 페이욜(H. Fayol)은 중요한 관리활동으로 계획수립, 조직화, 지휘, 조정, 통제 등을 제시하였다.

③ 바나드(C. Barnard)의 학습조직이론에서는 인간을 제한된 합리성을 갖는 의사결정자로 보았다.

④ 호손실험을 계기로 활발하게 전개된 인간관계론은 공식적 작업집단만이 작업자의 생산성에 큰 영향을 미친다고 주장하였다.

27. 신제품 가격 전략에 대한 설명으로 옳지 않은 것은?

① 신제품 출시 초기 높은 가격에도 잠재 수요가 충분히 형성되어 있는 경우 스키밍 가격전략(market-skimming pricing)이 효과적이다.

② 목표 소비자들의 가격 민감도가 높은 경우 시장침투 가격전략(market-penetration pricing)이 효과적이다.

③ 시장 진입장벽이 높아 경쟁자의 진입이 어려운 경우 시장침투 가격전략(market-penetration pricing)이 많이 활용된다.

④ 특허기술 등의 이유로 제품이 보호되는 경우 스키밍 가격전략(market-skimming pricing)이 많이 활용된다.

28. 100% 자기자본만으로 구성되어 있는 X회사와 Y회사의 현재 기업가치는 각각 70억 원, 30억 원이다. X회사가 Y회사를 합병하여 XY회사가 탄생하면 합병 후 기업가치는 120억 원이 될 것으로 추정된다. X회사의 Y회사 인수가격이 40억 원일 경우 X회사의 입장에서 합병의 순현가는? (단, 다른 조건은 고려하지 않는다)

① 10억 원 　　　　② 20억 원

③ 30억 원 　　　　④ 50억 원

29. 다음 중 적시생산방식(JIT) 시스템의 특징이 아닌 것은?

① 풀시스템(pull system)

② 칸반(kanban)에 의한 생산통제

③ 생산평준화

④ 소품종 대량생산체제

30. 고객 주문 및 수요에 대한 예측 정보가 소매업체, 도매업체, 물류센터, 제조업체, (원료)공급자 방향으로 전달되는 과정에서 지연이나 왜곡현상이 발생하여 과잉재고 등의 문제가 발생하는 것을 무엇이라 하는가?

① 시장실패 　　　　② 인지부조화

③ 집단사고 　　　　④ 채찍효과

31. 노동자의 보호를 위해 정부가 최저임금제도를 실시하기로 결정하였을 때, 노동시장의 균형임금 수준보다 정부가 책정한 최저임금 수준이 낮게 책정되어 있을 경우 나타날 수 있는 **효과**로 옳은 것은?

① 임금수준이 상승된다.

② 실업이 발생한다.

③ 노동시장에 영향을 끼치지 못한다.

④ 노동에 대한 초과수요가 발생한다.

32. 다음 중 "소비가 미덕이다"라는 표현에 대한 설명으로 옳지 않은 것은?

① 저축의 역설에 해당한다.

② 고전학파 모형에서는 절약의 역설이 나타나지 않는다.

③ 구성의 오류에 해당한다.

④ 과열된 경기일 경우에 적용된다.

33. 다음 중 통화량의 증가를 가져오는 경우로 옳지 않은 것은?

① 재할인율이 인상된다.

② 중앙은행의 공채를 매입한다.

③ 법정지불준비율이 인하된다.

④ 신용카드 사용으로 인해 민간의 현금보유비율이 감소한다.

34. 다음 중 폐쇄경제에서 정부가 국채발행을 증가시키고 조세를 감소시킬 경우에 예상되는 결과로 옳은 것은? (단, 소비는 이자율의 영향을 받지 않는다고 가정)

① 소비감소, 투자증가   ② 소비감소, 투자감소

③ 소비증가, 투자감소   ④ 소비증가, 투자증가

35. 자유무역의 효과에 대한 설명으로 옳은 것은?

① 무역 이후의 상대가격이 무역 이전의 상대가격과 같아져야 무역의 이득이 발생한다.

② 각국의 임금격차가 줄어든다.

③ 각국의 산업구조 차이가 좁혀진다.

④ 후진국은 헥셔–올린정리에 의하면 보통 자본집약적인 제품을 수출한다.

36. 다음의 빈칸에 들어갈 것으로 가장 옳은 것은?

> 어느 재화에 대한 수요가 증가했지만 공급곡선은 변화하지 않을 경우, 소비자잉여는 _____.

① 감소한다   ② 불변이다

③ 증가한다   ④ 알 수 없다

37. 다음 금융시장과 금융상품에 관한 서술 중 옳은 것을 모두 고른 것은?

> ㉠ 효율시장가설(efficient markets hypothesis)에 따르면 자산 가격에는 이미 공개되어 있는 모든 정보가 반영되어 있다.
> ㉡ 주가와 같이 예측 불가능한 자산 가격 변수가 시간이 흐름에 따라 나타나는 움직임을 임의보행(random walk)이라 한다.
> ㉢ 어떤 자산이 큰 손실 없이 재빨리 현금으로 전환될 수 있을 때 그 자산은 유동적이며, 그 반대의 경우는 비유동적이다.
> ㉣ 일정한 시점 혹은 기간 동안에 미리 정해진 가격으로 어떤 상품을 살 수 있는 권리를 풋옵션(put option)이라고 한다.

① ㉠, ㉡   ② ㉠, ㉡, ㉢

③ ㉠, ㉢, ㉣   ④ ㉠, ㉡, ㉢, ㉣

38. 우리나라 고용통계에서 고용률이 높아지는 경우로 가장 옳은 것은?

① 구직활동을 하던 실업자가 구직단념자가 되는 경우
② 부모님 농장에서 무급으로 주당 18시간 일하던 아들이 회사에 취직한 경우
③ 주당 10시간 일하던 비정규직 근로자가 정규직으로 전환된 경우
④ 전업 주부가 주당 10시간 마트에서 일하는 아르바이트를 시작한 경우

39. 완전경쟁적인 노동시장에서 노동의 한계생산(marginal product of labor)을 증가시키는 기술진보와 함께 보다 많은 노동자들이 노동시장에 참여하는 변화가 발생하였다. 노동시장에서 일어나게 되는 변화에 대한 설명으로 가장 옳은 것은? (단, 다른 외부조건들은 일정하다.)

① 균형노동고용량은 반드시 증가하지만 균형임금의 변화는 불명확하다.
② 균형임금은 반드시 상승하지만 균형노동고용량의 변화는 불명확하다.
③ 임금과 균형노동고용량 모두 반드시 증가한다.
④ 임금과 균형노동고용량의 변화는 모두 불명확하다.

40. 어떤 독점기업이 동일한 상품을 수요의 가격탄력성이 다른 두 시장에서 판매한다. 가격차별을 통해 이윤을 극대화하려는 이 기업이 상품의 가격을 A시장에서 1,500원으로 책정한다면 B시장에서 책정해야 하는 가격은? (단, A시장에서 수요의 가격탄력성은 3이고, B시장에서는 2이다.)

① 1,000원   ② 1,500원
③ 2,000원   ④ 2,500원

41. 공급자관계관리(SRM : Supplier Relationship Management) 전략 실행에 관한 설명으로 옳지 않은 것은?

① SRM 솔루션은 도입기업과 공급자간 거래 프로세스의 자동화에 기여한다.
② SRM 소프트웨어 도입을 통하여 공급자와 사용기업의 정보 및 프로세스 흐름의 가시화 수준을 높일 수 있다.
③ SRM 솔루션은 내부 사용자와 외부 파트너를 위해서 다수의 부서와 프로세스 등을 포괄할 수 있도록 설계된다.
④ SRM 솔루션의 운영을 통하여 공급자와 사용기업의 비즈니스 프로세스가 통합되어 모든 공급자들과 장기적인 협업관계 형성을 가능하게 한다.

42. 전사적자원관리(ERP : Enterprise Resource Planning) 시스템에 관한 설명으로 옳지 않은 것은?

① ERP시스템은 기업의 모든 활동에 소요되는 인적, 물적 자원을 효율적으로 관리하는 역할을 한다.
② ERP시스템 운영은 전체 공급사슬의 가시성을 증가시키며 재고를 줄이는데 기여한다.
③ ERP시스템을 활용하여 회계, 생산, 공급, 고객주문 등과 관련된 정보를 통합할 수 있다.
④ ERP시스템은 생산 및 재고계획, 구매, 창고, 재무, 회계, 인적자원, 고객관계관리 등과 같은 다양한 업무의 개별 시스템화를 추구한다.

43. 다음은 A상사의 입출고 자료이다. 6월 9일에 제품 25개를 출고할 때 선입선출법(FIFO : First In, First Out)으로 계산한 출고금액과 후입선출법(LIFO : Last In, First Out)으로 계산한 출고금액의 차이는? (단, 6월 2일 이전의 재고는 없음)

일자	적요	단가(원)	수량(개)	금액(원)
6월 2일	입고	1,000	10	10,000
6월 5일	입고	1,500	20	30,000
6월 9일	출고	–	25	–

① 1,500원   ② 2,000원
③ 2,500원   ④ 3,000원

44. 공급사슬관리(SCM : Supply Chain Management) 도입의 필요성에 관한 설명으로 옳지 않은 것은?

① 기업활동이 글로벌화되면서 공급사슬의 지리적 거리와 리드타임이 길어지고 있기 때문이다.

② 기업 간 정보의 공유와 협업으로 채찍효과(bullwhip effect)를 감소시킬 수 있기 때문이다.

③ 정보의 왜곡, 제품수명주기의 단축 등 다양한 요인으로 수요의 불확실성이 증대되기 때문이다.

④ 제조기업들은 노동생산성 향상을 위하여 단순기능제품의 대량생산방식을 추구하고 있기 때문이다.

ⓢ 글로벌 경쟁의 심화와 공급사슬 혁신사례의 확산

45. 성공적인 물류관리 실현을 위한 경영활동에 관한 설명으로 옳지 않은 것은?

① 물류관리의 중요성이 강조됨에 따라, 일부 기업에서는 판매와 생산부문까지 총괄하는 물류담당 임원(CLO : Chief Logistics Officer) 제도를 도입하고 있다.

② 구매활동은 물류, 생산, 마케팅활동과는 독립적으로 수행된다.

③ 화주기업들은 경쟁우위 확보를 위해 물류기업과 전략적 제휴를 맺는 사례가 있다.

④ 물류환경은 공급자 중심에서 소비자 중심으로 전환되고 있다.

46. 다음에서 설명하는 항공운송 관련 국제규범은?

> • 제1차 세계대전 후 급속도로 발달한 항공운송이 국제적인 교통수단으로 이용되고 국제적으로 적용할 법규 및 여객이나 운송인에게도 최소한의 보장이 요청됨에 따라 1929년 체결되었다.
> • 국제항공운송인의 민사책임에 관한 통일법을 제정하여 동일 사건에 대한 각국법의 충돌을 방지하고 국제항공운송인의 책임을 일정한도로 제한하여 국제민간항공운송업의 발전에 그 목적을 둔 최초의 국제규범이다.

① 함부르크 규칙   ② 몬트리올 협정
③ 바르샤바 조약   ④ 로테르담 규칙

47. 다음에서 설명하는 보험은?

> 컨테이너 운영자(Freight Forwarder 등의 운송인)가 컨테이너 운송화물의 멸실·손상에 대하여 법률상 또는 운송계약상의 화주에 대한 배상책임을 이행함으로써 입는 경제적 손실을 보상하는 보험

① Shipper's Interest Insurance

② Container Owner's Third Party Liability Insurance

③ Container Operator's Cargo Indemnity Insurance

④ Container Itself Insurance

48. Incoterms® 2010의 주요 특징으로 옳지 않은 것은?

① 국제 및 국내 매매계약 모두에 적용할 수 있도록 사용가능성을 명시하고 있다.

② FAS 규칙에서 물품의 인도가 본선의 난간을 통과한 시점에서 본선에 적재가 완료된 때로 변경되었다.

③ 일부 규칙에서 매도인의 물품을 선적할 의무에 대한 대안으로서 "선적된 물품 조달"도 가능하게 하였다.

④ 물품 이동에 있어 보안에 대한 관심이 높아지면서 보안관련 정보를 확인하는데 매매당사자가 상호 협력하도록 의무를 부과하였다.

49. 다음에서 설명하는 A물품이 보관될 수 있는 관세법상 보세구역은?

> • A물품의 최초 선적지는 미국 뉴욕이고 최종 목적지는 중국 상해이다. X선사가 해당 물품을 선적하여 부산항에 입항하였는데, 부산항에 양륙하여 보세구역에 잠시 보관하다 다른 선박에 환적하여 중국으로 운송할 예정이다.
> • 해당 물품은 컨테이너에 적재되어 있고 FCL 화물이다.

① 자유무역지역   ② 지정장치장
③ 일시양륙장   ④ 관세자유구역

50. 제3자 물류에 비해 제4자 물류가 갖는 특성에 관한 설명으로 옳지 않은 것은?

① 위탁받은 물류활동을 중심으로 하는 제3자 물류와는 달리 전문성을 가지고 물류 프로세스의 개선을 적극적으로 추구하여 세계수준의 전략, 기술, 경영관리를 제공하는 것을 목표로 한다.

② 전체 SCM상 다양한 물류서비스를 통합할 수 있는 최적의 위치에 있으므로 제3자 물류에 비해 SCM의 솔루션을 제시할 수 있고, 전체적인 공급사슬에 긍정적인 영향을 미칠 수 있다.

③ IT 기반 통합적 물류서비스 제공보다는 오프라인 중심의 개별적·선별적 서비스를 지향한다.

④ 제3자 물류와는 달리 물류전문업체, IT업체 및 물류컨설팅업체가 일련의 컨소시엄을 구성하여 가상물류 형태로 서비스를 제공한다.

항만공사 통합채용

필기시험 모의고사

[제 3 회]

영 역	직업기초능력 (의사소통, 자원관리, 수리, 조직이해, 문제해결) 직무능력검사 (항만법, 항만공사법, 한국사, 경영학원론, 경제학원론, 물류관리 및 국제물류개론)
문항 수 / 시간	직업기초능력평가 50문항 / 60분 직무수행능력평가 50문항 / 60분
비 고	객관식 4지선다형

SEOWONGAK
(주)서원각

>> **직업기초능력평가**(50문항/60분)

1. 다음 중 밑줄 친 단어와 같은 의미로 사용된 문장은?

> 종묘(宗廟)는 조선시대 역대 왕과 왕비, 그리고 추존(追尊)된 왕과 왕비의 신주(神主)를 봉안하고 제사를 <u>지내는</u> 왕실의 사당이다. 신주는 사람이 죽은 후 하늘로 돌아간 신혼(神魂)이 의지하는 것으로, 왕과 왕비의 사후에도 그 신혼이 의지할 수 있도록 신주를 제작하여 종묘에 봉안했다. 조선 왕실의 신주는 우주(虞主)와 연주(練主) 두 종류가 있는데, 이 두 신주는 모양은 같지만 쓰는 방식이 달랐다. 먼저 우주는 묘호(廟號), 상시(上諡), 대왕(大王)의 순서로 붙여서 썼다. 여기에서 묘호와 상시는 임금이 승하한 후에 신위(神位)를 종묘에 봉안할 때 올리는 것으로서, 묘호는 '태종', '세종', '문종' 등과 같은 추존 칭호이고 상시는 8글자의 시호로 조선의 신하들이 정해 올렸다.
>
> 한편 연주는 유명증시(有明贈諡), 사시(賜諡), 묘호, 상시, 대왕의 순서로 붙여서 썼다. 사시란 중국이 조선의 승하한 국왕에게 내려준 시호였고, 유명증시는 '명나라 왕실이 시호를 내린다'는 의미로 사시 앞에 붙여 썼던 것이었다. 하지만 중국 왕조가 명나라에서 청나라로 바뀐 이후에는 연주의 표기 방식이 바뀌었는데, 종래의 표기 순서 중에서 유명증시와 사시를 빼고 표기하게 되었다. 유명증시를 뺀 것은 더 이상 시호를 내려줄 명나라가 존재하지 않았기 때문이었고, 사시를 뺀 것은 청나라가 시호를 보냈음에도 불구하고 조선이 청나라를 오랑캐의 나라로 치부하여 그것을 신주에 반영하지 않았기 때문이었다.

① 그는 산속에서 <u>지내면서</u> 혼자 공부를 하고 있다.

② 둘은 전에 없이 친하게 <u>지내고</u> 있었다.

③ 그는 이전에 시장을 <u>지내고</u> 지금은 시골에서 글을 쓰며 살고 있다.

④ 비가 하도 오지 않아 기우제를 <u>지내기로</u> 했다.

2. 다음 글을 읽고 가장 잘 이해한다고 볼 수 있는 사람은?

> 사회에는 위법행위에 호의적인 가치와 호의적이지 않은 가치가 모두 존재한다. 사회 구성원들의 가치와 태도도 그러한 가치들로 혼합되어 나타나는데, 어떤 사람은 위법행위에 호의적인 가치를, 또 어떤 사람은 위법행위에 호의적이지 않은 가치를 더 많이 갖고 있다. 또한 청소년들은 그러한 주변 사람들로부터 가치와 태도를 학습한다. 그들이 위법행위에 더 호의적인 주위 사람과 자주 접촉하고 상호 작용하게 되면 그만큼 위법행위에 호의적인 가치와 관대한 태도를 학습하고 내면화하여, 그러한 가치와 태도대로 행동하다 보면 비행을 하게 된다. 예컨대 청소년 주위에는 비행청소년도 있고 모범청소년도 있을 수 있는데, 어떤 청소년이 모범청소년보다 비행청소년과 자주 접촉할 경우, 그는 다른 청소년들보다 위법행위에 호의적인 가치와 관대한 태도를 보다 많이 학습하게 되어 비행을 더 저지르게 된다.

① 갑 : 바늘 가는데 실 간다.

② 을 : 잘되면 내 탓! 못되면 남의 탓!

③ 병 : 까마귀 노는 곳에 백로야 가지 마라!

④ 정 : 잘못한 일은 누구를 막론하고 벌을 주자!

3. 다음은 ○○문화회관 전시기획팀의 주간회의록이다. 자료에 대한 내용으로 옳은 것은?

주 간 회 의 록					
회의 일시	2018. 7. 2(월)	부서	전시기획팀	작성자	사원 甲
참석자	戊 팀장, 丁 대리, 丙 사원, 乙 사원				
회의 안건	1. 개인 주간 스케줄 및 업무 점검 2. 2018년 하반기 전시 일정 조정				

	내용	비고
회의 내용	1. 개인 주간 스케줄 및 업무 점검 • 戊 팀장 : 하반기 전시 참여 기관 미팅, 외부 전시장 섭외 • 丁 대리 : 하반기 전시 브로슈어 작업, 브로슈어 인쇄 업체 선정 • 丙 사원 : 홈페이지 전시 일정 업데이트 • 乙 사원 : 2018년 상반기 전시 만족도 조사 2. 2018년 하반기 전시 일정 조정 • 하반기 전시 기간 : 9~11월, 총 3개월 • 전시 참여 기관 : A~I 총 9팀 − 관내 전시장 6팀, 외부 전시장 3팀 • 전시 일정 : 관내 2팀, 외부 1팀으로 3회 진행	• 7월 7일 AM 10:00 외부 전시장 사전답사 (戊 팀장, 丁 대리) • 회의 종료 후, 전시 참여 기관에 일정 안내 (7월 4일까지 변경 요청 없을 시 그대로 확정)

장소 \ 기간	관내 전시장	외부 전시장
9월	A, B	C
10월	D, E	F
11월	G, H	I

	내용	작업자	진행일정
결정 사항	브로슈어 표지 이미지 샘플조사	丙 사원	2018. 7. 2~7. 3
	상반기 전시 만족도 설문조사	乙 사원	2018. 7. 2~7. 5

특이 사항	다음 회의 일정 : 7월 9일 • 2018년 상반기 전시 만족도 확인 • 브로슈어 표지 결정, 내지 1차 시안 논의

① 이번 주 금요일 외부 전시장 사전 답사에는 戊 팀장과 丁 대리만 참석한다.

② 丙 사원은 이번 주에 홈페이지 전시 일정 업데이트만 하면 된다.

③ 7월 4일까지 전시 참여 기관에서 별도의 연락이 없었다면, H팀의 전시는 2018년 11월 관내 전시장에 볼 수 있다.

④ 2018년 하반기 전시는 ○○문화회관 관내 전시장에서만 열릴 예정이다.

┃4~5┃ ㈎는 카드 뉴스, ㈏는 신문 기사이다. 물음에 답하시오.

㈎

[카드뉴스]

노약자석?
NO
교통약자석!

버스나 지하철 '노약자석'의 정식 명칭은 '교통약자석'입니다.

여기서 '교통약자'란 고령자 뿐만 아니라 장애인, 임산부, 영유아 동반자 등을 말합니다.

교통약자석의 설치 근거는 '교통약자의 이동편의 증진법' 입니다.

그러나 이에 대한 인식부족으로 교통약자석이 제 기능을 못하고 있습니다.

교통약자에 대한 배려와 평등권 보장이라는 의의를 지닌 교통약자석에 대해 올바른 인식이 필요한 때입니다.

(나)

```
─ 교통약자석, 본래의 기능 다하고 있나? ─
      좌석에 대한 올바른 인식 필요
```

요즘 대중교통 교통약자석이 논란이 되고 있다. 실제로 서울 지하철 교통약자석 관련 민원이 2014년 117건에서 2016년 400건 이상으로 대폭 상승했다. 다음은 교통약자석과 관련된 인터뷰 내용이다.

"저는 출근 전 아이를 시댁에 맡길 때 지하철을 이용해요. 가끔 교통약자석에 앉곤 하는데, 그 자리가 어르신들을 위한 자리 같아 마음이 불편해요. 자리다툼이 있었다는 뉴스를 본 후 앉는 것이 더 망설여져요." (회사원 김○○ 씨 (여, 32세))

'교통약자의 이동편의 증진법'에 따라 설치된 교통약자석은 장애인, 고령자, 임산부, 영유아를 동반한 사람, 어린이 등 일상생활에서 이동에 불편을 느끼는 사람이라면 누구나 이용할 수 있다. 그러나 위 인터뷰에서처럼 시민들이 교통약자석에 대해 제대로 알지 못해 교통약자석이 본래의 기능을 다하고 있지 못하는 실정이다. 교통약자석이 제 기능을 다하기 위해서는 이에 대한 시민들의 올바른 인식이 필요하다.

– 2017. 10. 24. ○○신문, □□□기자

4. (가)에 대한 이해로 적절하지 않은 것은?

① 의문을 드러내고 그에 답하는 방식을 통해 교통약자석에 대한 잘못된 통념을 환기하고 있다.

② 교통약자석과 관련된 법을 제시하여 글의 정확성과 신뢰성을 높이고 있다.

③ 용어에 대한 설명을 통해 '교통약자'의 의미를 이해하도록 돕고 있다.

④ 교통약자석에 대한 인식 부족으로 인해 발생하는 문제점들을 원인에 따라 분류하고 있다.

5. (가)와 (나)를 비교한 내용으로 적절한 것은?

① (가)와 (나)는 모두 다양한 통계 정보를 활용하여 주제를 뒷받침하고 있다.

② (가)는 (나)와 달리 글과 함께 그림들을 비중 있게 제시하여 의미 전달을 용이하게 하고 있다.

③ (가)는 (나)와 달리 제목을 표제와 부제의 방식으로 제시하여 뉴스에 담긴 의미를 강조하고 있다.

④ (나)는 (가)와 달리 비유적이고 함축적인 표현들을 주로 사용하여 주제 전달의 효과를 높이고 있다.

6~7 ▌ 아래의 내용을 읽고 각 물음에 답하시오

윤리학에서는 선(善, god) 즉 좋음과 관련하여 여러 쟁점이 있다. 선이란 무엇인가? 선을 쾌락이라고 간주해도 되는가? 선은 도덕적으로 옳음 또는 정의와 어떤 관계에 있는가? 이러한 쟁점 중의 하나가 바로 "선은 객관적으로 존재하는가?"의 문제이다. 플라톤은 우리가 감각으로 지각하는 현실 세계는 가변적이고 불완전하지만, 우리가 이성으로 인식할 수 있는 이데아의 세계는 불변하고 완전하다고 보았다. 그에 따르면, 현실 세계는 이데아 세계를 모방한 것이기에 현실 세계에서 이루어지는 인간들의 행위도 불완전할 수밖에 없다. 이데아 세계에는 선과 미와 같은 여러 이데아가 존재한다. 그중에서 최고의 이데아는 선의 이데아이며, 인간 이성의 최고 목표는 선의 이데아를 인식하는 것이다. 선은 말로 표현할 수 없고, 신성하며, 독립적이고, 오랜 교육을 받은 후에만 알 수 있는 것이다. 우리는 선을 그것이 선이기 때문에 욕구한다. 이렇게 인간의 관심 여부와는 상관없이 선이 독립적으로 존재한다고 보는 입장을 선에 대한 ㉠'고전적 객관주의'라고 한다.

이러한 플라톤적 전통을 계승한 무어도 선과 같은 가치가 객관적으로 실재한다고 주장한다. 그에 따르면 선이란 노란색처럼 단순하고 분석 불가능한 것이기에, 선이 무엇인지에 대해 정의를 내릴 수 없으며 그것은 오직 직관을 통해서만 인식될 수 있다. 노란색이 무엇이냐는 질문에 노란색이라고 답할 수밖에 없듯이 선이 무엇이냐는 질문에 "선은 선이다."라고 답할 수밖에 없다는 것이다. 무어는 선한 세계와 악한 세계가 있을 때 각각의 세계 안에 욕구를 지닌 존재가 있는지 없는지와 관계없이 전자가 후자보다 더 가치 있다고 믿었다. 선은 인간의 욕구와는 상관없이 그 자체로 존재하며 그것은 본래부터 가치가 있다는 것이다. 그는 선을 최대로 산출하는 행동이 도덕적으로 옳은 행동이라고 보았다.

반면에 ㉡'주관주의'는 선을 의식적 욕구의 산물에 불과한 것으로 간주한다. 페리는 선이란 욕구와 관심에 의해 창조된다고 주장한다. 그에 따르면 가치는 관심에 의존하고 있으며, 어떤 것에 관심이 주어졌을 때 그것은 비로소 가치를 얻게 된다. 대상에 가치를 부여하는 것은 관심이며, 인간이 관심을 가지는 대상은 무엇이든지 가치의 대상이 된다. 누가 어떤 것을 욕구하든지 간에 그것은 선으로서 가치를 지니게 된다. 페리는 어떤 대상에 대한 관심이 깊으면 깊을수록 그것은 그만큼 더 가치가 있게 되며, 그 대상에 관심을 표명하는 사람의 수가 많을수록 그것의 가치는 더 커진다고 말한다. 이러한 주장에 대해 고전적 객관주의자는 우리가 욕구하는 것과 선을 구분해야 한다고 비판한다. 만약 쾌락을 느끼는 신경 세포를 자극하여 매우 강력한 쾌락을 제공하는 쾌락 기계가 있다고 해 보자. 그런데 누군가가 쾌락 기계 속으로 들어가서 평생 살기를 욕구한다면, 우리는 그것이 선이 아니라고 말할 수 있다. 쾌락 기계에 들어가는 사람이 어떤 불만도 경험하지 못한다고 하더라도, 그것은 누가 보든지 간에 나쁘다는 것이다.

㉢'온건한 객관주의'는 선을 창발적인 속성으로서, 인간의 욕구와 사물의 객관적 속성이 결합하여 생기는 것이라고 본다. 이 입장에 따르면 물의 축축함이 H2O 분자들 안에 있는 것이 아니라 그 분자들과 우리의 신경 체계 간의 상호 작용을

통해 형성되듯이, 선도 인간의 욕구와 객관적인 속성 간의 관계 속에서 상호 통합적으로 형성된다. 따라서 이 입장은 욕구를 가진 존재가 없다면 선은 존재하지 않을 것이라고 본다. 그러나 일단 그러한 존재가 있다면, 쾌락, 우정, 건강 등이 가진 속성은 그의 욕구와 결합하여 선이 될 수 있을 것이다. 하지만 이러한 입장에서는 우리의 모든 욕구가 객관적 속성과 결합하여 선이 되는 것은 아니기에 적절한 욕구가 중시된다. 결국 여기서는 적절한 욕구가 어떤 것인지를 구분할 기준을 제시해야 하는 문제가 발생한다. 이와 같은 객관주의와 주관주의의 논쟁을 해결하기 위한 한 가지 방법은 불편부당하며 모든 행위의 결과들을 알 수 있는 '이상적 욕구자'를 상정하는 것이다. 그는 편견이나 무지로 인한 잘못된 욕구를 갖고 있지 않기에 그가 선택하는 것은 선이 될 것이고, 그가 선택하지 않는 것은 악이 될 것이기 때문이다.

6. 위의 글 내용과 일치하지 않는 것을 고르면?

① 무어는 선이 단순한 것이어서 그것을 정의할 수 없다고 본다.

② 플라톤은 인간이 행한 선이 완전히 선한 것은 아니라고 본다.

③ 무어는 도덕적으로 옳은 행동을 판별할 기준을 제시할 수 없다고 본다.

④ 페리는 더욱 많은 사람들이 더욱 깊은 관심을 가질수록 가치가 증가한다고 본다.

7. 위의 내용을 읽고 ㉠에 대한 ㉡과 ㉢의 공통된 문제 제기로써 옳은 사항을 고르면?

① 선을 향유하는 존재가 없다면 그것이 무슨 가치가 있겠는가?

② 선은 욕구하는 주관에 전적으로 의존하여 형성되지 않는가?

③ 사람들이 선을 인식할 수 없다고 보는 것은 과연 타당한가?

④ 사람들이 선호한다고 그것이 항상 선이라고 할 수 있는가?

8. 아래의 기사를 읽고 문맥 상 괄호 안에 들어갈 말로 가장 적절한 것을 고르면?

> "이제 신생팀이 아닌 프로구단 kt의 이름을 걸고 야구를 해야 한다."
>
> 프로야구 '막내' kt 위즈의 형님 김상현의 한 마디에는 결연함이 묻어났다. 올해는 팀 뿐만 아니라 김상현에게도 특별하다. FA 계약 후 첫 시즌이기 때문이다. 김상현은 지난 2000년 2차 6라운드 전체 42순위 지명을 받아 해태 타이거즈에 입단했다.
>
> 그러나 지난 시즌 134경기에 출전해 타율 0.280 27홈런 88타점으로 활약하고 나서야 뒤늦게 프로 첫 FA 자격을 얻었다. SK 와이번스 소속이던 2014시즌 생애 첫 FA가 될 수 있었지만 42경기 출전에 그치면서 1년 늦게 FA를 획득했고, 지난해 4년 최대 17억 원에 도장을 찍고 잔류했다. 이후 개인 훈련을 통해 몸을 만든 뒤 지난 1월15일부터 49일간 미국 애리조나 투산 및 LA 샌버나디노에서 치른 스프링캠프를 완주했다.
>
> 김상현은 "부상 없이 캠프를 잘 마친 것에 만족한다. kt 소속으로 두 번째 맞는 캠프지만 여전히 훈련은 고됐다"라고 웃으며 말했다. 캠프 동안 김상현은 단순히 홈런 개수나 타점에 목표를 맞추지 않고 시즌을 버틸 수 있는 체력을 만드는 데 집중했다. 더불어 심리적인 변화를 줬다. 김상현은 "긍정적인 마음가짐을 갖고 팀에 어떻게 내가 도움이 될 수 있을 지 고민했다"라고 말했다.
>
> 김상현이 바라본 kt의 올 시즌도 긍정적인 기운이 가득하다. 오프시즌 이진영, 유한준 등 고참 선수들이 새롭게 합류해 녹아들었고, 백업 선수들의 기량도 지난해보다 훨씬 좋아졌다. 김상현은 "전체적으로 전력이 보강됐다. 지난해보다 고참 선수들이 늘어나면서 어린 선수들에게 보다 많은 노하우를 전수할 수 있었다"라며 "주전과 비주전의 기량 차이가 줄어들었고 팀 분위기도 좋다"라고 미소 지었다. 그래서 이제 배려 받는 '막내' 꼬리표를 뗄 수 있겠다는 판단이다.
>
> 김상현은 "이제 2년차에 접어든 만큼 신생팀이 아닌 프로구단 kt의 이름을 걸고 야구를 해야 한다. 분명 작년보다 성적이 더 좋아질 것으로 확신한다"라고 힘주어 말했다. 개인 목표는 따로 없다. 그저 부상 없이 한 시즌을 뛰면 성적은 자연스럽게 따라올 것으로 믿는다. 믿음과 기대는 그 대상을 바라는 대로 실현시켜준다는 김상현의 (   )가 kt에 스며들고 있다.

① 플라시보 효과 (Placebo Effect)

② 피그말리온 효과 (Pygmalion Effect)

③ 펠츠만 효과 (Feltsman Effect)

④ 노시보 효과 (Nocebo Effect)

9. 다음 중 밑줄 친 부분과 같은 의미로 쓰인 것은?

"자숙 말고 자수하라" 이는 공연·연극·문화·예술계 전반에 퍼진 미투(#MeToo) 운동을 지지하는 위드유(with you) 집회에서 울려 퍼진 구호이다. 성범죄 피해자에 대한 제대로 된 사과와 진실규명을 바라는 목소리라고 할 수 있다. 그동안 전 ○○거리패 연출가를 시작으로 유명한 중견 남성 배우들의 성추행 폭로가 줄을 이었는데, 폭로에 의해 밝혀지는 것보다 스스로 밝히는 것이 나을 것이라 판단한 것인지 자진신고자도 나타났다. 연극계에 오랫동안 몸담고서 영화와 드라마에서도 인상 깊은 연기를 펼쳤던 한 남성 배우는 과거 성추행 사실을 털어놓으며 공식 사과했다.

① 그는 공부 말고도 운동, 바둑, 컴퓨터 등 모든 면에서 너보다 낫다.

② 뜨거운 승늉에 밥을 말고 한 술 뜨기 시작했다.

③ 그는 땅바닥에 털썩 주저앉아 종이에 담배를 말고 피우기 시작했다.

④ 유치한 소리 말고 가만있으라는 말에 입을 다물었다.

10. 다음의 사례는 FABE 화법을 활용한 대화 내용이다. 이를 읽고 밑줄 친 부분에 대한 내용으로 가장 옳은 것으로 추정되는 항목을 고르면?

〈개인 보험가입에 있어서의 재무 설계 시 이점〉

상담원 : 저희 보험사의 재무 설계는 고객님의 자산 흐름을 상당히 효과적으로 만들어 줍니다.

상담원 : 그로 인해 고객님께서는 언제든지 원하는 때에 원하는 일을 이룰 수 있습니다.

상담원 : 그 중에서도 가장 소득이 적고 많은 비용이 들어가는 은퇴시기에 고객님은 편안하게 여행을 즐기시고, 또한 언제든지 친구들을 부담 없이 만나 행복한 시간을 보낼 수 있습니다.

상담원 : 저희 보험사에서 재무 설계는 우선 예산을 조정해 드리고 있으며, 선택과 집중을 통해 고객님의 생애에 있어 가장 중요한 부분들을 먼저 준비할 수 있도록 도와드리기 때문입니다.

① 해당 이익이 고객에게 반영될 시에 발생 가능한 상황을 공감시키는 과정이라고 할 수 있다.

② 해당 상품 및 서비스의 설명이 완료되어 마무리하는 부분이라 할 수 있다.

③ 제시하는 상품의 특징을 언급하는 부분이라 할 수 있다.

④ 이득이 발생할 수 있음을 예시하는 것이라 할 수 있다.

┃11~12┃ 甲과 乙은 산양우유를 생산하여 판매하는 ○○목장에서 일한다. 다음을 바탕으로 물음에 답하시오.

- ○○목장은 A~D의 4개 구역으로 이루어져 있으며 산양들은 자유롭게 다른 구역을 넘나들 수 있지만 목장을 벗어나지 않는다.
- 甲과 乙은 산양을 잘 관리하기 위해 구역별 산양의 수를 파악하고 있어야 하는데, 산양들이 계속 구역을 넘나들기 때문에 산양의 수를 정확히 헤아리는 데 어려움을 겪고 있다.
- 고민 끝에 甲과 乙은 시간별로 산양의 수를 기록하되, 甲은 특정 시간 특정 구역의 산양의 수만을 기록하고, 乙은 산양이 구역을 넘나들 때마다 그 시간과 그때 이동한 산양의 수를 기록하기로 하였다.
- 甲과 乙이 같은 날 오전 9시부터 오전 10시 15분까지 작성한 기록표는 다음과 같으며, ㉠~㉣을 제외한 모든 기록은 정확하다.

甲의 기록표			乙의 기록표		
시간	구역	산양 수	시간	구역이동	산양 수
09:10	A	17마리	09:08	B→A	3마리
09:22	D	21마리	09:15	B→D	2마리
09:30	B	8마리	09:18	C→A	5마리
09:45	C	11마리	09:32	D→C	1마리
09:58	D	㉠21마리	09:48	A→C	4마리
10:04	A	㉡18마리	09:50	D→B	1마리
10:10	B	㉢12마리	09:52	C→D	3마리
10:15	C	㉣10마리	10:05	C→B	2마리

- 구역 이동 외의 산양의 수 변화는 고려하지 않는다.

11. ㉠~㉣ 중 옳게 기록된 것만을 고른 것은?

① ㉠, ㉡   　　② ㉠, ㉢

③ ㉡, ㉢   　　④ ㉡, ㉣

12. ○○목장에서 키우는 산양의 총 마리 수는?

① 58마리   　　② 59마리

③ 60마리   　　④ 61마리

13. 다음에서 설명하고 있는 개념은 무엇인가?

'Intellectual property right'이란 특허권, 실용신안권, 상표권, 디자인권을 총칭하는 개념으로 개개의 권리는 특허법, 실용신안법, 상표법, 디자인보호법, 저작권법, 부정경쟁방지 및 영업비밀보호에 관한 법률, 민법, 상법 등에 의하여 규율되고 보호된다. 우리나라 헌법은 제22조 제2항에 "저작자·발명가·과학기술자와 예술가의 권리는 법률로써 보호한다."라고 규정함으로써 보호의 근거를 마련하였고, 이에 근거하여 관련 법령이 제정되었다. 특허법·실용신안법·디자인보호법·상표법의 공통된 목적은 '산업 발전'이다. 그래서 위의 4법을 산업재산권법이라고 하는데, 이 중 상표법은 '산업 발전' 외에 '수요자의 이익보호'도 목적으로 하고 있다. '산업재산권'은 'industrial property right'를 번역한 것인데, 제조업이 산업의 대부분을 차지하고 있던 과거에는 '공업소유권'이라고 하다가 현재에는 그 범위를 넓혀 '산업재산권'이라는 용어를 사용하게 되었다.

① 지식문화   ② 지식산업
③ 지식경영   ④ 지적재산권

14. 다음에서 설명하고 있는 자원의 성격은?

자원이란 인간 생활에 유용한 물질 중 하나로 기술적으로나 경제적으로 개발이 가능한 것을 말하며 기술적으로는 개발이 가능한 광물이지만 매장량이 적거나 광물의 품질이 낮은 경우, 또는 지나치게 채굴 비용이 많이 들어 경제성이 없는 경우에는 개발이 불가능하다. 철광석은 대체로 철의 함량이 일정량 이상 포함된 것을 개발하여 이용하고 있다. 철의 함량이 일정량 이하인 철광석은 기술적 의미로는 자원이 될 수 있으나, 현재로서는 경제성이 없어 개발할 수가 없기 때문에 경제적 의미의 자원이 될 수는 없는 것이다.

① 편재성   ② 가변성
③ 유한성   ④ 상대성

15. 다음에 나타난 사례에 해당하는 산업수명주기는?

시장은 포화상태로 판매량은 줄어들지만 과잉설비가 증가하여 수익이 줄어든다. 수요보다 공급이 많아지면서 가격이 하락하면서 이익률이 줄어들어 매출성장률이 하락하게 된다. 여기에 기존 산업의 틀을 깨는 파괴적 산업이 새롭게 등장하면 제품 진부화로 빠르게 매출이 감소하면서 쇠퇴하기 시작한다. 따라서 이 단계의 기업들에게 투자하는 것은 상당히 조심스럽게 접근해야 한다. 청산과정을 밟고 있는 과정 중에 많은 자산을 가지고 있는 것 이외에는 그다지 투자에 적합한 모습이 나타나지 않는다.

① 도입기   ② 성장기
③ 성숙기   ④ 쇠퇴기

16. 자원관리능력은 예산관리, 시간관리, 물적자원관리, 인적자원관리 등으로 구분되는데, 이 중 예산관리는 업무수행에 있어 필요한 자본자원을 최대한도로 모아 업무에 어떻게 활용할 것인지를 결정하게 된다. 통상적으로 기업에서는 고객이 원하는 품목, 원하는 시점 및 바람직한 물량을 항상 정확하게 파악하는 것인데, 구매를 위한 자유재량 예산의 확보를 자유재량구입예산이라 한다. 이러한 개념을 활용하여 아래의 내용을 보고 자유재량구입예산(Open-To-Buy)을 구하면?

- 계획된 월말재고 : 6백만 원
- 조정된 월말재고 : 4백 6십만 원
- 실제 월별 추가재고 : 5십만 원
- 실제 주문량 : 2백 5십만 원

① 9십만 원   ② 1백 4십만 원
③ 1백 8십만 원   ④ 2백만 원

17. 물적자원관리는 조직 업무수행에 있어 필요로 하는 각종 재료 및 관련 자원들을 모아서 실제 업무에 적용시키기 위한 계획을 말하는데, ㈜하늘은 점포의 신축을 계획하고 있다. 대지 면적이 100㎡인 곳에 바닥 면적이 70㎡인 건물을 지하 1층, 지상 3층으로 짓고 1층 전체를 주차장으로 만들었다고 하면 이 건물의 용적률을 구하면? (단, 용적률 계산 시 지하 및 지상주차장은 제외됨)

① 110%   ② 120%
③ 130%   ④ 140%

18. 제조업체 입장에서 볼 때, 소매상과 직접 거래하는 것보다는 도매상을 거치는 것이 교환과정에 있어 필요한 거래수의 감소를 가져오는데, 이는 곧 시간관리 능력을 향상시켜 주는 결과를 얻게 한다. 만일 이때, 제조업체가 3곳, 도매상이 2곳, 소매상이 6곳일 경우 총 거래의 수는 얼마인지 구하면?

① 12개 거래

② 15개 거래

③ 18개 거래

④ 20개 거래

19. 물적 자원관리는 업무에 있어 여러 재료 및 자원을 통합해 적용할 것인지를 계획 및 관리하는 것인데, 재고 또한 기업의 입장에서는 물적 자원에 해당한다. 기업이 보유하고 있는 물적 자원 중 하나인 안전재고는 완충재고라고도 하며, 수요 또는 리드타임의 불확실성으로 인해 주기 재고량을 초과하여 유지하는 재고를 의미한다. 이러한 안전재고량은 확률적 절차로 인해 결정되는데, 수요변동의 범위 및 재고의 이용 가능성 수준에 달려 있다. 이 때, 다음에서 제시하는 내용을 토대로 유통과정에서 발생하는 총 안전재고를 계산하면?

- 해당 제품의 주당 평균 수요는 2,500단위로 가정한다.
- 소매상은 500개 업체, 도매상은 50개 업체, 공장창고는 1개 업체가 존재한다.

구분	평균수요(주)	주문주기(일)	주문기간 중 최대수요
소매상	5	20	25
도매상	50	39	350
공장창고	2,500	41	19,000

① 약 23,555 단위

② 약 19,375 단위

③ 약 16,820 단위

④ 약 13,407 단위

20. 다음 글을 읽고 A국의 예산집행 담당자의 결정으로 가장 바람직한 것을 고르면?

A국은 인구 1천 명의 작은 섬 국가이다. A국은 현재 쓰레기 매립장이 포화상태가 되었고, 쓰레기를 처리할 방법이 마련되지 않아 집집마다 쓰레기가 쌓이고 있다. A국 정부는 쓰레기 처리문제를 해결하기 위하여 다음의 3가지 방안을 비교하고 있다.

❑ 대안 1 – 10억 원을 들여 쓰레기 소각장을 설치한다.
- 쓰레기 소각장을 설치하면 모든 국민이 배출하는 쓰레기를 문제없이 처리할 수 있으며, 관리를 위한 추가적인 비용은 발생하지 않는다.
- 쓰레기 소각장은 10년간 사용이 가능하며, 그 이후에는 다시 건설하여야 한다.
❑ 대안 2 – 대규모 쓰레기 소각장을 보유한 B국에 쓰레기 처리비용을 지불하고 쓰레기를 처리한다.
- 쓰레기 처리비용은 10만 원/ton이다.
- A국은 매년 1,200톤의 쓰레기를 배출한다.
❑ 시내 중심의 공원을 쓰레기 매립장으로 이용한다.
- 공원의 위치가 시내 중심이므로 악취와 전염병이 발생할 수 있다.
- 이 방안으로 인해 발생하는 사회적 비용은 연간 1억 1천만 원으로 추산된다.

① 각 대안들을 비교하여 쓰레기 문제 해결에 필요한 비용이 가장 적은 대안인 대안 1을 시행해야 한다.

② 대안 2를 선택하는 것이 장기적으로 가장 좋은 결정이다.

③ 대안 3의 사회적 비용이 가장 적은 경우라도 대안 3을 선택해서는 안 된다.

④ 대안 2와 대안 3만 있는 경우라면, 대안 2를 선택하는 것이 합리적인 결정이다.

21. 어느 달의 달력에서 그림과 같이 색칠된 사각형 모양으로 4개의 날짜를 선택하려고 한다. 이 달에서 선택한 4개의 날짜의 합이 88이 될 때, 4개의 날짜 중 가장 마지막 날짜는?

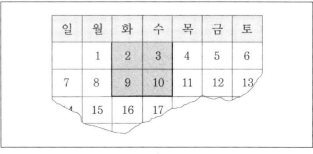

① 19일

② 24일

③ 26일

④ 29일

22. 다음은 김 대리의 9월 인터넷 쇼핑 구매내역이다. 이에 대한 설명으로 옳은 것은? (단, 소수 둘째자리에서 반올림한다)

〈10월 인터넷 쇼핑 구매내역〉

(단위 : 원, 포인트)

상품	주문금액	할인금액	결제금액
캠핑용품세트	45,400	즉시할인 4,540 쿠폰할인 4,860	신용카드 32,700 +포인트 3,300 = 36,000
가을스웨터	57,200	즉시할인 600 쿠폰할인 7,970	신용카드 48,370 +포인트 260 = 48,630
샴푸	38,800	즉시할인 0 쿠폰할인 ( )	신용카드 34,300 +포인트 1,500 = 35,800
에코백	9,200	즉시할인 1,840 쿠폰할인 0	신용카드 7,290 +포인트 70 = 7,360
전체	150,600	22,810	127,790

1) 결제금액(원) = 주문금액 − 할인금액

2) 할인율(%) = $\dfrac{\text{할인금액}}{\text{주문금액}} \times 100$ 할인금액

3) 1포인트는 결제금액 1원에 해당

① 전체 할인율은 15% 미만이다.

② 할인율이 가장 높은 상품은 '에코백'이다.

③ 주문금액 대비 신용카드 결제금액 비율이 가장 낮은 상품은 '캠핑용품세트'이다.

④ 10월 전체 주문금액의 3%가 11월 포인트로 적립된다면, 10월 구매로 적립된 11월 포인트는 10월 동안 사용한 포인트보다 크다.

23. ㈜○○에서는 신제품 출시 때마다 적절한 수요에 대처하지 못해 재고관리비, 신제품개발비가 상당히 많이 소요되고 있는 상황이다. 그래서 올해에는 불필요한 자원의 낭비를 막기 위해 많은 연구를 하게 되었고, 경제적 주문량(EOQ)를 적용하여 효율적인 제품관리를 하게 되었다. 아래의 내용은 ㈜ 빛더미에서 제공하고 있는 자료이다. 이를 토대로 여러분들이 제품담당자라고 가정하였을 시에 경제적 주문량(EOQ)을 구하면? (단, 1년은 52주로 적용하고 EOQ 산출 값은 소수점 첫째자리에서 내림한다.)

㈜○○의 물류센터에서 주당 100개의 부품 수요가 예상된다. 매 주문 당 발생되는 주문처리비용은 500원이며, 재고품 단위 당 원가는 500원이다. 재고유지비는 재고품원가의 20%를 차지한다.

① 약 245개 　　　　　　② 약 239개

③ 약 228개 　　　　　　④ 약 212개

24. 타이어 전문회사인 ㈜○○는 매년 업계에서 매출 1위를 기록한 회사이다. 하지만 몇 년 전부터 고객서비스 마인드 상실과 고가격 등으로 인해 소비자들로부터 외면받기 시작하였다. 하지만 이 회사의 더 큰 문제는 수요예측치를 전혀 맞추지 못하는 데 있었던 것이다. 아래에 제시된 표를 보고 ㈜○○의 타이어 판매기록 자료를 기반으로 4기간 단순이동평균법을 적용했을 시에 10월 수요예측치를 구하면 얼마인가?

(단위 : 개)

월	5월	6월	7월	8월	9월
수요량	20,000	24,000	23,000	27,000	26,000

① 19,000개 　　　　　　② 21,000개

③ 23,000개 　　　　　　④ 25,000개

25. 김정은과 시진핑은 양국의 우정을 돈독히 하기 위해 함께 서울에 방문하여 용산역에서 목포역까지 열차를 활용한 우정 휴가를 계획하고 있다. 아래의 표는 인터넷 사용법에 능숙한 김정은과 시진핑이 서울—목포 간 열차종류 및 이에 해당하는 요소들을 배치해 알아보기 쉽게 도표화한 것이다. 아래의 표를 참조하여 이 둘이 선택할 수 있는 대안(열차종류)을 보완적 방식을 통해 고르면 어떠한 열차를 선택하게 되겠는가? (단, 각 대안에 대한 최종결과 값 수치에 대한 반올림은 없는 것으로 한다.)

평가 기준	중요도	열차 종류				
		KTX 산천	ITX 새마을	무궁화호	ITX 청춘	누리로
경제성	60	3	5	4	6	6
디자인	40	9	7	2	4	5
서비스	20	8	4	3	4	4

① ITX 새마을

② ITX 청춘

③ 무궁화호

④ KTX 산천

26. ㈜○○에서는 다품종 소량생산체제를 유지하고 있다. 그 중에서도 하나의 상품은 꾸준히 판매되고 있었다. 하지만 공장으로부터 지속적인 상품의 도입에 있어서 주문점을 파악해야 하는 필요가 있다. 주문점이란 다음 주문수량이 도달하기 이전에 재고량이 가용수준을 유지하지 못하면 품절이 발생하는 수준에 도달한 때를 말한다. 주기적 주문시스템에서 아래와 같은 경우 주문점은 몇 단위인가?

- 일일 수요 : 5
- 단위 도달시간 : 14일
- 재고점검주기 : 7일
- 안전재고 : 30 단위
- ※ 주문점 = (단위 도달시간 + 재고점검주기) × 일 수요 + 안전재고

① 135 단위

② 142 단위

③ 151 단위

④ 163 단위

27. 바른 항공사는 서울—상해 직항 노선에 50명이 초과로 예약 승객이 발생하였다. 승객 모두는 비록 다른 도시를 경유해서라도 상해에 오늘 도착하기를 바라고 있다. 아래의 그림이 경유 항공편의 여유 좌석 수를 표시한 항공로일 때, 타 도시를 경유하여 상해로 갈 수 있는 최대의 승객 수는 구하면?

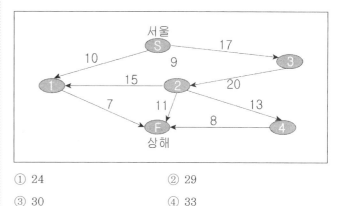

① 24

② 29

③ 30

④ 33

28. X 기업은 자사 컨테이너 트럭과 외주를 이용하여 Y 지점에서 Z 지점까지 월 평균 1,600TEU의 물량을 수송하는 서비스를 제공하고 있다. 아래의 운송조건에서 40feet용 트럭의 1일 평균 필요 외주 대수를 구하면 얼마인가?

- 1일 차량가동횟수 : 1일 2회
- 보유차량 대수 : 40feet 컨테이너 트럭 11대
- 차량 월 평균 가동일 수 : 25일

① 5대

② 7대

③ 8대

④ 10대

29. 다음의 도표를 보고 분석한 내용으로 가장 옳지 않은 것을 고르면?

• 차종별 주행거리

구분	2016년		2017년		증감률 (%)
	주행거리 (천대·km)	구성비 (%)	주행거리 (천대·km)	구성비 (%)	
승용차	328,812	72.2	338,753	71.3	3.0
버스	12,407	2.7	12,264	2.6	-1.2
화물차	114,596	25.1	123,657	26.1	7.9
계	455,815	100.0	474,674	100.0	4.1

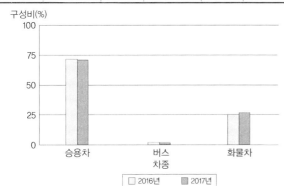

• 차종별 평균 일교통량

구분	2016년		2017년		증감률 (%)
	교통량 (대/일)	구성비 (%)	교통량 (대/일)	구성비 (%)	
승용차	10,476	72.2	10,648	71.3	1.6
버스	395	2.7	386	2.6	-2.3
화물차	3,652	25.1	3,887	26.1	6.4
계	14,525	100.0	14,921	100.0	2.7

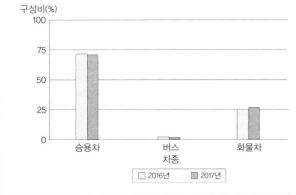

① 차종별 평균 일교통량에서 버스는 2016년에 비해 2017년에 와서는 -2.3 정도 감소하였음을 알 수 있다.

② 차종별 주행거리에서 화물차는 2016년에 비해 2017년에 7.9% 정도 감소하였음을 알 수 있다.

③ 차종별 평균 일교통량에서 화물차는 2016년에 비해 2017년에는 6.4% 정도 증가하였음을 알 수 있다.

④ 차종별 주행거리에서 버스의 주행거리는 2016년에 비해 2017년에는 -1.2% 정도 감소하였다.

30. 다음 그림은 교통량 흐름에 관한 내용의 일부를 발췌한 것이다. 이에 대한 분석결과로써 가장 옳지 않은 항목을 고르면? (단, 교통수단은 승용차, 버스, 화물차로 한정한다.)

• 고속국도

구분	주행거리 (천대·km)	구성비 (%)
승용차	153,946	68.5
버스	6,675	3.0
화물차	63,934	28.5
계	224,555	100.0

• 일반국도

구분	주행거리 (천대·km)	구성비 (%)
승용차	123,341	75.7
버스	3,202	2.0
화물차	36,239	22.3
계	162,782	100.0

• 지방도 계

구분	주행거리 (천대·km)	구성비 (%)
승용차	61,466	70.4
버스	2,387	2.7
화물차	23,484	26.9
계	87,337	100.0

• 국가지원지방도

구분	주행거리 (천대·km)	구성비 (%)
승용차	18,164	70.1
버스	684	2.6
화물차	7,064	27.3
계	25,912	100.0

• 지방도

구분	주행거리 (천대·km)	구성비 (%)
승용차	43,302	70.5
버스	1,703	2.8
화물차	16,420	26.7
계	61,425	100.0

① 고속국도에서 승용차는 주행거리 및 구성비 등이 다 교통수단에 비해 압도적으로 높음을 알 수 있다.

② 일반국도의 경우 주행거리는 버스가 3,202km로 가장 낮다.

③ 지방도로의 주행거리에서 보면 가장 높은 수단과 가장 낮은 수단과의 주행거리 차이는 47,752km이다.

④ 국가지원지방도로에서 구성비가 가장 높은 수단과 가장 낮은 수단과의 차이는 67.5%p이다.

31. 다음은 스마트폰 기종별 출고가 및 공시지원금에 대한 자료이다. 〈조건〉과 〈정보〉를 바탕으로 A ~ D에 해당하는 스마트폰 기종 '갑' ~ '정'을 바르게 나열한 것은?

(단위 : 원)

기종＼구분	출고가	공시지원금
A	858,000	210,000
B	900,000	230,000
C	780,000	150,000
D	990,000	190,000

〈조건〉
• 모든 소비자는 스마트폰을 구입할 때 '요금할인' 또는 '공시지원금' 중 하나를 선택한다.
• 사용요금은 월정액 51,000원이다.
• '요금할인'을 선택하는 경우의 월 납부액은 사용요금의 80%에 출고가를 24(개월)로 나눈 월 기기값을 합한 금액이다.
• '공시지원금'을 선택하는 경우의 월 납부액은 출고가에서 공시지원금과 대리점보조금(공시지원금의 10%)을 뺀 금액을 24(개월)로 나눈 월 기기값에 사용요금을 합한 금액이다.
• 월 기기값, 사용요금 이외의 비용은 없고, 10원 단위 이하 금액을 절사한다.
• 구입한 스마트폰의 사용기간은 24개월이고, 사용기간 연장이나 중도해지는 없다.

〈정보〉
• 출고가 대비 공시지원금의 비율이 20% 이하인 스마트폰 기종은 '병'과 '정'이다.
• '공시지원금'을 선택하는 경우의 월 납부액보다 '요금할인'을 선택하는 경우의 월 납부액이 더 큰 스마트폰 기종은 '갑' 뿐이다.
• '공시지원금'을 선택하는 경우 월 기기값이 가장 작은 스마트폰 기종은 '정'이다.

	A	B	C	D
①	갑	을	정	병
②	을	갑	병	정
③	을	갑	정	병
④	병	을	정	갑

32. 다음 조직도를 잘못 이해한 사람은?

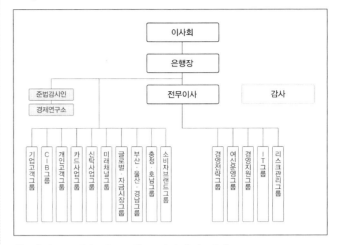

① 연지 : 그룹은 총 15개로 이루어져 있네.
② 동성 : 감사는 업무의 독립성을 위해 이사회 소속이 아니라 따로 독립되어 있어.
③ 진이 : 준법감시인과 경제연구소는 전무이사 소속으로 되어 있어.
④ 순철 : 경영전략그룹과 경영지원그룹은 업무의 연관성으로 인해 똑같이 전무이사 소속으로 되어 있어.

33. 다음의 조직목표에 대한 설명 중 옳은 것은?

① 공식적인 목표인 사명은 측정 가능한 형태로 기술되는 단기적인 목표이다.
② 조직목표는 환경이나 여러 원인들에 의해 변동되거나 없어지지 않는다.
③ 구성원들이 자신의 업무만을 성실하게 수행하면 조직목표는 자연스럽게 달성된다.
④ 조직은 다수의 목표를 추구할 수 있으며 이들은 상하관계를 가지기도 한다.

34. 다음은 Q기업의 조직도와 팀장님의 지시사항이다. 다음 중 J씨가 해야 할 행동으로 가장 적절한 것은?

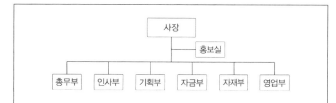

[팀장 지시사항]

 J씨, 다음 주에 신규직원 공채시작이지? 실무자에게 부탁해서 공고문 확인하고 지난번에 우리 부서에서 제출한 자료랑 맞게 제대로 들어갔는지 확인해주고 공채 절차하고 채용 후에 신입직원 교육이 어떻게 진행되는지 정확한 자료를 좀 받아와요.

① 홍보실에서 신규직원 공채 공고문을 받고, 인사부에서 신입직원 교육 자료를 받아온다.

② 인사부에서 신규직원 공채 공고문을 받고, 총무부에서 신입직원 교육 자료를 받아온다.

③ 인사부에서 신규직원 공채 공고문과 신입직원 교육 자료를 받아온다.

④ 총무부에서 신규직원 공채 공고문과 신입직원 교육 자료를 받아온다.

┃35~37┃ 다음은 L기업의 회의록이다. 다음을 보고 물음에 답하시오.

<회의록>

일시	2015. 00. 00 10:00~12:00	장소	7층 소회의실
참석자	영업본부장, 영업1부장, 영업2부장, 기획개발부장 불참자(1명) : 영업3부장(해외출장)		
회의제목	고객 관리 및 영업 관리 체계 개선 방안 모색		
의안	고객 관리 체계 개선 방법 및 영업 관리 대책 모색 – 고객 관리 체계 확립을 위한 개선 및 A/S 고객의 만족도 증진방안 – 자사 영업직원의 적극적인 영업활동을 위한 개선방안		
토의 내용	㉠ 효율적인 고객관리 체계의 개선 방법 • 고객 관리를 위한 시스템 정비 및 고객관리 업무 전담 직원 증원이 필요(영업2부장) • 영업부와 기획개발부 간의 지속적인 제품 개선 방안 협의 건의(기획개발부장) • 영업 조직 체계를 제품별이 아닌 기업별 담당제로 전환(영업1부장) • 고객 정보를 부장차원에서 통합관리(영업2부장) • 각 부서의 영업직원의 고객 방문 스케줄 공유로 방문처 중복을 방지(영업1부장) ㉡ 자사 영업직원의 적극적인 영업활동을 위한 개선방안 • 영업직원의 영업능력을 향상시키기 위한 교육 프로그램 운영(영업본부장)		
협의사항	㉠ IT본부와 고객 리스트 관리 프로그램 교체를 논의해보기로 함 ㉡ 인사과와 협의하여 추가 영업 사무를 처리하는 전담 직원을 채용할 예정임 ㉢ 인사과와 협의하여 연 2회 교육 세미나를 실시함으로 영업교육과 프레젠테이션 기술 교육을 받을 수 있도록 함 ㉣ 기획개발부와 협의하여 제품에 대한 자세한 이해와 매뉴얼 숙지를 위해 신제품 출시에 맞춰 영업직원을 위한 설명회를 열도록 함 ㉤ 기획개발부와 협의하여 주기적인 회의를 갖도록 함 ㉥ 재무과와 고객 리스트 관리 프로그램 교체에 소요되는 비용에 대해 협의 예정		

35. 다음 중 본 회의록으로 이해할 수 있는 내용이 아닌 것은?

① 회의 참석 대상자는 총 5명이었다.

② 영업본부의 업무 개선을 위한 회의이다.

③ 교육 세미나의 강사는 인사과의 담당직원이다.

④ 영업1부와 2부의 스케줄 공유가 필요하다.

36. 다음 중 회의 후에 영업부가 협의해야 할 부서가 아닌 것은?

① IT본부　　　　　　② 인사과

③ 기획개발부　　　　④ 비서실

37. 회의록을 보고 영업부 교육 세미나에 대해 알 수 있는 내용이 아닌 것은?

① 교육내용　　　　　② 교육일시

③ 교육횟수　　　　　④ 교육목적

38. 고객 서비스에 대한 설명으로 옳지 않은 것은?

① 고객에게 제공하고자 하는 서비스의 내용을 소개하고 소비를 촉진시키기 위해 사전에 잠재 고객들과 상담 등을 통해 예약을 받는 등 의견조절을 하고, 방문고객을 위해 사전에 상품을 진열하는 등의 준비하는 단계의 서비스는 사전서비스에 해당한다.

② 서비스의 특성상 생산과 소비가 동시에 발생하므로 현장 서비스가 종료되면 그 후에는 아무 일도 없던 것처럼 보이지만, 실제로는 고객유지를 위해 사후 서비스도 매우 중요하다.

③ 현장서비스는 서비스가 고객과 제공자의 상호거래에 의해 진행되는 단계로 서비스의 본질 부분이라 할 수 있다.

④ 주차유도원서비스, 상품게시판 예약서비스는 현장서비스에 해당한다.

39. 다음 중 아래의 표와 연관되는 내용으로 보기 어려운 것은?

직무번호		직무명		소속	
직군		직종		등급	
직무개요					

▲ 수행요건

일반요건	남녀별적성		최적연령범위	
	기초학력		특수자격	
	전공계열		전공학과	
	필요숙련기간		전환/가능부서/직무	
	기타			

소요능력	지식	종류	세부내용 및 소요정도
	학술적 지식		
	실무적 지식		

① 주로 인적요건에 초점을 두고 있다.

② 통상적으로 기업 조직에서 업무를 세분화 및 구체화해서 구성원들의 능력에 따른 업무 범위를 적절히 설정하기 위해 사용된다.

③ 기업 내 생산성을 높이기 위한 수단으로 사용된다.

④ 구성원들의 직무분석의 결과를 토대로 만들어진 것이다.

40. D그룹 홍보실에서 근무하는 사원 민경씨는 2018년부터 적용되는 새로운 조직 개편 기준에 따라 홈페이지에 올릴 조직도를 만들려고 한다. 다음 조직도의 빈칸에 들어갈 것으로 옳지 않은 것은?

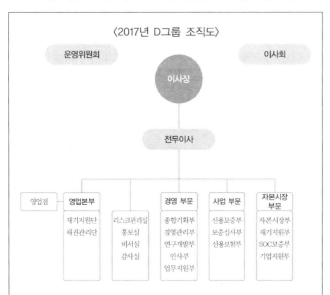

〈2017년 D그룹 조직도〉

2018년 D그룹 조직 개편 기준
- 명칭변경 : 사업부문 → 신용사업부문
- 감사위원회를 신설하고 감사실을 감사위원회 소속으로 이동한다.
- 경영부문을 경영기획부문과 경영지원부문으로 분리한다.
- 경영부문의 종합기획부, 경영관리부, 연구개발부는 경영기획부문으로 인사부, 업무지원부는 경영지원부문으로 각각 소속된다.
- 업무지원부의 IT 관련 팀을 분리하여 IT전략부를 신설한다.
- 자본시장부문의 기업지원부는 영업본부 소속으로 이동한다.

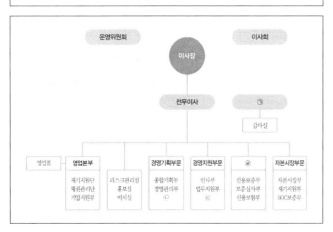

① ㉠ : 감사위원회   ② ㉡ : 연구개발부
③ ㉢ : IT전략부   ④ ㉣ : 사업부문

41. ○○기업 직원인 A는 2018년 1월 1일 거래처 직원인 B와 전화통화를 하면서 ○○기업 소유 X물건을 1억 원에 매도하겠다는 청약을 하고, 그 승낙 여부를 2018년 1월 15일까지 통지해 달라고 하였다. 다음 날 A는 "2018년 1월 1일에 했던 청약을 철회합니다."라고 B와 전화통화를 하였는데, 같은 해 1월 12일 B는 "X물건에 대한 A의 청약을 승낙합니다."라는 내용의 서신을 발송하여 같은 해 1월 14일 A에게 도달하였다. 다음 법 규정을 근거로 판단할 때, 옳은 것은?

제○○조
① 청약은 상대방에게 도달한 때에 효력이 발생한다.
② 청약은 철회될 수 없는 것이더라도, 철회의 의사표시가 청약의 도달 전 또는 그와 동시에 상대방에게 도달하는 경우에는 철회될 수 있다.
제○○조 청약은 계약이 체결되기까지는 철회될 수 있지만, 상대방이 승낙의 통지를 발송하기 전에 철회의 의사표시가 상대방에게 도달되어야 한다. 다만 승낙기간의 지정 또는 그 밖의 방법으로 청약이 철회될 수 없음이 청약에 표시되어 있는 경우에는 청약은 철회될 수 없다.
제○○조
① 청약에 대한 동의를 표시하는 상대방의 진술 또는 그 밖의 행위는 승낙이 된다. 침묵이나 부작위는 그 자체만으로 승낙이 되지 않는다.
② 청약에 대한 승낙은 동의의 의사표시가 청약자에게 도달하는 시점에 효력이 발생한다. 청약자가 지정한 기간 내에 동의의 의사표시가 도달하지 않으면 승낙의 효력이 발생하지 않는다.
제○○조 계약은 청약에 대한 승낙의 효력이 발생한 시점에 성립된다.
제○○조 청약, 승낙, 그 밖의 의사표시는 상대방에게 구두로 통고된 때 또는 그 밖의 방법으로 상대방 본인, 상대방의 영업소나 우편주소에 전달된 때, 상대방이 영업소나 우편주소를 가지지 아니한 경우에는 그의 상거소(장소에 주소를 정하려는 의사 없이 상당기간 머무는 장소)에 전달된 때에 상대방에게 도달된다.

① 계약은 2018년 1월 15일에 성립되었다.
② 계약은 2018년 1월 14일에 성립되었다.
③ A의 청약은 2018년 1월 2일에 철회되었다.
④ B의 승낙은 2018년 1월 1일에 효력이 발생하였다.

42. 소셜미디어 회사에 근무하는 甲은 사회 네트워크에 대한 이론을 바탕으로 자사 SNS 서비스를 이용하는 A~P에 대한 분석을 실시하였다. 甲이 분석한 내용 중 잘못된 것은?

사회 네트워크란 '사람들이 연결되어 있는 관계망'을 의미한다. '중심성'은 한 행위자가 전체 네트워크에서 중심에 위치하는 정도를 표현하는 지표이다. 중심성을 측정하는 방법에는 여러 가지가 있는데, 대표적인 것으로 '연결정도 중심성'과 '근접 중심성'의 두 가지 유형이 있다.

'연결정도 중심성'은 사회 네트워크 내의 행위자와 직접적으로 연결되는 다른 행위자 수의 합으로 얻어진다. 이는 한 행위자가 다른 행위자들과 얼마만큼 관계를 맺고 있는가를 통하여 그 행위자가 사회 네트워크에서 중심에 위치하는 정도를 측정하는 것이다. 예를 들어 〈예시〉에서 행위자 A의 연결정도 중심성은 A와 직접 연결된 행위자의 숫자인 4가 된다.

'근접 중심성'은 사회 네트워크에서의 두 행위자 간의 거리를 강조한다. 사회 네트워크상의 다른 행위자들과 가까운 위치에 있다면 그들과 쉽게 관계를 맺을 수 있고 따라서 그만큼 중심적인 역할을 담당한다고 간주한다. 연결정도 중심성과는 달리 근접 중심성은 네트워크 내에서 직·간접적으로 연결되는 모든 행위자들과의 최단거리의 합의 역수로 정의된다. 이때 직접 연결된 두 점의 거리는 1이다. 예를 들어 〈예시〉에서 A의 근접 중심성은 $\frac{1}{6}$이 된다.

〈예시〉

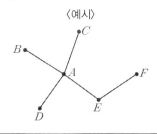

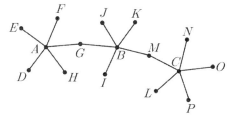

〈SNS 서비스를 이용하는 A~P의 사회 네트워크〉

① 행위자 G의 근접 중심성은 $\frac{1}{37}$이다.

② 행위자 A의 근접 중심성은 행위자 B의 근접 중심성과 동일하다.

③ 행위자 G의 근접 중심성은 행위자 M의 근접 중심성과 동일하다.

④ 행위자 G의 연결정도 중심성은 행위자 M의 연결정도 중심성과 동일하다.

│43~44│ 기술보증기금 ○○지점에서 근무하는 박 차장은 보증서를 발급하면서 고객의 보증료를 산출하고 있다. 보증료 산출에 관한 주요 규정이 다음과 같을 때, 물음에 답하시오.

- 보증료 계산 : 보증금액 × 보증료율 × 보증기간/365
  −계산은 십원단위로 하고 10원 미만 단수는 버림

- 기준보증료율 기술사업평가등급에 따라 다음과 같이 적용한다.

등급	적용요율	등급	적용요율	등급	적용요율
AAA	0.8%	BBB	1.4%	CCC	1.7%
AA	1.0%	BB	1.5%	CC	1.8%
A	1.2%	B	1.6%	C	2.2%

- 아래에 해당되는 경우 기준보증료율에서 해당 감면율을 감면할 수 있다.

가산사유	가산요율
1. 벤처·이노비즈기업	−0.2%p
2. 장애인기업	−0.3%p
3. 국가유공자기업	−0.3%p
4. 지방기술유망기업	−0.3%p
5. 지역주력산업 영위기업	−0.1%p

※ 감면은 항목은 중복해서 적용할 수 없으며, 감면율이 가장 큰 항목을 우선 적용한다.
※ 사고기업(사고유보기업 포함)에 대해서는 보증료율의 감면을 적용하지 아니한다.

- 아래에 해당되는 경우 산출된 보증료율에 해당 가산율을 가산한다.

가산사유	가산요율
1. 고액보증기업	
가. 보증금액이 15억 원 초과 30억 원 이하 기업	+0.1%p
나. 보증금액이 30억 원 초과 기업	+0.2%p
2. 장기이용기업	
가. 보증이용기간이 5년 초과 10년 이하 기업	+0.1%p
나. 보증이용기간이 10년 초과 15년 이하 기업	+0.2%p
다. 보증이용기간이 15년 초과 기업	+0.3%p

※ 가산사유가 중복되는 경우에는 사유별 가산율을 모두 적용한다.
※ 경영개선지원기업으로 확정된 기업에 대해서는 가산요율을 적용하지 않는다.

- 감면사유와 가산사유에 모두 해당되는 경우 감면사유를 먼저 적용한 후 가산사유를 적용한다.

43. ㈜서원의 회계과장인 이 과장은 보증서 발급에 앞서 보증료가 얼마나 산출되었는지 박 차장에게 다음과 같이 이메일로 문의하였다. 문의에 따라 보증료를 계산한다면 ㈜서원의 보증료는 얼마인가?

> 안녕하세요, 박 차장님.
> ㈜서원의 회계과장인 이□□입니다. 대표님께서 오늘 보증서(보증금액 5억 원, 보증기간 365일)를 발급받으러 가시는데, 보증료가 얼마나 산출되었는지 궁금하여 문의드립니다.
> 저희 회사의 기술사업평가등급은 BBB등급이고, 지방기술사업을 영위하고 있으며 작년에 벤처기업 인증을 받았습니다. 다른 특이사항은 없습니다.

① 4,000천 원 ② 4,500천 원

③ 5,500천 원 ④ 5,500천 원

44. 박 차장은 아래 자료들을 토대로 갑, 을, 병 3개 회사의 보증료를 산출하였다. 보증료가 높은 순서대로 정렬한 것은?

구분	기술사업 평가등급	특이사항	보증금액 (신규)	보증기간
갑	BBB	• 국가유공자기업 • 지역주력산업영위기업 • 신규보증금액 포함한 총 보증금액 100억 원 • 보증이용기간 7년	10억 원	365일
을	BB	• 벤처기업 • 이노비즈기업 • 보증이용기간 20년 • 경영개선지원기업	10억 원	365일
병	BB	• 장애인기업 • 이노비즈기업 • 보증이용기간 1년	10억 원	365일

① 갑 - 을 - 병 ② 갑 - 병 - 을

③ 을 - 갑 - 병 ④ 을 - 병 - 갑

45. 아래의 내용은 직장만족 및 직무몰입에 대한 A, B, C, D의 견해를 나타낸 것이다. A~D까지 각각의 견해에 관한 진술로써 가장 옳은 내용을 고르면?

> 어느 회사의 임직원을 대상으로 조사한 결과에 대해 상이한 견해가 있다. A는 직무 몰입도가 높으면 직장 만족도가 높고 직무 몰입도가 낮으면 직장 만족도도 낮다고 해석하여, 직무 몰입도가 직장 만족도를 결정한다고 결론지었다. B는 일찍 출근하는 사람의 직무 몰입도와 직장 만족도가 높고, 그렇지 않은 경우 직무 몰입도와 직장 만족도가 낮다고 결론지었다. C는 B의 견해에 동의하면서, 근속 기간이 길수록 빨리 출근 한다고 보고, 전자가 후자에 영향을 준다고 해석하였다. D는 직장 만족도가 높으면 직무 몰입도가 높고 직장 만족도가 낮으면 직무 몰입도도 낮다고 해석하여, 직장 만족도가 직무 몰입도를 결정한다고 결론지었다.

① 일찍 출근하며 직무 몰입도가 높고 직장에도 만족하는 임직원이 많을수록 A의 결론이 B의 결론보다 강화된다.

② 직장에는 만족하지만 직무에 몰입하지 않는 임직원이 많을수록 A의 결론은 강화되고 D의 결론은 약화된다.

③ 직무에 몰입하지만 직장에는 만족하지 않는 임직원이 많을수록 A의 결론은 약화되고 D의 결론은 강화된다.

④ 일찍 출근하지만 직무에 몰입하지 않는 임직원이 많을수록 B와 C의 결론이 약화된다.

46. '다음 제시된 글에 나타난 문제인식은?

우리나라 국민 10명 가운데 9명은 저출산 현상을 심각하게 보고 있고, 이 중 3명은 저출산이 사회에 끼치는 영향력이 매우 클 것으로 예상하는 것으로 나타났다.

저출산·고령화에 대한 설문조사에 따르면, 참여자 가운데 87.4%가 우리나라 저출산 현상에 대해 '심각하다'고 답했다. '매우 심각하다'는 응답은 24.8%, '어느 정도 심각하다'는 62.6%였다.

저출산의 주된 원인은 '결혼 후 발생하는 비용의 부담'이 31.2%로 가장 많았다. 그 다음으로 '취업난 또는 고용불안정성' 19.5%, '일·가정 양립이 어려운 사회문화' 18.1%, '부족한 소득' 13.1%, '여성위주의 육아 및 가사부담' 10.3% 순으로 조사됐다.

출산과 육아에 대한 사회적 분위기 역시 영향을 미친 것으로 보인다. '출산으로 휴가를 낼 때 직장 상사 및 동료들에게 눈치가 보인다'는 응답이 76.6%로 많았고, '육아휴직을 낼 때 직장 상사 및 동료들에게 눈치가 보인다'는 응답 역시 72.2%로 많았다.

① 저출산 문제의 대책
② 저출산 문제의 인식개선
③ 저출산 문제의 심각성
④ 저출산 문제와 인구 고령화

47. 다음 글에 나타난 문제해결의 장애요소는?

최근 A사의 차량이 화재가 나는 사고가 연달아 일어나고 있다. 현재 리콜 대상 차량은 10만여 대로 사측은 전국의 서비스 업체에서 안전진단을 통해 불편을 해소하는 데에 최선을 다하겠다고 말했다. A사 대표는 해당 서비스를 24시간 확대 운영은 물론 예정되어 있던 안전진단도 단기간에 완료하겠다고 입장을 밝혔다. 덕분에 서비스센터 현장은 여름휴가 기간과 겹쳐 일반 서비스 차량과 리콜 진단 차량까지 전쟁터를 방불케 했다. 그러나 안전진단은 결코 답이 될 수 없다는 게 전문가들의 의견이다. 문제가 되는 해당 부품이 개선된 제품으로 교체되어야만 해결할 수 있는 사태이고, 개선된 제품은 기본 20여 일이 걸려 한국에 들어올 수 있기 때문에 이 사태가 잠잠해지기까지는 상당한 시간이 걸린다는 것이다. 또한 단순 안전진단만으로는 리콜이 시작되기 전까지 오히려 고객들의 불안한 마음만 키울 수 있어 이를 해결할 확실한 대안이 필요하다고 지적했다.

① 실질적 대안이 아닌 고객 달래기식 대응을 하고 있다.
② 해결책을 선택하는 타당한 이유를 마련하지 못하고 있다.
③ 선택한 해결책을 실행하기 위한 계획을 수립하지 못하고 있다.
④ 중요한 의사결정 인물이나 문제에 영향을 받게 되는 구성원을 참여시키지 않고 있다.

48. 다음은 SWOT에 대한 설명이다. 다음 중 시장의 위협을 회피하기 위해 강점을 사용하는 전략의 예로 적절한 것은?

〈SWOT 분석〉

SWOT분석이란 기업의 환경 분석을 통해 마케팅 전략을 수립하는 기법이다. 조직 내부 환경으로는 조직이 우위를 점할 수 있는 강점(Strength), 조직의 효과적인 성과를 방해하는 자원·기술·능력면에서의 약점(Weakness), 조직 외부 환경으로는 조직 활동에 이점을 주는 기회(Opportunity), 조직 활동에 불이익을 미치는 위협(Threat)으로 구분된다.

		내부환경요인	
		강점 (Strength)	약점 (Weakness)
외부환경요인	기회 (Opportunity)	SO	WO
	위협 (Threat)	ST	WT

① 세계적인 유통라인을 내세워 개발도상국으로 사업을 확장한다.
② 저가 정책으로 마진이 적지만 인구 밀도에 비해 대형마트가 부족한 도시에 진출한다.
③ 부품의 10년 보증 정책을 통해 대기업의 시장 독점을 이겨낸다.
④ 고가의 연구비를 타사와 제휴를 통해 부족한 정부 지원을 극복한다.

┃49~50┃ 다음은 김치냉장고 매뉴얼 일부이다. 물음에 답하시오.

<김치에 대한 잦은 질문>

구분	확인 사항
김치가 얼었어요.	• 김치 종류, 염도에 따라 저장하는 온도가 다르므로 김치의 종류를 확인하여 주세요. • 저염김치나 물김치류는 얼기 쉬우므로 '김치 저장-약냉'으로 보관하세요.
김치가 너무 빨리 시어요.	• 저장 온도가 너무 높지 않은지 확인하세요. 저염김치의 경우는 낮은 온도에서는 얼 수 있으므로 빨리 시어지더라도 '김치저장-약냉'으로 보관하세요. • 김치를 담글 때 양념을 너무 많이 넣으면 빨리 시어질 수 있습니다.
김치가 변색 되었어요.	• 김치를 담글 때 물빼기가 덜 되었거나 숙성되며 양념이 어우러지지 않아 발생할 수 있습니다. • 탈색된 김치는 효모 등에 의한 것이므로 걷어내고, 김치 국물에 잠기도록 하여 저장하세요.
김치 표면에 하얀 것이 생겼어요.	• 김치 표면이 공기와 접촉하면서 생길 수 있으므로 보관 시 공기가 닿지 않도록 우거지를 덮고 소금을 뿌리거나 위생비닐로 덮어주세요. • 김치를 젖은 손으로 꺼내지는 않으시나요? 외부 수분이 닿을 경우에도 효모가 생길 수 있으니 마른 손 혹은 위생장갑을 사용해 주시고, 남은 김치는 꾹꾹 눌러 국물에 잠기도록 해주세요. • 효모가 생긴 상태에서 그대로 방치하면 더 번질 수 있으며, 김치를 무르게 할 수 있으므로 생긴 부분은 바로 제거해 주세요. • 김치냉장고에서도 시간이 경과하면 발생할 수 있습니다.
김치가 물러졌어요.	• 물빼기가 덜 된 배추를 사용할 경우 혹은 덜 절여진 상태에서 공기에 노출되거나 너무 오래절일 경우 발생할 수 있습니다. 저염 김치의 경우에서 빈번하게 발생하므로 적당히 간을 하는 것이 좋습니다. 또한 설탕을 많이 사용할 경우에도 물러질 수 있습니다. • 무김치의 경우는 무를 너무 오래 절이면 무에서 많은 양의 수분이 빠져나오게 되어 물러질 수 있습니다. 절임 시간은 1시간을 넘지 않도록 하세요. • 김치 국물에 잠긴 상태에서 저장하는 것이 중요합니다. 특히 저염 김치의 경우는 주의해주세요.
김치에서 이상한 냄새가 나요.	• 초기에 마늘, 젓갈 등의 양념에 의해 발생할 수 있으나 숙성되면서 점차 사라질 수 있습니다. 마늘, 양파, 파를 많이 넣으면 노린내나 군덕내가 날 수 있으니 적당히 넣어주세요. • 발효가 시작되지 않은 상태에서 김치냉장고에 바로 저장할 경우 발생할 수 있습니다. • 김치가 공기와 많이 접촉했거나 시어지면서 생기는 효모가 원인이 될 수 있습니다. • 김치를 담근 후 공기와의 접촉을 막고, 김치를 약간 맛들인 상태에서 저장하면 예방할 수 있습니다.
김치에서 쓴맛이 나요.	• 김치가 숙성되기 전에 나타날 수 있는 현상으로, 숙성되면 줄거나 사라질 수 있습니다. • 품질이 좋지 않은 소금이나 마그네슘 함량이 높은 소금으로 배추를 절였을 경우에도 쓴맛이 날 수 있습니다. • 열무김치의 경우, 절인 후 씻으면 쓴맛이 날 수 있으므로 주의하세요.
배추에 양념이 잘 배지 않아요.	• 김치를 담근 직후 바로 낮은 온도에 보관하면 양념이 잘 배지 못하므로 적당한 숙성을 거쳐 보관해 주세요.

49. 다음 상황에 적절한 확인 사항으로 보기 어려운 것은?

나영씨는 주말에 김치냉장고에서 김치를 꺼내고는 이상한 냄새에 얼굴을 찌푸렸다. 담근지 세 달 정도 지났는데도 잘 익은 김치냄새가 아닌 꿉꿉한 냄새가 나서 어떻게 처리해야 할지 고민이다.

① 초기에 마늘, 양파, 파를 많이 넣었는지 확인한다.
② 발효가 시작되지 않은 상태에서 김치냉장고에 바로 넣었는지 확인한다.
③ 김치가 공기와 많이 접촉했는지 확인한다.
④ 김치를 젖은 손으로 꺼냈는지 확인한다.

50. 위 매뉴얼을 참고하여 확인할 수 없는 사례는?

① 쓴 맛이 나는 김치
② 양념이 잘 배지 않는 배추
③ 김치의 나트륨 문제
④ 물러진 김치

>> 직무수행능력평가(50문항/60분)

1. 다음 중 항만의 기능을 지원하기 위한 시설로서 해양수산부령으로 정하는 시설에 해당하지 않는 것은?

① 해양박물관, 어촌민속관, 해양유적지, 공연장, 학습장, 갯벌 체험장 등 해양 문화 · 교육시설

② 여객운송사업자의 업무용 시설 및 여객의 편의제공시설 등을 수용하기 위한 종합여객시설

③ 항만공사 시에 발생하는 준설토 투기를 위한 시설

④ 항만운송사업 등 항만 관련 사업을 경영하는 자의 업무용 시설

2. 항만기본계획의 변경 등에 관한 내용으로 옳지 않은 것은?

① 해양수산부장관은 항만기본계획이 수립된 날부터 5년마다 그 타당성을 검토하여야 하며 필요한 경우 항만기본계획을 변경할 수 있다.

② 해양수산부장관은 급격한 경제상황의 변동 등으로 항만기본계획을 변경할 필요가 있을 경우에는 항만기본계획을 변경할 수 있다.

③ 항만시설별 항만공사 규모 또는 면적의 100분의 50 이내의 변경은 관계 행정기관 및 중앙심의회의 심의 없이 변경할 수 있다.

④ 「신항만건설촉진법」에 따른 신항만건설기본계획에 포함된 항만개발에 관한 사항을 그대로 반영하기 위한 항만기본계획의 변경시 관계 행정기관 및 중앙심의회의 심의 없이 변경할 수 있다.

3. 해양수산부장관은 항만을 효율적으로 개발하고 관리 · 운영하기 위하여 필요한 경우 항만구역에 분구를 설정할 수 있다. 다음 중 분구로 볼 수 없는 것은?

① 여객항구　　　　　② 위험물항구

③ 보안항구　　　　　④ 화물항구

4. 항만배후단지에 설치할 수 있는 시설로 옳지 않은 것은?

① 일반업무시설　　　② 교육연구시설

③ 정보처리시설　　　④ 준설토 투기시설

5. 항만에 관한 비용부담원칙에 대한 설명으로 옳지 않은 것은?

① 항만법 또는 다른 법률에 특별한 규정이 있는 경우 외에는 국가가 항만의 관리 및 시설에 관한 비용을 부담한다.

② 항만배후단지개발사업의 시행자 또는 사업시행자가 항만배후단지개발사업 또는 항만재개발사업을 하는 경우 국가는 대통령령으로 정하는 바에 따라 비용의 일부를 보조하거나 융자할 수 있다.

③ 항만배후단지개발사업 또는 항만재개발사업에 드는 비용은 항만배후단지개발사업의 시행자 또는 사업시행자가 부담한다.

④ 도로 및 철도, 용수공급시설 및 통신시설, 하수도시설 등은 「도시개발법」의 규정을 준용한다.

6. 공사가 항만시설공사 또는 신항만 건설사업을 하려면 대통령령으로 정하는 바에 따라 사업의 실시계획을 수립하여 누구의 승인을 받아야 하는가?

① 국무총리

② 행정안전부장관

③ 해양수산부장관

④ 국토해양부장관

7. 다음 항만공사법에 대한 내용 중 직무상 알게 된 비밀을 누설하였을 시의 처벌은?

① 2년 이하의 징역 또는 2천만 원 이하의 벌금

② 1년 이하의 징역 또는 1천만 원 이하의 벌금

③ 2년 이하의 징역 또는 1천만 원 이하의 벌금

④ 1년 이하의 징역 또는 2천만 원 이하의 벌금

8. 항만시설의 사용 또는 임차하려는 사람이 공사에 제출하게 되는 신청서의 기재사항으로 옳지 않은 것은?

① 사용 또는 임차 기간

② 사용 또는 임차 목적

③ 사용 또는 임차하려는 항만시설의 위치 · 명칭 · 규모

④ 신청인의 나이

9. 항만시설공사 또는 신항만 건설사업으로 조성·설치된 토지나 시설을 사용하기 위하여 준공 전 사용신고를 하려는 경우 준공 전 사용신고서에 첨부해야 하는 서류가 아닌 것은?

① 시설의 중간단계 도면 및 사진
② 시설의 사용 가능성 및 안전성 등에 관한 공사감리자의 의견서
③ 시설의 공정 현황
④ 시설에 대한 경비·보안이 필요한 경우에는 그 경비·보안에 관한 대책

10. "외곽시설·임항교통시설 등 대통령령으로 정하는 항만시설"에 속하지 않는 것은?

① 항만의 관제시설
② 방파제·방사제·파제제·방조제 등의 외곽시설
③ 호텔 및 여행객 편의시설
④ 도로·교량·철도 등 임항교통시설

11. 다음 한자가 공통으로 뜻하는 것은?

- 德業相勸
- 過失相規
- 禮俗相交
- 患難相恤

① 향약   ② 두레
③ 향도   ④ 계

12. 다음 제시된 내용과 가장 관련이 깊은 인물은?

- 토지 개혁론으로 한전론을 주장하였다.
- 「성호사설」, 「곽우록」 등을 저술하였다.
- 나라를 좀먹는 6가지 폐단을 지적하였다.
- 환곡제도 대신 사창제도의 실시를 주장하였다.

① 정약용   ② 유형원
③ 박지원   ④ 이익

13. 각국의 시대에 일어난 사건이 바르게 짝지어지지 않은 것은?

① 발해 – 서경천도
② 신라 – 삼국통일
③ 고려 – 무신정변
④ 고구려 – 평양천도

14. 다음의 역사적 사실들을 시대 순으로 바르게 배열한 것은?

㉠ 성문사를 창건하여 순도를 머무르게 하고, 이불란사를 창건하여 아도를 머무르게 했다.
㉡ 고구려를 침범하여 평양성을 공격하고 고국원왕을 전사시켰다.
㉢ 한성(漢城)을 빼앗기고 웅진(熊津, 충청남도 공주)으로 도읍을 옮겼다.
㉣ 광개토왕의 훈적을 기념하기 위해 국내성에 광개토대왕비를 세웠다.

① ㉠-㉡-㉢-㉣   ② ㉢-㉣-㉠-㉡
③ ㉡-㉠-㉣-㉢   ④ ㉣-㉢-㉡-㉠

15. 다음에 해당하는 나라에 대한 설명으로 옳은 것을 모두 고르면?

습속에 서적을 좋아하여 문지기, 말먹이꾼의 집에 이르기까지 각기 큰 거리에 커다란 집을 짓고 이를 경당(扃堂)이라 부른다. 자제들이 혼인하기 전까지 밤낮으로 여기에서 글을 읽고 활을 익히게 한다.
－「구당서」－
임금이 태학(太學)을 세워 자제들을 교육하였다.
－「삼국사기」－

㉠ 12월에 영고(迎鼓)라는 축제를 거행하였다.
㉡ 대대로, 태대형, 대로, 욕살 등의 관직을 두었다.
㉢ 모반이나 반역을 한 자가 있으면 군중을 모아 횃불로 불사른 뒤 머리를 베고 가속은 모두 적몰한다.
㉣ 매년 10월 무천이라는 제천행사를 통해 밤낮없이 술을 마시고 노래를 부르고 춤을 춘다.
㉤ 10월에 동맹이라는 제천행사를 통해 하늘에 제사를 지낸다.
㉥ 제사장인 천군은 신성 지역인 소도에서 의례를 주관하였다.

① ㉠, ㉡, ㉢   ② ㉡, ㉢, ㉤
③ ㉠, ㉢, ㉥   ④ ㉡, ㉣, ㉥

16. 다음에 해당하는 인물은 누구인가?

- 화쟁 사상을 종합하여 여러 종파를 융합하려 하였다.
- 정토종을 보급하여 불교를 대중화 시키는데 노력하였다.
- 금강삼매경, 대승기신론소 등을 저술하여 불교 이해의 기준을 확립하였다.

① 원광

② 의상

③ 원효

④ 혜초

17. 다음 제시된 자료의 밑줄 친 '이것'에 참여한 인물을 〈보기〉에서 고르면?

'이것'은 한국 임시정부 수립 문제를 해결할 목적으로 중도파와 좌우 정치인들이 중심이 되어 1946년 5월 25일 구성되었다. 1946년 초 서울에서 열린 제1차 미소공동위원회가 아무 성과도 없이 결렬되고 좌·우익의 대립이 격화되면서 중도파 세력들은 위기감을 느꼈다. 좌우파의 중도계열 인사들은 좌·우파 협의기구 설립에 나섰고 미군정 당국도 이를 지원하여 이에 '이것'이 구성되었다.

〈보기〉
㉠ 김구   ㉡ 여운형
㉢ 이승만   ㉣ 김규식

① ㉠, ㉡

② ㉡, ㉢

③ ㉠, ㉢

④ ㉡, ㉣

18. 다음 자료에서 제시된 (개, (내) 국가에 대한 설명으로 옳은 것은?

(개) 이 나라는 변한의 12소국, 소국 연맹체, 초기 고대국가 등의 단계를 거쳤다. 서기전 1세기 낙동강 유역에 세형동검과 관련된 청동기 및 초기 철기 문화가 유입되면서 문화 기반이 성립되었다. … 이 나라는 연맹왕국으로 있었는데 크게 전기와 후기로 나뉘어 전기 연맹은 4세기 말 5세기 초에 몰락하고 후기 연맹은 6세기 중반에 신라에 모두 병합되었다.

(내) 시조의 성은 박씨이고 이름은 혁거세이다. 전한 효선제 오봉 원년 갑자 4월 병진일에 왕위에 올랐다. 왕호는 거서간이다. 이 때 나이 열세 살이었으며 나라 이름은 서라벌이었다.

① (개)는 왕 아래에 마가, 우가, 저가, 구가 등의 벼슬을 두었다.

② (내)의 시조는 고구려와 함께 부여계통의 인물이다.

③ (개)와 (내) 모두 중앙집권국가로 발전하였다.

④ (개)는 철 생산 능력이 우월하여 일찍이 왜국에 철 소재 자원 및 철기제작 기술을 전수하였다.

19. 다음을 시대 순으로 옳게 나열한 것은?

㉠ 카이로 회담
㉡ 대한민국 정부 수립
㉢ 모스크바 3상회의
㉣ 제주 4.3항쟁

① ㉠㉢㉣㉡

② ㉢㉡㉠㉣

③ ㉠㉡㉢㉣

④ ㉠㉢㉣㉡

20. 다음에서 설명하는 왕의 업적으로 옳은 것은?

왕이 대궐로 돌아와 그 대나무로 피리를 만들어 원서의 천존고에 간직해 두었는데 이 피리를 불면 적병이 물러가고 병이 나으며 가물 때는 비가 내리고 …. 바람이 자고 파도가 가라앉으므로 이것을 국보로 삼았다.

－「삼국유사」－

① 신라에 쳐들어 온 왜를 무찔렀다.

② 웅진으로 도읍을 옮겼다.

③ 당나라와 연합하여 백제를 멸망시켰다.

④ 관료전 제도를 실시하고 녹읍을 혁파하였다.

21. 기본 경제적 주문량(EOQ) 모형에 관한 설명으로 옳지 않은 것은?

① 기본 경제적 주문량 모형에서는 주문은 한 번에 배달되고, 주문량에 따른 수량 할인은 없다고 가정한다.

② 기본 경제적 주문량 모형에서 재주문점(reorder point)은 리드타임에 일일 수요를 곱하여 구할 수 있다.

③ 기본 경제적 주문량 모형에서 발주비용은 발주량과 선형의 역비례 관계를 갖는다.

④ 기본 경제적 주문량 모형에서 주문사이클은 주문량을 연간 수요량으로 나눈 후 연간 조업일수를 곱하여 구할 수 있다.

22. 사무용 의자를 생산하는 기업의 총고정비가 1,000만 원, 단위당 변동비가 10만 원이며, 500개의 의자를 판매하여 1,000만 원의 이익을 목표로 한다면, 비용가산법(Cost - Plus Pricing)에 의한 의자 1개의 가격은?

① 100,000원
② 120,000원
③ 140,000원
④ 160,000원

23. 다음 표는 소비재의 제품특성에 대한 설명이다. ㉠~㉢에 들어갈 제품의 유형으로 바르게 나열된 것은?

소비재의 특성	제품의 유형		
	㉠	㉡	㉢
구매 전 지식	적다	많다	많다
구매노력	보통	적다	많다
대체제품 수용도	보통	높다	없다
구매빈도	보통	많다	다양하다

	㉠	㉡	㉢
①	편의품	선매품	전문품
②	편의품	전문품	선매품
③	선매품	편의품	전문품
④	선매품	전문품	편의품

24. 기업전략에서 고려하는 지속가능성(sustainability)에 대한 설명으로 가장 옳은 것은?

① 지속가능 기업전략에서는 이해관계자와 관계없이 주주의 이익을 우선시한다.

② 지속가능성 평가 기준의 일종인 삼중선(triple bottom lines)은 기업의 경제, 사회, 정부 차원의 책무를 강조한다.

③ 사회적 책임이 포함된 기업전략을 수립하는 것에 대해 모든 기업이 동의한다.

④ 기업의 이익을 넘어 사회의 이익을 제공할 수 있는 전략을 수립한다.

25. 다음 중 영업현금흐름(OCF)의 정의로 옳은 것은?

① EBIT + 감가상각비 - 세금
② EBIT + 감가상각비 + 유동자산
③ EBIT - 감가상각비 + 세금
④ 세금 - 감가상각비 - EBIT

26. 조직에서 권한 배분 시 고려해야 할 원칙이 아닌 것은?

① 명령통일의 원칙
② 방향일원화의 원칙
③ 책임과 권한의 균형 원칙
④ 명령계층화의 원칙

27. 어떤 기업이 매출목표 달성을 위해 신기술을 도입하였다. 그 결과 전년 대비 생산량이 증가하고 생산원가는 감소하였으나 제품이 소비자의 관심을 끌지 못하여 매출목표를 달성하지 못하였다. 신기술 도입의 효과성과 효율성에 대한 설명으로 적절한 것은?

① 효과적이고 효율적이다.
② 효과적이지 않지만 효율적이다.
③ 효과적이지만 효율적이지 않다.
④ 효과적이지 않고 효율적이지도 않다.

28. 직무만족 및 불만족에 대한 설명으로 옳은 것은?

① 직무불만족을 증가시키는 개인적 성향은 긍정적 정서와 긍정적 자기평가이다.

② 역할 모호성, 역할 갈등, 역할 과다를 경험한 사람들의 직무 만족이 높다.

③ 직무만족이란 직무를 통해 그 가치를 느끼고 업무 성취감을 느끼는 긍정적 감정 상태를 말한다.

④ 종업원과 상사 사이의 공유된 가치관은 직무만족을 감소시킨다.

29. 지식기반사회의 인적자원에 대한 설명으로 옳지 않은 것은?

① 타인과 협력하는 태도도 중요하다.

② 암묵적 지식보다 명시적 지식이 중요하다.

③ 경험이나 지혜도 인적자원의 구성요소에 포함된다.

④ 논리적 지식(Know-Why)과 정보적 지식(Know-Who)이 중요하다.

30. 마이어스(C. Myers)의 자본조달순서이론(pecking order theory)에 따를 경우, 기업이 가장 선호하는 투자자금 조달방식은?

① 부채

② 내부유보자금

③ 우선주

④ 보통주

31. 독점적 경쟁시장에서의 장기균형의 특징으로 옳지 않은 것은?

① 이윤이 0이다.

② 생산자잉여가 0이다.

③ 장기비용이 최소가 되는 생산이 일어난다.

④ 사장손실(deadweight loss)이 존재한다.

32. "경기침체가 장기화되면 자연실업률 자체가 상승할 수 있다." 이에 대한 논거로 적합하지 않은 것은?

① 실업이 장기화되면, 실업상태를 오래 겪은 자의 생산성이 크게 하락한다.

② 경기침체가 오래 지속되면, 근로자의 임금교섭력이 약해져서 실질임금이 충분히 하락한다.

③ 경기침체가 오래 지속되면, 노동조합에 속해 있는 기존 근로자들이 보다 강경한 노선을 취한다.

④ 경기침체가 오래 지속되면 비정규직 노동자의 지위가 더욱 약화되어 해고율이 높아진다.

33. ( ) 안에 들어갈 알맞은 것은?

> 전통적인 개방거시경제 모형(Mundel-Fleming model)에 의할 때, 조세감면정책(정부지출규모는 고정)은 단기적으로 본국의 통화가치를 (㉠)시키고 순수출은 (㉡)한다.

① ㉠ 절상, ㉡ 감소

② ㉠ 절상, ㉡ 증가

③ ㉠ 절하, ㉡ 감소

④ ㉠ 절하, ㉡ 증가

34. 바그와티(J. Bagwati)의 궁핍화 성장이 발생할 수 있는 조건이 아닌 것은?

① 불변가격 조건하에서 성장이 수출재 부문에 치중되어 수출이 급격히 증대되는 경우

② 시장점유율을 높이기 위해 수출증대노력이 교역조건을 악화시키는 경우

③ 자국의 수출재에 대한 해외수요의 탄력성이 매우 낮은 경우

④ 수출재가 타국에 비해 노동집약적인 경우

35. 희천이는 하루에 8시간을 소비하여 물고기를 잡고, 코코넛을 딴다. 그는 항상 시간당 물고기 3마리를 잡고, 시간당 코코넛 4개를 딴다. 그의 효용함수 U=C × F(C는 매일 그가 먹는 코코넛의 수를 나타내고, F는 매일 그가 먹는 물고기의 수를 나타냄)이다. 효용극대화를 하는 희천이는 매일 몇 마리의 물고기를 잡아야 하는가?

① 8

② 12

③ 16

④ 18

36. 어떤 독점기업은 1,000개의 재화를 개당 5만 원에 판매하고 있다. 이 기업이 추가로 더 많은 재화를 시장에서 판매하게 된다면 이때의 한계수입(marginal revenue)은 5만 원보다 작다. 그 이유로 가장 옳은 것은?

① 추가로 판매하게 되면 한계비용이 증가하기 때문이다.

② 추가로 판매하기 위해서는 가격을 내려야하기 때문이다.

③ 추가로 판매하게 되면 평균비용이 증가하기 때문이다.

④ 추가로 판매하게 되면 한계비용이 감소하기 때문이다.

37. 필립스곡선에 대한 설명으로 가장 옳지 않은 것은?

① 예상인플레이션율의 상승은 단기 필립스곡선을 위쪽으로 이동시킨다.

② 부의 공급충격이 발생하면 단기 필립스곡선은 위쪽으로 이동하고 스태그플레이션이 발생한다.

③ 단기 필립스곡선의 기울기가 급할수록 인플레이션율 1%포인트를 낮추기 위해 필요한 GDP의 %포인트 감소분으로 표시되는 희생비율이 높아진다.

④ 단기 필립스곡선의 기울기가 급할수록 총수요−총공급 모형에서의 단기 총공급곡선의 기울기도 급해진다.

38. 중앙은행이 국공채시장에서 국공채를 매입하는 공개시장 조작 정책을 수행하기로 결정하였다. 이 정책이 통화량, 국공채 가격 및 국공채 수익률에 미치는 영향으로 가장 옳은 것은?

① 통화량 증가, 국공채 가격 상승, 국공채 수익률 상승

② 통화량 증가, 국공채 가격 상승, 국공채 수익률 하락

③ 통화량 증가, 국공채 가격 하락, 국공채 수익률 상승

④ 통화량 감소, 국공채 가격 상승, 국공채 수익률 상승

39. 한 기업의 사적 생산비용 $TC = 0.5Q^2 + 10Q$이다. 그러나 이 기업은 생산과정에서 공해물질을 배출하고 있으며, 공해물질 배출에 따른 외부비경제를 비용으로 추산하면 추가로 20Q의 사회적 비용이 발생한다. 이 제품에 대한 시장수요가 $Q = 30 - 0.5P$일 때 사회적 관점에서 최적의 생산량은? (단, Q는 생산량, P는 가격이다.)

① 7   ② 10

③ 17   ④ 20

40. 한 나라의 쌀 시장에서 국내 생산자의 공급곡선은 $P = 2Q$, 국내 소비자의 수요곡선은 $P = 12 - Q$이며, 국제시장의 쌀 공급곡선은 $P = 4$이다. 만약 이 나라 정부가 수입쌀에 대해 50%의 관세를 부과한다면 정부의 관세수입 규모는? (단, 이 나라는 소규모 경제이며 Q는 생산량, P는 가격이다.)

① 2   ② 3

③ 6   ④ 8

41. 물류관리의 역할과 의의에 관한 설명으로 옳은 것은?

① 상거래의 결과로 발생하는 물류관리는 제품의 이동이나 보관에 대한 수요를 유발시켜 유통기능을 완결시키는 역할을 한다.

② 형태 효용은 생산, 시간과 장소 효용은 마케팅, 그리고 소유 효용은 물류관리와 밀접한 연관성이 있다.

③ 물류비용은 기업이 생산하는 제품의 가격경쟁력에 영향을 미치기 때문에 물류활동을 효율화하고 물류비용을 절감하는 것이 중요하다.

④ 물류발전을 통하여 지역 간 균형발전을 도모할 수 있으나 모든 지역에서 교통체증 증가로 이어져 생활환경이 악화된다.

42. 제4자 물류(4PL : Fourth Party Logistics) 기업의 유형에 관한 설명으로 옳은 것은?

① 시너지플러스(synergy plus) 유형은 복수의 서비스제공업체를 통합하여 화주에게 물류서비스를 제공한다.

② 솔루션통합자(solution integrator) 유형은 복수의 화주에게 물류서비스를 제공하는 서비스제공업체의 브레인 역할을 수행한다.

③ 거래파트너(trading partner) 유형은 사내 물류조직을 별도로 분리하여 자회사로 독립시켜 파트너십을 맺는다.

④ 산업혁신자(industry innovator) 유형은 복수의 서비스제공업체를 통합하고 산업군에 대한 통합서비스를 제공하여 시너지효과를 유발한다.

43. 효율적 공급사슬(efficient supply chain)과 대응적 공급사슬(responsive supply chain)을 비교한 것으로 옳지 않은 것은?

구분	효율적 공급사슬	대응적 공급사슬
① 목표	예측 불가능한 수요에 신속하게 대응	최저가격으로 예측 가능한 수요에 효율적으로 공급
② 제품디자인	비용 최소화를 달성할 수 있는 제품디자인 성과 극대화	제품 차별화를 달성하기 위해 모듈디자인 활용
③ 재고전략	높은 재고회전율과 공급사슬 재고 최소화	부품 및 완제품 안전재고 유지
④ 리드타임초점	비용 증가 없이 리드타임 단축	비용이 증가되더라도 리드타임 단축

44. SCM기법 중 하나인 CPFR(Collaborative Planning, Forecasting & Replenishment)을 도입하는 기업들이 가장 먼저 해야 할 일은?

① 주문발주

② 협업관계 개발

③ 판매예측 실시

④ 공동 비즈니스계획 수립

45. 택배수요에 영향을 미치는 유통산업의 환경 및 유통채널 변화에 관한 설명으로 옳지 않은 것은?

① 온라인과 오프라인이 연결되어 거래가 이루어지는 O2O(Online to Offline) 상거래가 증가하고 있다.

② 오프라인 매장에서 제품을 살핀 후 실제 구매는 온라인에서 하는 쇼루밍(showrooming)이 증가하고 있다.

③ 유통기업들은 환경변화에 대응하기 위하여 유통채널을 옴니채널(omni channel)에서 다채널로 전환하고 있다.

④ O2O 상거래는 ICBM(IoT, Cloud, Big data, Mobile) 기반의 정보통신기술이 융합되어 발전하고 있다.

46. 다음 설명에 해당하는 국제물류시스템의 형태는?

> ㉠ 이 시스템에서는 예상치 않은 수요와 품절에 대비해 일정 수준의 안전재고를 설정한다. 수출기업으로부터 출하빈도가 높기 때문에 해외 자회사 창고에서의 보관비가 상대적으로 절감되는 장점이 있다. 단점은 출하가 빈번하여 시설 사용 예약, 하역과 선적 및 통관 비용이 증가하며 혼재수송 가능성이 낮아져 운임의 할인 혜택이 적어진다.
>
> ㉡ 이 시스템은 한 기업이 다수 국가에 자회사를 가지고 있으며 해당하는 나라들 모두에 제품공급이 가능한 중앙창고를 보유할 수 있다. 이 경우 제품생산 공장으로부터 중앙창고로 수송되어 자회사 창고 또는 고객에게 배송하는 형태이다.

① ㉠ 직송 시스템　　㉡ 통과 시스템

② ㉠ 고전적 시스템　　㉡ 직송 시스템

③ ㉠ 고전적 시스템　　㉡ 다국적(행) 창고 시스템

④ ㉠ 통과 시스템　　㉡ 다국적(행) 창고 시스템

47. Hamburg Rules(1978)의 일부이다. 빈칸에 들어갈 용어로 옳은 것은?

> "(　　　)" means any person by whom or in whose name a contract of carriage of goods by sea has been concluded with a shipper.

① Actual carrier　　② Carrier

③ Chief mate　　④ Master

48. 컨테이너 터미널에서 발생되는 비용으로서 선사 또는 포워더가 화주에게 청구하는 비용이 아닌 것은?

① Terminal Handling Charge

② Wharfage

③ CFS Charge

④ Ocean Freight

49. 다음은 신용장상에서 요구하는 운송과 보험서류의 조건이다. 내용과 관련한 설명으로 옳지 않은 것은?

> DOCUMENTS REQUIRED :
> • Full set of clean on board ocean bill of lading made out to the order of KOREA EXCHANGE BANK, marked "Freight Prepaid" and "Notify Accountee".
> • Insurance policy or certificate in duplicate, endorsed in blank for 110% of the invoice value, expressly stipulating that claims are payable in Korea and it must include the Institute Cargo Clause(A/R).

① 보험증권 또는 보험증명서 2부를 제시하여야 한다.
② 무사고선적해양선하증권 전(全)통을 요구하고 있다.
③ 선하증권은 한국외환은행 지시식이어야 한다.
④ 해상운임은 선불조건이며 착화통지처는 수출업자이다.

50. Incoterms® 2010에 관한 설명으로 옳지 않은 것은?

① "공장인도규칙"(EXW)은 매도인이 계약물품을 자신의 영업장 구내 또는 기타 지정된 장소(예컨대 작업장, 공장, 창고 등)에서 매수인의 임의처분상태로 둘 때 인도하는 것을 의미한다.

② "운송인인도규칙"(FCA)은 인도가 매도인의 영업장 구내에서 이루어지면 매도인은 매수인이 제공한 운송수단 위에 물품을 적재할 의무가 있다.

③ "터미널인도규칙"(DAT)에서 "터미널"은 부두, 창고, 컨테이너장치장(CY) 또는 도로·철도·항공화물의 터미널과 같은 장소를 포함하며, 지붕의 유무는 불문한다.

④ "관세지급인도규칙"(DDP)이란 매도인이 지정된 목적지에서 수입통관을 이행하고, 도착된 운송수단으로부터 물품을 양하하여 매수인에게 인도하는 것을 의미한다.

항만공사 통합채용

필기시험 모의고사

[정답 및 해설]

〉〉 직업기초능력평가

1 ①
① 도안(圖案), 도면(圖面)
② 제출(提出)
③ 분할(分割)
④ 체결(締結)

2 ④
한국의 관광 관련 고용자 수는 50만 명으로 전체 2% 수준이다. 이를 세계 평균 수준인 8% 이상으로 끌어올리려면 150만 여명 이상을 추가로 고용해야 한다. 백만 달러당 50명의 일자리가 추가로 창출되므로 150만 명 이상을 추가로 고용하려면 대략 300억 달러 이상이 필요하다.
① 약 1조 8,830억 달러 정도이다.
② 2017년 기준으로 지난해인 2016년도의 내용이므로 2015년의 종사자 규모는 알 수 없다. 2016년 기준으로는 전 세계 통신 산업의 종사자는 자동차 산업의 종사자의 약 3배 정도이다.
③ 간접 고용까지 따지면 2억 5,500만 명이 관광과 관련된 일을 하고 있어, 전 세계적으로 근로자 12명 가운데 1명이 관광과 연계된 직업을 갖고 있는 셈이다. 추측해보면 2017년 전 세계 근로자 수는 20억 명을 넘는다.

3 ①
"을"인 ○○발전이 "갑"인 A공사로부터 태양열 발전 장려금을 수령하여 신청자에게 지급하는 것이 태양열 발전 장려금의 지급 흐름이 된다. 또한 이 경우, ○○발전은 A공사의 요청에 의해 장려금 지급에 대한 사용실적 등의 내역을 열람할 수 있도록 해야 할 의무가 있을 것이다. 따라서 빈칸은 을 – 을 – 갑 – 갑의 순으로 채워지는 것이 타당하다.

4 ③
내규에 따르면 뇌물로 인정되기 위해서는 그것이 직무에 관한 것이어야 하는데, '직무'란 임직원 또는 중재인의 권한에 속하는 직무행위 그 자체뿐만 아니라 직무와 밀접한 관계가 있는 행위를 말한다. C의 경우 홍보부 가짜뉴스 대응팀 직원이므로 외국인 산업연수생에 대한 관리업체 선정은 C의 권한에 속하는 직무행위이거나 직무와 밀접한 관계에 있는 행위라고 볼 수 없으므로 뇌물에 관한 죄에 해당하지 않는다.

5 ④
'안전우선'은 가장 많은 예산이 투자되는 핵심가치이다. 전략과제는 3가지가 있고, 그 중 '(시설 안전성 강화)'는 가장 많은 개수를 기록하고 있으며, 예산은 464,688백만 원이다. '고객감동'의 전략과제는 3가지이며, 고객만족을 최우선으로 하고 있다. 핵심가치 '(변화혁신)'은 113개를 기록하고 있고, 3가지 전략과제 중 융합형 조직혁신이 가장 큰 비중을 차지하고 있다. 핵심가치 '(상생협치)'는 가장 적은 비중을 차지하고 있고, 2가지 전략과제를 가지고 있다.

6 ①
① '안전우선'의 예산은 가장 높은 비중을 보이고 있다.

7 ①
① 첫 번째 문단에서 '도시 빈민가와 농촌에 잔존하고 있는 빈곤은 최소한의 인간적 삶조차 원천적으로 박탈하고 있으며'라고 언급하고 있다. 즉, 사회적 취약계층의 객관적인 생활수준이 향상되었다고 보는 것은 적절하지 않다.
② 첫 번째 문단
③ 두, 세 번째 문단
④ 네 번째 문단

8 ③

③ 중증장애인은 연령제한을 받지 않고, 국회통과안의 경우 부양자녀가 1인 이상이면 근로장려금을 신청할 수 있으므로, 다른 요건들을 모두 충족하고 있다면 B는 근로장려금을 신청할 수 있다.

① 정부제출안보다 국회통과안에 의할 때 근로장려금 신청자격을 갖춘 대상자의 수가 더 늘어날 것이다.

② 정부제출안과 국회통과안 모두 세대원 전원이 소유하고 있는 재산 합계액이 1억 원 미만이어야 한다. A는 소유 재산이 1억 원으로 두 안에 따라 근로장려금을 신청할 수 없다.

④ 정부제출안과 국회통과안 모두 내국인과 혼인한 외국인은 근로장려금 신청이 가능하다.

9 ①

<u>1월 10일 월요일 (서울에서 뉴욕)</u>

오전 9:00 JFK 공항행 OZ902편으로 인천 공항에서 출발

오전 9:25 JFK 공항 도착

오후 1:00 Garden Grill에서 ACF Corporation 사장 Roger Harpers와 미팅

오후 7:00 Stewart's Restaurant에서 American Business System 고문 Joyce Pitt와 저녁식사 미팅

<u>1월 11일 화요일 (뉴욕)</u>

오전 9:30 City Conference Center에서 열리는 National Office Systems Conference에서 프레젠테이션 "사무환경-네트워킹"

오후 12:00 Oakdale City Club에서 Wilson Automation, Inc. 부사장 Raymond Bernard와 오찬

10 ②

② 미성년인 자녀가 3명 이상이므로 신청자격이 있다.

① 가장 높은 점수를 받을 수 있는 배점요소는 '미성년 자녀수'이다.

③ 보금자리주택 특별공급 사전예약에는 청약저축통장이 필요 없다.

④ 배점기준에 따른 총점이 동일하고 미성년 자녀수가 같다면, 가구주의 연령이 많은 자 순으로 선정한다.

11 ②

각 영역의 '통과'와 '미통과'를 판단하면 다음과 같다. 모든 영역이 통과로 판단된 프로젝트인 C와 F는 전년과 동일한 금액을 편성해야 한다.

프로젝트	계획의 충실성 (90점 이상)	계획 대비 실적 (85점 이상)	성과지표 달성도 (80점 이상)
A	96→통과	95→통과	76→미통과
B	93→통과	83→미통과	81→통과
C	94→통과	96→통과	82→통과
D	98→통과	82→미통과	75→미통과
E	95→통과	92→통과	79→미통과
F	95→통과	90→통과	85→통과

12 ①

각 프로젝트의 2018년도 예산 편성은 다음과 같다. 따라서 甲기업의 2018년도 A~F 프로젝트 예산 총액은 110억 원으로 2017년보다 10억 원 감소한다.

프로젝트	예산 편성액
A	2개 영역 통과→20 × 0.9 =18억 원
B	계획 대비 실적 영역 미통과→20 × 0.85 = 17억 원
C	전년 동일 20억 원
D	계획 대비 실적 영역 미통과→20 × 0.85 = 17억 원
E	2개 영역 통과→20 × 0.9 =18억 원
F	전년 동일 20억 원

13 ④

2016년 기준 최근 실시한 임기만료에 의한 국회의원 선거의 선거권자 총수는 3천만 명이고 보조금 계상단가는 1,030원(2015년 1,000원＋30원)이므로 309억 원을 지급하여야 하는데, 5월 대통령선거와 8월 동시지방선거가 있으므로 각각 309억 원씩을 더하여 총 927억 원을 지급해야 한다.

14 ④

위 내용은 데이터베이스 구축의 중요성에 대한 사례로써 한 의류업체는 기존 고객들의 체형을 데이터베이스화하여 이러한 자료들을 기반으로 신상품을 연이어 개발할 수 있었다. 또한 이 노력들이 결실을 맺어

해당 의류회사는 눈부신 매출액 신장을 이룰 수 있었는데, 이처럼 데이터베이스를 구축해서 효과적으로 활용하는 것은 상당히 중요하다는 것을 알 수 있다.

15 ④

ERP(Enterprise Resource Planning ; 전사적 자원관리)는 기업 내 생산, 물류, 재무, 회계, 영업과 구매, 재고 등 경영 활동 프로세스들을 통합적으로 연계해 관리해 주며, 기업에서 발생하는 정보들을 서로 공유하고 새로운 정보의 생성과 빠른 의사결정을 도와주는 전사적 자원관리시스템 또는 전사적 통합시스템을 의미한다. 즉, 각 분야에서 기능하던 부분들을 경영의 전 분야로 통합 관리하는 것으로써 기존에 비해 스피디한 경영을 운영하는 것을 목적으로 하고 있다.

④ 기업 서비스는 여행 관리, 부동산과 시설 관리, 환경과 법, 건강과 안전 관련 사항들, 인센티브와 수수료 관리 등의 기능을 제공한다.

16 ③

제시된 내용은 연고주의에 관한 것이다. 따라서 그 예로 ③이 적절하다.

①④ 적재적소주의
② 능력주의

17 ①

시간관리 매트릭스

구분	긴급함	긴급하지 않음
중요함	• 기간이 정해진 프로젝트	• 인간관계 구축 • 중장기 계획
중요하지 않음	• 눈앞의 급박한 상황	• 우편물 확인

18 ④

가장 먼저 해야 할 일은 1사분면의 일이다.
따라서 긴급하면서 중요한 일은 '마감이 가까운 업무'가 된다.

19 ②

甲~戊의 심사기준별 점수를 산정하면 다음과 같다. 단, 丁은 신청마감일(2014. 4. 30.) 현재 전입일부터 6개월 이상의 신청자격을 갖추지 못하였으므로 제외한다.

구분	거주기간	가족수	영농규모	주택노후도	사업시급성	총점
甲	10	4	4	8	10	36점
乙	4	8	10	6	10	38점
丙	6	6	8	10	10	40점
戊	8	6	10	8	4	36점

따라서 상위 2가구는 丙과 乙이 되는데, 2가구의 주소지가 B읍·면으로 동일하므로 총점이 더 높은 丙을 지원하고, 나머지 1가구는 甲, 戊의 총점이 동점이므로 가구주의 연령이 더 높은 甲을 지원하게 된다.

20 ③

수도권 중 과밀억제권역에 해당하므로 우선변제를 받을 보증금 중 일정액의 범위는 2,000만 원이다. 그런데 ④처럼 하나의 주택에 임차인이 2명 이상이고 그 보증금 중 일정액을 모두 합한 금액(甲 2,000만 원 + 乙 2,000만 원 + 丙 1,000만 원 = 5,000만 원)이 주택가액인 8,000만 원의 2분의 1을 초과하므로 그 각 보증금 중 일정액을 모두 합한 금액에 대한 각 임차인의 보증금 중 일정액의 비율(2 : 2 : 1)로 그 주택가액의 2분의 1에 해당하는 금액(4,000만 원)을 분할한 금액을 각 임차인의 보증금 중 일정액으로 봐야 한다. 따라서 우선변제를 받을 보증금 중 일정액은 甲 1,600만 원, 乙 1,600만 원, 丙 800만 원으로 乙과 丙이 담보물권자보다 우선하여 변제받을 수 있는 금액의 합은 1,600 + 800 = 2,400만 원이다.

21 ②

출발시각과 도착시각은 모두 현지 시각이므로 시차를 고려하지 않으면 A→B가 4시간, B→A가 12시간 차이가 난다. 비행시간은 양 구간이 동일하므로 $\frac{4+12}{2}=8$, 비행시간은 8시간이 된다.

비행시간이 8시간인데 시차를 고려하지 않은 A→B 구간의 이동시간이 4시간이므로 A가 B보다 4시간 빠르다는 것을 알 수 있다.

22 ②

〈2018년도 에어컨 매출액 상위 10개 업체〉

(단위 : 십억 원)

순위	업체명	매출액
1	A	$1139 \times 1.15 = 1309.85$
2	B	$1097 \times 1.19 = 1305.43$
3	D	$196 \times 1.80 = 352.8$
4	C	$285 \times 1.10 = 313.5$
5	F	$149 \times 1.90 = 283.1$
6	G	$138 \times 1.46 = 201.48$
7	E	$154 \times 1.25 = 192.5$
8	H	$40 \times 1.61 = 64.4$
9	J	$27 \times 1.58 = 42.66$
10	I	$30 \times 1.37 = 41.1$

23 ③

③ 봉급이 193만 원 이라면 보수총액은 공제총액의 약 5.6배이다.

① 소득세는 지방소득세의 10배이다.

② 소득세가 공제총액에서 차지하는 비율은 약 31%이다.

④ 시간외수당은 정액급식비와 20만 원 차이난다.

24 ②

정전사고와 전기화재 건수 단위가 다른 것에 주의하여 계산해 보면, 2012년부터 정전사고와 전기화재 건수의 합은 각각 350,392건, 334,092건, 341,762건, 354,621건, 336,292건으로 지속적으로 감소한 것은 아님을 알 수 있다.

25 ④

2006년의 총 인구 수가 1천만 명이라면 총 자동차 감전사고 건수는 $1,000 \times 3.1 = 3,100$건이 된다. 2016년의 총 인구 수를 x라 하면, 2016년의 총 감전사고 건수가 3,100건이 되기 위해서는 $10,000 : 1.7 = x : 3,100$이 성립해야 한다.

따라서 $x = 10,000 \times 3,100 \div 1.7 = 18,235,294 \rightarrow$ 18,235천 명이 된다.

26 ③

2호선 유아수유실은 11개이고, 전체 유아수유실은 88개이다.

따라서 2호선의 유아수유실이 차지하는 비율은

$\dfrac{11}{88} \times 100 = 12.5\%$

27 ①

① 7호선의 유아수유실은 23개로 가장 많고, 1호선의 유아수유실은 2개로 가장 적다.

28 ③

재정력지수가 1.000 이상이면 지방교부세를 지원받지 않는다. 따라서 3년간 지방교부세를 지원받은 적이 없는 지방자치단체는 서울, 경기 두 곳이다.

29 ④

푸르미네 가족의 월간 탄소배출량 $= (420 \times 0.1) + (40 \times 0.2) + (60 \times 0.3) + (160 \times 0.5) = 42 + 8 + 18 + 80 = 148$kg이다. 소나무 8그루와 벚나무 6그루를 심을 경우 흡수할 수 있는 탄소흡수량은 $(14 \times 8) + (6 \times 6) = 112 + 36 = 148$kg/그루 · 월로 푸르미네 가족의 월간 탄소배출량과 같다.

30 ④

동일한 거리 60km를 운행한다고 가정할 때 연료비를 구하면 아래와 같다.

① B : $7.5 \times 1,000 = 7,500$원

② C : $5 \times 1,500 = 7,500$원

③ D : $3 \times 1,700 = 5,100$원

④ E : $7.5 \times 1,500 = 11,250$원

31 ②

② "유럽에서의 한방 원료 등을 이용한 'Korean Therapy' 관심 증가"라는 기회를 이용하여 "아시아 외 시장에서의 존재감 미약"이라는 약점을 보완하는 WO전략에 해당한다.

32 ④

'작업환경변화 등 우수 인력 유입 촉진을 위한 기반 조성'을 통해 '신규 인재 기피'라는 약점을 보완하고, '이직 등에 의한 이탈'이라는 위협을 회피한다.

33 ②

- ㉠ 조직은 공식화 정도에 따라 공식조직과 비공식조직으로 구분할 수 있다. 영리성을 기준으로는 영리조직과 비영리조직으로 구분된다.
- ㉣ 공식조직 내에서 인간관계를 지향하면서 비공식조직이 새롭게 생성되기도 한다. 이는 자연스러운 인간관계에 의해 일체감을 느끼고 가치나 행동유형 등이 공유되어 공식조직의 기능을 보완해주기도 한다.
- ㉤ 기업과 같이 이윤을 목적으로 하는 조직을 영리조직이라 한다.

34 ④

거래처 식대이므로 접대비지출품의서나 지출결의서를 작성하고 30만 원 이하이므로 최종 결재는 본부장이 한다. 본부장이 최종 결재를 하고 본부장 란에는 전결을 표시한다.

35 ④

해외출장비는 교통비에 해당하며, 출장계획서의 경우 팀장, 출장비신청서의 경우 대표이사에게 결재권이 있다.

36 ③

③ 상석을 결정할 경우, 나이와 직위가 상충된다면 직위가 나이를 우선하게 된다. 또한 식사 테이블의 좌석을 정하는 에티켓으로는 여성 우선의 원칙, 기혼자 우선의 원칙 등이 있다.

37 ③

임파워먼트는 권한 위임을 의미한다. 직원들에게 일정 권한을 위임함으로서 훨씬 수월하게 성공의 목표를 이룰 수 있을 뿐 아니라 존경받는 리더로 거듭날 수 있다. 권한 위임을 받은 직원은 자신의 능력을 인정받아 권한을 위임받았다고 인식하는 순간부터 업무효율성이 증가하게 된다.

38 ②

- ㉠ 사장직속으로는 3개 본부, 12개 처, 3개 실로 구성되어 있다.
- ㉡ 해외부사장은 2개의 본부를 이끌고 있다.
- ㉣ 노무처는 관리본부에, 재무처는 기획본부에 소속되어 있다.

39 ③

③은 회의에서 알 수 있는 내용이다.

- ① 서비스팀은 주문폭주 일주일 동안 포장된 제품을 전격 회수와 제품을 구매한 고객에 사과문 발송 및 100% 환불 보상을 공지한다.
- ② 주문량이 증가한 날짜는 회의록만으로 알 수 없다.
- ④ 서비스팀에서 제품을 전격 회수하고, 개발팀에서 유해성분을 조사하기로 했다.

40 ②

- ① 카리스마적 리더가 뛰어난 개인적 능력으로 부하에게 심대하고 막중한 영향을 미친다.
- ③ 리더는 부하중심적이며, 부하에게 봉사한다.
- ④ 연관성이 높은 공공문제를 해결하기 위해서는 촉매작용적 기술과 능력이 필요하며 리더는 전략적으로 사고해야 한다.

41 ②

- ㉠ 분산은 확률분포 또는 자료가 얼마나 퍼져 있는지를 알려 주는 수치로 분산이 클수록 확률분포는 평균에서 멀리 퍼져 있고 0에 가까워질수록 평균에 집중된다. 표준편차는 분산의 제곱근이므로 표준편차가 가장 큰 홍보팀의 분산이 가장 크다.
- ㉡ 휴대전화 평균 사용 시간이 가장 적은 팀은 기획팀이다.
- ㉢ 각 팀의 직원 수가 모두 같으므로 평균이 같은 총무팀과 영업팀의 휴대전화 사용 시간의 총합은 서로 같다.
- ㉣ 표준편차가 0에 가까우면 자료 값들이 평균에 집중되며, 표준편차가 클수록 자료 값들이 널리 퍼져 있다. 따라서 휴대전화 사용 시간이 평균에 가장 가까이 몰려 있는 팀은 표준편차가 가장 작은 재무팀이다.

42 ④

직원	성공추구 경향성과 실패회피 경향성	성취행동 경향성
A	성공추구 경향성 $=3 \times 0.7 \times 0.2 = 0.42$	$=0.42 - 0.24 = 0.18$
	실패회피 경향성 $=1 \times 0.3 \times 0.8 = 0.24$	
B	성공추구 경향성 $=2 \times 0.3 \times 0.7 = 0.42$	$=0.42 - 0.21 = 0.21$
	실패회피 경향성 $=1 \times 0.7 \times 0.3 = 0.21$	
C	성공추구 경향성 $=3 \times 0.4 \times 0.7 = 0.84$	$=0.84 - 0.36 = 0.48$
	실패회피 경향성 $=2 \times 0.6 \times 0.3 = 0.36$	

43 ③

인천에서 모스크바까지 8시간이 걸리고, 6시간이 인천이 더 빠르므로

$09:00$시 출발 비행기를 타면 $9 + (8-6) = 11$시 도착

$19:00$시 출발 비행기를 타면 $19 + (8-6) = 21$시 도착

$02:00$시 출발 비행기를 타면 $2 + (8-6) = 4$시 도착

44 ①

② 흑수부는 백산부의 북서쪽에 있다.

③ 백산부는 불열부의 남쪽에 있다.

④ 안차골부는 속말부의 동북쪽에 있다.

45 ①

• A가 거짓말을 하는 경우 : C의 말에 의해 E도 거짓말을 하기 때문에 조건에 맞지 않는다.

• B가 거짓말을 하는 경우 : A도 거짓말을 하기 때문에 조건에 맞지 않는다.

• C가 거짓말을 하는 경우 : A, E가 참이기 때문에 E의 진술에 의해 D도 거짓말이기 때문에 조건에 맞지 않는다.

• D가 거짓말을 하는 경우 : C의 말에 의해 E도 거짓말을 하기 때문에 조건에 맞지 않는다.

46 ④

1팀과 2팀이 차이가 나는 것은 창의적인 사고를 개발하기 위한 구체적인 방법을 실제 적용하느냐, 또는 그렇지 못하느냐의 차이이다. 이 사례를 통해서 창의적인 사고를 개발하는 방법을 이해하고, 실제 업무 상황에서 적용할 수 있는 것이 중요하다는 것임을 알 수 있다.

47 ②

위 지문은 결단력이 없고 우유부단한 고객에 대한 응대 요령을 묻고 있다. 이러한 고객에게는 피해보상의 기준에 근거해 적정한 보상내용을 성실하게 설명하여 문제를 해결 가능하도록 사후조치에 만전을 기함과 동시에 신뢰감을 높여주어 상황을 해결할 수 있어야 한다.

48 ③

조건에 따라 그림으로 나타내면 다음과 같다. 네 번째 술래는 C가 된다.

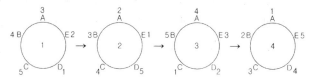

49 ④

MBO는 기업 조직의 경우 단기적인 목표와 그에 따른 성과에만 급급하여 기업 조직의 사기 및 분위기나 문화 등이 경영환경에 대응해야만 하는 조직의 장기적인 안목에 대한 전략이 약화될 수 있으므로 주의해야 하며 동시에 목표설정의 곤란, 목표 이외 사항의 경시 가능성, 장기 목표의 경시 가능성 등의 문제점이 발생할 수 있다.

50 ④

④ 수소를 제조하는 시술에는 화석연료를 열분해·가스화 하는 방법과 원자력에너지를 이용하여 물을 열화학분해하는 방법, 재생에너지를 이용하여 물을 전기분해하는 방법, 그리고 유기성 폐기물에서 얻는 방법 등 네 가지 방법이 있다.

〉〉 직무수행능력평가

1 ③

항만시설 중 기능시설의 종류

- ㉠ 선박의 입항·출항을 위한 항로표지·신호·조면·항무통신에 관련된 시설 등 항행 보조시설
- ㉡ 고정식 또는 이동식 하역장비, 화물 이송설시, 배관시설 등 하역시설
- ㉢ 대합실, 여객승강용 시설, 소하물 취급소 등 여객 이용시설
- ㉣ 창고, 야적장, 컨테이너 장치장 및 컨테이너 조작장, 사일로, 저유시설, 가스저장시설, 화물터미널 등 화물의 유통시설과 판매시설
- ㉤ 선박을 위한 연료공급시설과 급수시설, 얼음 생산 및 공급 시설 등 선박보급시설
- ㉥ 항만이 관제·정보통신·홍보·보안에 관련된 시설
- ㉦ 항만시설용 부지
- ㉧ 「어촌·어항법」의 기능시설에 따른 어항구 및 어항편익시설
- ㉨ 방음벽·방진망·수림대 등 공해방지시설

2 ③

항만기본계획의 내용

- ㉠ 항만의 지정 및 변경에 관한 사항
- ㉡ 항만의 관리·운영 계획에 관한 사항
- ㉢ 항만시설의 장래 수요에 관한 사항
- ㉣ 항만시설의 공급에 관한 사항
- ㉤ 항만시설의 규모와 개발 시기에 관한 사항
- ㉥ 항만시설의 기능개선 및 정비에 관한 사항
- ㉦ 항만의 연계수송망 구축에 관한 사항
- ㉧ 항만시설설치예정지역(항만구역 밖에 위치하는 것을 포함)에 관한 사항
- ㉨ 그 밖에 해양수산부장관이 필요하다고 인정하는 사항

3 ③

항만시설관리권은 물권으로 보며, 특별한 규정이 없는 한 「민법」 중 부동산에 관한 규정을 준용한다.

4 ④

공공시설

- ㉠ 항만배후단지의 진입도로 및 간선도로
- ㉡ 항만배후단지 안의 공원 및 녹지(도시·군계획시설로 결정된 공원 및 녹지)
- ㉢ 용수공급시설, 가스공급시설, 하수도시설, 전기·통신시설, 공공폐수처리시설 및 폐기물처리시설
- ㉣ 국가에 귀속되는 토지 및 항만시설 중 공공시설용지

5 ④

원형지 개발자(국가기관 및 지방자치단체는 제외)는 10년의 범위에서 대통령령으로 정하는 기간(공사완료 공고일부터 5년, 원형지 공급 계약일부터 10년) 동안에는 원형지를 제3자에게 매각할 수 없다. 다만, 이주용 주택이나 공공시설 등 대통령령으로 정하는 용도(임대주택 용지, 기반시설 용지, 원형지 개발자가 직접 조성하거나 운영하기 어려운 시설의 설치를 위한 용지)로 사용하려는 경우로서 미리 해양수산부장관의 승인을 받은 경우는 그러하지 아니하다.

6 ④

위원회는 해양수산부장관이 임명하는 15명 이내의 비상임위원으로 구성한다.

7 ④

임원의 임기〈항만공사법 제18조〉 ①항 및 ②항

- 사장의 임기는 3년으로 하고, 사장을 제외한 임원의 임기는 2년으로 하며, 1년 단위로 연임할 수 있다. 이 경우 임명권자는 직무수행 실적의 평가 결과와 그 밖의 직무수행 실적을 고려하여 연임 여부를 결정한다.
- 임기가 끝난 임원은 후임자가 임명될 때까지 그 직무를 수행한다.

8 ③

③ 파산선고를 받고 복권되지 아니한 자이다.

9 ①

실시계획의 고시사항 및 게시〈항만공사법 시행령 제8
조〉 ①항

㉠ 항만시설공사 시행자의 명칭 및 주소

㉡ 항만명 및 항만시설공사의 종류

㉢ 항만시설공사의 목적

㉣ 항만시설공사의 장소·규모·기간 및 방법

㉤ ㉠~㉣까지 규정한 사항 외에 항만시설공사의 시
행에 필요한 세부 사항

10 ②

사용료 및 임대료의 종류〈항만공사법 시행령 제13조〉
①항 2호 … 공사가 징수할 수 있는 임대료

• 부두시설 임대료

• 하역장비 임대료

• 창고시설 임대료

• 컨테이너 조작장 임대료

• 항만배후단지 임대료

• 항만시설 외의 토지·건물 등에 대한 임대료

11 ①

① 조선후기의 추사 김정희가 그린 그림이다.

② 통일신라시대의 범종으로 경덕왕이 아버지인 성덕
   왕의 공덕을 널리 알리기 위해 종을 만들고자 하였
   으나 완성은 혜공왕 때인 771년에 이루어졌다.

③ 9세기 혹은 10세기부터 만들어지기 시작한 고려청
   자는 그 후 발전을 거듭하여 11세기 말에는 종류도
   다양해지고 그릇의 모양이나 문양, 구워내는 수법
   등에서도 고려만의 독특한 특징이 나타났다.

④ 신라 경덕왕 때 김대성이 불국사에 세웠다.

12 ④

④ 의 나라는 원에 해당한다.

13 ②

① 2002년

② 1997년

③ 1993년

④ 1999년

14 ③

① 정약용

② 김정희

③ 박제가

④ 박지원

15 ③

③ 노비안검법에 관한 설명이다. 노비안검법은 고려
초기 광종 때 시행하였던 제도이다. 광종은 노비의 안
검을 명령하고 억울하게 노비가 된 양인을 회복시켰
는데, 이것은 호족에게 귀속되던 세를 국가에 환원시
키고 호족의 사병을 감소시킴으로써 호족의 약화와
왕권의 강화라는 결과를 가져오게 하였다.

16 ①

제시된 글은 신미양요에 관한 설명이다. 신미양요는
미국이 제너럴셔먼호 사건을 계기로 조선과의 통상관
계 수립을 목적으로 인해 벌어졌다.

① 한일 대륙붕협약은 1974년 1월 30일에 서울특별시
에서 대한민국과 일본이 서로 체결한 2개의 조약으로,
정식 명칭은 대한민국과 일본국 간의 양국에 인접한
대륙붕 북부구역경계획정에 관한 협정 및 대한민국과
일본국 간의 양국에 인접한 대륙붕 남부구역공동개발
에 관한 협정이다. 1978년 6월 22일부터 발효되었다.

17 ③

①②④ 남한산성에 관한 설명이다.

③ 문수산성에 관한 설명이다.

18 ②

② 안중근에 대한 설명이다. 안중근은 한말의 독립운
동가로 삼흥학교를 세우는 등 인재양성에 힘썼으며,
만주 하얼빈에서 침략의 원흉 이토 히로부미를 사살
하고 순국하였다.

19 ④

제시된 자료는 이성계가 위화도에서 회군하는 모습을 보여 주고 있다. 이성계는 위화도 회군 이후 최영을 제거하고 우왕을 폐위한 후 정치적 실권을 장악하였다.

① 고려 정부는 요동 지방에 대한 정벌을 시도하였으나, 이에 반대한 이성계가 위화도에서 회군하였다.

② 명이 고려에 철령 이북의 땅을 요구한 것을 계기로 요동 정벌을 계획하였다.

③ 신진 사대부는 위화도 회군 이전부터 권문세족들이 농장을 확대하고 있던 세태를 비판하였다.

20 ①

1.공	민	1)왕		2)진
민		오		대
		천		법
		축		
		2.국	자	3)감
		전		영

21 ①

시장침투가격 전략이란 기업이 신제품을 출시할 때 처음에는 경쟁제품보다 낮은 가격을 제시한 후 점차적으로 가격을 올리는 전략을 말한다.

① 시장침투가격 전략은 소비자들이 가격에 민감할 때 적합하다.

22 ②

① 소비재를 판매하는 기업은 대부분의 촉진비용을 광고에 주로 사용하며 그 다음으로 판매촉진, 인적판매의 순으로 촉진비용을 지출하게 된다.

③ 구매자의 의사결정단계 중 인지와 지식의 단계에서는 광고와 홍보가 보다 효과적이다.

④ 제품수명주기 단계 중 성숙기에서는 판매촉진을 통해 상표전환자를 유도하는 것이 중요한 역할을 수행하게 된다.

23 ①

BCG 매트릭스

	STAR	Question Mark
고	고성장-고점유율 사업	고성장-저점유율 사업
시장 성장율	육성전략	선별 투자
	Cash Cow	Dog
	저성장-고점유율 사업	저성장-저점유율 사업
저	육성전략, 수확전략	철수전략, 회수전략

고　　　상대적 시장점유율　　　저

24 ④

관여도와 경쟁에 따른 구매행동 유형

구분		관여도	
		높다	낮다
브랜드 간의 차이	많다	복잡 구매행동	다양성 추구 구매행동
	거의 없다	부조화 감소 구매행동	습관적 구매행동

25 ④

노동생산성

$$= \frac{총 생산량}{총 노동시간} = \frac{8,000만 원}{10명 \times 160시간}$$

$$= 50,000원/시간$$

26 ②

완전정보의 가치 = 완전정보가 있을 때 의사결정의 가치 − 완전정보가 없을 때 의사결정의 가치로 구한다. 불확실한 경제 상황에서 각 대안의 기댓값은 다음과 같으므로 투자자는 대안 A2를 선택하게 된다.

- 대안 A1의 기댓값 : $200 \times 0.3 + (-20) \times 0.7 = 60 - 14 = 46$만 원
- 대안 A2의 기댓값 : $150 \times 0.3 + 30 \times 0.7 = 45 + 21 = 66$만 원

그러나 완전정보가 있을 경우 투자자는 가장 많은 이익을 얻을 수 있는 대안을 선택한다. 따라서 호황이라는 완전정보가 있을 경우 대안 A1를, 불황이라는 완전정보가 있을 경우 대안 A2를 선택한다.

• 완전정보가 있을 때 기댓값 = 200 × 0.3 + 30 × 0.7 = 60 + 21 = 81만 원

그러므로 완전정보의 가치 = 81만 원 − 66만 원 = 15만 원이다.

27 ③

한정서비스 도매상은 도매상이 제공할 수 있는 서비스 중에서 몇 가지 서비스만 특화하는 도매상으로 직송도매상, 현금인도도매상, 트럭도매상, 진열도매상 등이 이에 해당한다.
① 전문품 도매상은 극히 제한된 수의 제품만을 취급하는 완전기능 도매상이다.
②④ 브로커, 판매 대리점, 위탁상 등은 대리점 및 중간상에 해당한다.

28 ③

③ 기본 경제적 주문량 모형에서 발주비용은 발주량의 크기와 관계없이 매 주문마다 일정하다.

29 ③

주공정경로는 작업 개시에서 종료까지의 작업을 조합시킨 경로 중에서 가장 긴 경로, 전체 공정 중 시간이 가장 많이 걸리는 경로이다.

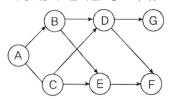

주어진 정보를 바탕으로 할 때, 위와 같은 경로가 가능하며 주공정경로는 총 33시간이 걸리는 A(13) → B(8) → D(7) → G(5)이다.

30 ④

① 지속가능경영은 주주는 물론 소비자, 관련 업체, 지자체 등 다양한 이해관계자의 기대에 부응하고자 한다.
② 삼중선은 경제적 신뢰성, 환경적 건전성, 사회적 책임성을 강조한다.

③ 사회적 책임이 포함된 기업전략 수립은 기업의 경제적 이윤 창출에 반할 수 있다. 따라서 모든 기업이 동의하는 것은 아니다.

31 ④

㉠ 따라잡기 효과(catch-up effect)란 후진국들의 경제성장률이 선진국들의 경제성장률보다 높아서 선진국을 따라잡는 효과를 말한다.
㉡ 학습효과(learning-by-doing)란 기존의 경제활동이나 축적된 자본으로부터 생산과정이나 경영기법을 개선시키려는 노력에 의해 지식이 축적되는 것을 말한다.

32 ②

② 케인즈학파는 외부충격이 발생하였을 경우 적극적인 경제정책을 통해 경제를 안정화시키는 것이 바람직하다고 보았다. 외부충격이 발생하였을 때 정책당국이 적극적으로 대응하는 정책이 수용적 정책이고 비수용적 정책은 경제상황과 관계없이 경제정책을 독립적으로 유지하는 정책이다. 케인즈학파는 수용적 정책을 주장하였다.

33 ②

② 외국이 자국의 수출기업에 대해 보조금과 장려금 등을 지급하여 해당상품을 부당하게 싸게 생산하게 되면 상대적으로 국내기업이 불리해진다. 외국의 보조금이나 장려금지급으로 자국산업이 불리해지는 것을 상쇄하기 위해 부과하는 관세를 상계관세라고 한다.

34 ②

② 외자를 도입하는 것은 자본거래로 기록되지만 외자에 대한 이자지급은 이자소득을 지급하는 것이므로 경상거래에 기록된다.

35 ③

③ 1달러를 1,200원에 원화로 환전하여 투자 1년 뒤의 투자원리금은 원화로 1,320원이다. 이를 연말에 1달러 = 1,000원에 환율로 환전하면 1.32달러이다. 달러 환산수익률은 32%이다.

36 ①

정상재는 소득이 증가하면 소비기 증가한다. 정상재의 수요곡선은 반드시 우하향하는데, 왜냐하면 수요곡선은 가격이 하락했을 경우에 발생하는 대체효과와 소득효과의 합으로 나타나기 때문이다. 가격이 하락하는 경우 대체효과는 상대가격이 하락한 재화의 소비량을 증가시키고, 소득효과는 가격하락으로 인해 실질소득이 증가하게 되어 정상재의 소비를 증가시킨다. 한다. 따라서 가격하락 시 대체효과와 소득효과 모두 소비량을 증가시키기 때문에 대체효과와 소득효과 모두 같은 방향으로 이동하게 되고 그 결과 수요곡선은 반드시 우하향한다.

37 ③

장기균형에서 독점적 경쟁시장의 이윤은 0이 된다. 이는 시장의 진입과 탈퇴가 자유롭기 때문으로 이때 P = AC이다. 독점적 경쟁시장에서는 수요곡선이 우하향하기 때문에 P > MC가 되고 그 결과 P = AC > MC의 관계가 성립한다.

38 ②

LM곡선이 수평이란 것은 정부지출의 증가로 인한 이자율 상승이 없다는 것을 의미한다. 따라서 승수효과만 있고 구축효과는 없게 된다. 문제에서 한계소비성향이 0.8이므로 승수는 $\frac{1}{1-0.8} = 5$이다. 따라서 정부지출을 2,000억 원 증가시키면 균형소득은 그 5배인 1조 원이 증가한다.

39 ④

정부가 수입규제를 시행하게 되면 순수출이 증가하고, IS곡선이 우측 이동하여 이자율이 상승하게 된다.

㉠ 변동환율제도에서는 이자율의 상승으로 환율이 하락하고 그 결과 수출이 감소하여 수입규제로 인한 순수출 증가 효과가 상쇄된다. → 순수출 불변

㉡ 고정환율제도에서는 중앙은행에서 통화량을 증가시켜 이자율의 상승으로 환율이 하락하락을 막는다. → 순수출 증가

40 ①

매번 일정 금액만큼 지출하는 것은 $M = P_X X + P_Y Y$에서 $P_X X = k$로 일정하다는 의미이다. 즉, 휘발유 가격 변동에 상관없이 지출액이 일정하다는 것으로 수요의 가격탄력성은 단위탄력적이고 수요곡선은 $P_X = \frac{k}{X}$의 형태로 직각쌍곡선이 된다.

41 ④

물류관리란 물리적인 물(物)의 흐름에 관한 경제활동으로서 시간, 공간 그리고 일부의 형질변경을 통한 효용 창출이 주된 임무이며, 생산된 재화를 수요자에게 이동시키는 과정과 관련되는 운송, 보관, 하역, 포장 및 이들 활동을 지원하는 정보 등의 제활동이다.

④ 물류관리의 목표는 물류비의 절감과 고객서비스 개선에 있다. 노동투입을 증가시키면 비용이 증가한다.

42 ③

③ 중앙집중식 구매조직은 조직의 주요기능이 최고경영자에 의해 통제된다.

43 ①

① 물류서비스 품질은 고객이 물류서비스를 제공받기 전에 기대하는 것과 물류서비스가 완료된 이후의 성과 간 차이로 결정된다.

44 ④

① 소모성 자재구매 뿐 아니라 설비와 시설물 유지보수를 대행하는 업무를 말한다.

② MRO사업자는 구매 대상 품목을 표준화할 필요가 있다.

③ MRO는 Maintenance, Repair & Operating의 약어이다.

45 ④
① 원자재를 위해 지불한 단위 금액이 기업으로 회수되기까지의 기간을 측정하는 지표로 기업이 공급자 및 고객으로부터의 재무흐름을 얼마나 효율적으로 관리하고 있는지를 판단하는 주요 지표 중 하나이다.
② 상품이 주문생산(make-to-order)될 때 사용되는 개념으로 고객주문을 충족시키기 위해 소요되는 평균 주문 리드타임이다. 주문생산전략을 채택하고 있는 기업이 고객주문에 얼마나 신속하게 대응할 수 있는가를 측정한다.
③ 공급사슬을 운영하는 데 소요되는 모든 비용의 합을 의미하며, 이 성과지표를 측정하는데 가장 어려운 점은 각 비용요소를 계산하기 위한 데이터를 수집하기가 쉽지 않다는 데 있다.

46 ③
③ 글로벌시장의 수평적 분업화로 소품종 대량생산으로 변화 추세

47 ④
④ 물류를 아웃소싱할 경우 장기적으로 볼 때 내부의 유능한 물류전문인력 양성이 불가능하다는 단점이 있다.

48 ②
② 항내에서 선박을 계선시키는 시설을 갖춘 접안장소를 말한다. 보통 표준선박 한 척을 직접 계선시키는 설비를 지닌 수역을 뜻한다. 이런 의미에서 통상 선박을 접안시킬 수 있는 부두 수에 따라 제 몇 Berth라 부르기도 한다.

49 ④
국제물류주선업자는 일반적으로 운송수단을 직접 소유하지 않은 채 운송을 위탁한 고객의 화물을 인수하여 수하인에게 인도할 때까지의 집화, 입출고, 선적, 운송, 보험, 보관, 배달 등의 업무를 주선 또는 수행하거나 스스로 운송계약의 주체가 되어 전구간의 운송책임을 부담하고 있다. 국제물류주선업자는 화주(수출화주와 수입화주)와 선사 사이의 중개인으로서 국제물류에 관한 여러 가지 업무(국내운송, 해상운송, 통관, 보험, 하역, 보관, 혼재, 포장 등)를 대행하면서 화주로부터 받은 운임과 선사에 지불하는 운임 간의 차액을 수익으로 한다.

50 ③
③ D군의 3개 조건은 DAT(터미널인도), DAP(지정장소인도), DDP(관세지급인도)이다.

>> **직업기초능력평가**

1 ④
① 고랭지
② 벗어진
③ 닝큼

2 ①
① 엄청나게 큰 사람이나 사물
② 사람이나 사물이 외따로 오똑하게 있는 모양
③ 넋이 나간 듯이 가만히 한 자리에 서 있거나 앉아 있는 모양
④ '철'을 속되게 이르는 말, 철이란 사리를 분별할 수 있는 힘을 말함

3 ②
'일절'과 '일체'는 구별해서 써야 할 말이다. '일절'은 부인하거나 금지할 때 쓰는 말이고, '일체'는 전부를 나타내는 말이다.

4 ④
주민등록상 생년월일, 본인 증명사진 등 본인 확인을 위해 입력한 추가사항은 면접전형 시 블라인드 처리된다. 따라서 사진과 생년월일 등이 면접관에게 공개된다는 답변은 공고문의 내용과 일치한다고 볼 수 없다.
① 합격자 발표는 9/12일에 채용 홈페이지를 통해서 확인할 수 있다.
② 개인의 인적 사항은 본인 확인용으로만 요청할 수 있으며, 확인 후 면접 시에는 블라인드 처리된다.
③ e-mail 뿐 아니라 서류 어느 곳에서도 학교명을 알 수 있는 내용은 금지된다.

5 ④
국제사회와 빚고 있는 무역갈등은 자국의 이기주의 또는 보호무역주의에 의한 또 다른 문제로 볼 수 있으며, 제시된 기후변화와 화석에너지 정책의 변화 내용과는 관련이 없는 내용이라고 할 수 있다. 트럼프 행정부의 에너지 정책 추진에 관한 내용과 에너지원 활용 현황, 국제사회와의 협약 이행 여부 관찰 등은 모두 제시글의 말미에서 정리한 서론의 핵심 내용을 설명하기 위해 전개하게 될 사항들이다.

6 ⑤
밑줄 친 '늘리고'는 '시간이나 기간이 길어지다.'의 뜻으로 쓰였다. 따라서 이와 의미가 동일하게 쓰인 것은 ④이다.
① 물체의 넓이, 부피 따위를 본디보다 커지게 하다.
② 살림이 넉넉해지다.
③ 힘이나 기운, 세력 따위가 이전보다 큰 상태가 되다.

7 ③
밑줄 친 '열고'는 '모임이나 회의 따위를 시작하다.'의 뜻으로 쓰였다. 따라서 이와 의미가 동일하게 쓰인 것은 ③이다.
① 닫히거나 잠긴 것을 트거나 벗기다.
② 사업이나 경영 따위의 운영을 시작하다.
④ 새로운 기틀을 마련하다.

8 ②
ⓐ의 이전 문장을 보면 알 수 있는데, "언론의 자유와 공정한 형사절차를 조화시키면서 범죄 보도를 제한할 수 있는 방법을 모색하였다. 그리하여 셰퍼드 사건에서 제시된 수단과 함께 형사 재판의 비공개, 형사소송 관계인의 언론에 대한 정보제공금지 등이 시행되었다."에서 볼 수 있듯이 ②의 경우에는 예단 방지를 위한 것이다. 하지만, 예단 방지 수단들에 대한 실효성이 의심되는 경우로 보기는 어렵다.

9 ①

3문단에서 보면 "최근의 정당들이 구체적인 계급, 계층 집단을 조직하고 동원하지는 않지만~"에서 알 수 있듯이 조직으로서의 정당 기능이 약화되었음을 알 수 있다.

10 ④

네 번째 문단에서 '수많은 반증 사례가 있음에도 자신의 관점에 부합하는 사료만을 편파적으로 선택한 역사 서술은 '사실성'의 측면에서 신뢰받기 어렵다.'고 언급하고 있다. 따라서 ④는 글쓴이의 생각으로 적절하지 않다.

①③ 두 번째 문단

② 첫 번째 문단

11 ④

회의 시간이 런던을 기준으로 11월 1일 9시이므로, 이 때 서울은 11월 1일 18시, 시애틀은 11월 1일 2시이다.

• 甲은 런던을 기준으로 말했으므로 甲이 프로젝트에서 맡은 업무를 마치는 시간은 런던 기준 11월 1일 22시로, 甲이 맡은 업무를 마치는 데 필요한 시간은 22 − 9 = 13시간이다.

• 乙은 시애틀을 기준으로 이해하고 말했으므로 乙은 甲이 말한 乙이 말한 다음날 오후 3시는 시애틀 기준 11월 2일 15시이다. 乙은 甲이 시애틀을 기준으로 11월 1일 22시에 맡은 일을 끝내 줄 것이라고 생각하였으므로, 乙이 맡은 업무를 마치는 데 필요한 시간은 2 + 15 = 17시간이다.

• 丙은 서울을 기준으로 말했으므로 丙이 말한 모레 오전 10시는 11월 3일 10시이다. 丙은 乙이 서울을 기준으로 11월 2일 15시에 맡은 일을 끝내 줄 것이라고 생각하였으므로, 丙이 맡은 업무를 마치는 데 필요한 시간은 9 + 10 = 19시간이다.

따라서 계획대로 진행될 경우 甲, 乙, 丙이 맡은 업무를 끝내는 데 필요한 총 시간은 13 + 17 + 19 = 49시간으로, 2일하고 1시간이라고 할 수 있다. 이를 서울 기준으로 보면 11월 1일 18시에서 2일하고 1시간이 지난 후이므로, 11월 3일 19시이다.

12 ④

보기1에 의하면 네 개 지역 총 선거인수가 817,820명이며 영덕군과 포항시의 총 선거인수를 더하여 40만 명이 넘어야 하므로 ㉣은 반드시 영덕군 또는 포항시가 된다.

보기2에 의하면 영덕군과 군산시의 기표소 투표자 합이 10만 명을 넘지 않아야 하므로 ㉣은 영덕군과 군산시가 될 수 없음을 알 수 있다. 따라서 보기1과 보기2에 의해 ㉣은 포항시가 될 수밖에 없다. 또한 영덕군과 군산시는 ㉠과 ㉢ 또는 ㉡과 ㉢중 한 지역이어야 한다.

보기3에 의해 경주시, 영덕군과 각각 5.1%p의 찬성률 차이를 보이는 ㉡이 영덕군이 됨을 알 수 있다. 따라서 ㉢이 군산시가 되며, 나머지 ㉠이 경주시가 됨을 알 수 있다.

13 ③

채무자인 乙이 실제 수령한 금액인 1,200만 원을 기준으로 최고연이자율 연 30%를 계산하면 360만 원이다. 그런데 선이자 800만 원을 공제하였으므로 360만 원을 초과하는 440만 원은 무효이며, 약정금액 2,000만 원의 일부를 변제한 것으로 본다. 따라서 1년 후 乙이 갚기로 한 날짜에 甲에게 전부 변제하여야 할 금액은 2,000 − 440 = 1,560만 원이다.

14 ④

상품별 은행에 내야 하는 총금액은 다음과 같다.

• A상품 : (1,000만 원 × 1% × 12개월) + 1,000만 원 = 1,120만 원

• B상품 : 1,200만 원

• C상품 : 90만 원 × 12개월 = 1,080만 원

㉠ A상품의 경우 자동차를 구입하여 소유권을 취득할 때, 은행이 자동차 판매자에게 즉시 구입금액을 지불하는 상품으로 자동차 소유권을 얻기까지 은행에 내야 하는 금액은 0원이다. → 옳음

㉡ 1년 내에 사고가 발생해 50만 원의 수리비가 소요된다면 각 상품별 총비용은 A상품 1,170만 원, B상품 1,200만 원, C상품 1,080만 원이다. 따라서 A상품보다 C상품을 선택하는 것은 유리하지만, B상품은 유리하지 않다. → 틀림

ⓒ 자동차 소유권을 얻는 데 걸리는 시간은 A상품 구입 즉시, B상품 1년, C상품 1년이다. → 옳음

ⓔ B상품과 C상품 모두 자동차 소유권을 얻기 전인 1년까지는 발생하는 모든 수리비를 부담해 준다. 따라서 사고 여부와 관계없이 총비용이 작은 C상품을 선택하는 것이 유리하다. → 옳음

15 ④

런던 현지 시각 8월 10일 오전 10시 이전에 행사장에 도착하여야 한다.

그리고 런던 현지 시각이 서울보다 8시간 느리며, 입국 수속에서 행사장 도착까지 4시간이 소요된다는 것을 잊지 말아야 한다.

① 총 소요시간 : $7 + 12 + 4 = 23$ 시간
행사장 도착 시각 : $19:30 + 23 - 8 =$ 익일 $10:30$

② 총 소요시간 : $5 + 13 + 4 = 22$ 시간
행사장 도착 시각 : $20:30 + 22 - 8 =$ 익일 $10:30$

③ 총 소요시간 : $3 + 12 + 4 = 19$ 시간
행사장 도착 시각 : $23:30 + 19 - 8 =$ 익일 $10:30$

④ 총 소요시간 : $11 + 4 = 15$ 시간
행사장 도착 시각 : $02:30 + 15 - 8 = 09:30$

16 ④

① KTX $= (40 \times 8) + (30 \times 7) + (20 \times 5) + (10 \times 7)$
$= 320 + 210 + 100 + 70 = 700$

② 고속버스
$= (40 \times 5) + (30 \times 8) + (20 \times 8) + (10 \times 7)$
$= 200 + 240 + 160 + 70 = 670$

③ 승용차 $= (40 \times 4) + (30 \times 8) + (20 \times 3) + (10 \times 5)$
$= 160 + 240 + 60 + 50 = 510$

④ 비행기 $= (40 \times 9) + (30 \times 7) + (20 \times 4) + (10 \times 7)$
$= 360 + 210 + 80 + 70 = 720$

그러므로 정수는 보완적 평가방식을 사용하여 종합평가지수가 가장 높은 비행기를 선택하게 된다.

17 ③

책꽂이 20개를 제작하기 위해서는 칸막이 80개, 옆판 40개, 아래판 20개, 뒤판 20개가 필요하다. 재고 현황에서 칸막이는 40개, 옆판 30개가 있으므로 추가적으로 필요한 칸막이와 옆판의 개수는 각각 40개, 10개이다.

18 ④

완성품 납품 개수는 총 100개이다. 완성품 1개당 부품 A는 10개가 필요하므로 총 1,000개가 필요하고, B는 300개, C는 500개가 필요하다. 이때 각 부품의 재고 수량에서 A는 500개를 가지고 있으므로 필요한 1,000개에서 가지고 있는 500개를 빼면 500개의 부품을 주문해야 한다. 이와 같이 계산하면 부품 B는 180개, 부품 C는 250개를 주문해야 한다.

19 ①

- 직무 분석 결과에 따른 인사 배치는 '적재적소 배치의 원칙'을 적용한 것이다.

- 기업 부설 연수원에서 교육을 실시하는 것은 Off JT 형태이다.

- 건강 강좌를 제공하는 것은 법정 외 복리 후생 제도이다.

20 ③

ⓛ 최초 제품 생산 후 4분이 경과하면 두 번째 제품이 생산된다.

A 공정에서 E 공정까지 첫 번째 완제품을 생산하는 데 소요되는 시간은 12분이다. C 공정의 소요 시간이 2분 지연되어도 동시에 진행되는 B 공정과 D 공정의 시간이 7분이므로, 총소요시간에는 변화가 없다.

21 ④

ⓛ은 $7,206 \div 2 = 3,603$이므로

영업 외 수익의 합계는 15,095가 된다.

ⓗ은 $2,005,492 + 15,095 = 2,020,587$이다.

따라서 ⓗ ÷ ⓛ ≒ 561배이다.

22 ①

한 달 동안의 통화 시간 t $(t = 0, 1, 2, \cdots)$에 따른 요금제 A의 요금

$y = 10,000 + 150t \quad (t = 0, 1, 2, \cdots)$

요금제 B의 요금

$\begin{cases} y = 20,200 & (t = 0, 1, 2, \cdots, 60) \\ y = 20,200 + 120(t - 60) & (t = 61, 62, 63, \cdots) \end{cases}$

요금제 C의 요금

$\begin{cases} y = 28,900 & (t = 0, 1, 2, \cdots, 120) \\ y = 28,900 + 90(t - 120) & (t = 121, 122, 123, \cdots) \end{cases}$

㉠ B의 요금이 A의 요금보다 저렴한 시간 t의 구간은

$20,200 + 120(t - 60) < 10,000 + 150t$ 이므로

$t > 100$

㉡ B의 요금이 C의 요금보다 저렴한 시간 t의 구간은

$20,200 + 120(t - 60) < 28,900 + 90(t - 120)$ 이므로 $t < 170$

따라서 $100 < t < 170$ 이다.

∴ $b - a$의 최댓값은 70

23 ③

3/4 분기 성과평가 점수는 $(10 \times 0.4) + (8 \times 0.4) + (10 \times 0.2) = 9.2$로, 성과평가 등급은 A이다. 성과평가 등급이 A이면 직전 분기 차감액의 50%를 가산하여 지급하므로, 2/4 분기 차감액인 20만 원(∵ 2/4 분기 성과평가 등급 C)의 50%를 가산한 110만 원이 성과급으로 지급된다.

24 ④

Y년의 총 에너지 사용량이 80,542천Toe이며, 화공산업 부문 전기다소비사업장의 전기 사용 비중은 27.4%이다. 따라서 화공산업 부문 전기다소비사업장의 전기 사용량은 $80,542 \times 0.274 = 22,068$천Toe가 된다. 또한, 이것은 전년 대비 4.5% 증가한 것이므로 Y−1년의 사용량을 x라 하면, 증가율의 공식에 의해 $(22,068 - x) \div x = 0.045$가 된다. 이것은 다시 $22,068 = 1.045x$가 되므로 $x = 22,068 \div 1.045 = 21,117$천Toe가 됨을 알 수 있다.

25 ④

적어도 화살 하나는 6의 약수에 맞을 확률은 전체에서 화살 하나도 6의 약수에 맞지 않을 확률을 뺀 값이 된다.

한 번 쏘았을 때 6의 약수에 맞지 않을 확률은 $\dfrac{2}{6} = \dfrac{1}{3}$ 이므로 세 번 쏘았을 때 6의 약수에 맞지 않을 확률은 $\dfrac{1}{27}$ 이다.

따라서 화살을 세 번 쏘았을 때, 적어도 화살 하나는 6의 약수에 맞을 확률은 $1 - \dfrac{1}{27} = \dfrac{26}{27}$ 이다.

26 ①

㉠ '거리 = 속도 × 시간'이므로,
- 정문에서 후문까지 가는 속도 : 20m/초 = 1,200m/분
- 정문에서 후문까지 가는데 걸리는 시간 : 5분
- 정문에서 후문까지의 거리 : $1200 \times 5 = 6,000$m

㉡ 5회 왕복 시간이 70분이므로,
- 정문에서 후문으로 가는데 소요한 시간 : 5회 × 5분 = 25분
- 후문에서 정문으로 가는데 소요한 시간 : 5회 × x분
- 쉬는 시간 : 10분
- 5회 왕복 시간 : $25 + 5x + 10$분 = 70분

∴ 후문에서 정문으로 가는데 걸린 시간 x = 7분

27 ④

㉠ 2006년 대비 2010년의 청소기 매출액 증가율이 62.5%이므로,

2010년의 매출액을 x라 하면,

$\dfrac{x - 320}{320} \times 100 = 62.5$, ∴ $x = 520$(억 원)

㉡ 2002년 대비 2004년의 청소기 매출액 감소율이 10%이므로,

2002년의 매출액을 y라 하면,

$\dfrac{270 - y}{y} \times 100 = -10$, ∴ $y = 300$(억 원)

∴ 2002년과 2010년의 청소기 매출액의 차이
: $520 - 300 = 220$(억 원)

28 ③

㉠ 융합서비스의 생산규모 2006년에 전년대비 1.2배가 증가하였으므로,

- (가)는 $3.5 \times 1.2 = 4.2$가 되고
- (나)는 $38.7 + 9.0 + 4.2 = 51.9$가 된다.

㉡ 2007년 정보기기의 생산규모는 전년대비 3천억 원이 감소하였으므로,

- (바)는 $71.1 - (47.4 + 13.6) = 10.1$이고
- (다)는 $10.1 + 3 = 13.1$이고,
- (라)는 $43.3 + 13.1 + 15.3 = 71.7$이다.

따라서 (마)는 (나) + (라) $= 51.9 + 71.7 = 123.6$이다.

29 ①

㉠ B사 주가의 최댓값은 57(백 원)

㉡ 월별 주가지수는

- 1월 주가지수 $= \dfrac{5000 + 6000}{5000 + 6000} \times 100 = 100.0$
- 2월 주가지수 $= \dfrac{4000 + 6000}{5000 + 6000} \times 100 ≒ 90.9$
- 3월 주가지수 $= \dfrac{5700 + 6300}{5000 + 6000} \times 100 ≒ 109.1$
- 4월 주가지수 $= \dfrac{4500 + 5900}{5000 + 6000} \times 100 ≒ 94.5$
- 5월 주가지수 $= \dfrac{3900 + 6200}{5000 + 6000} \times 100 ≒ 91.8$
- 6월 주가지수 $= \dfrac{5600 + 5400}{5000 + 6000} \times 100 = 100.0$

∴ 주가지수의 최솟값은 90.9(2월)이다.

30 ④

㉠ 영상 분야의 예산은 40.85(억 원), 비율은 19(%)이므로, $40.85 : 19 = $ (가) : (다)

- (다) $= 100 - (19 + 24 + 31 + 11) = 15\%$
- $40.85 \times 5 = 19 \times$ (가)
- ∴ 출판 분야의 예산 (가) $= 32.25$(억 원)

㉡ 위와 동일하게 광고 분야의 예산을 구하면, $40.85 : 19 = $ (나) : 31

- $40.85 \times 31 = 19 \times$ (나),
- ∴ 광고 분야의 예산 (나) $= 66.65$(억 원)

㉢ 예산의 총합 (라)는 $32.25 + 40.85 + 51.6 + 66.65 + 23.65 = 215$(억 원)

31 ②

각 대안별 월 소요 예산을 구하면 다음과 같다.

A안 : 모든 빈곤 가구에게 전체 가구 월 평균 소득의 25%에 해당하는 금액을 가구당 매월 지급한다고 하였으므로, $(300 \times 0.2 + 600 \times 0.2 + 500 \times 0.2 + 100 \times 0.2) \times (2{,}000{,}000 \times 0.25) = 300 \times 500{,}000 = 150{,}000{,}000$원이 필요하다.

B안 : 한 자녀 가구에는 10만 원, 두 자녀 가구에는 20만 원, 세 자녀 이상 가구에는 30만 원을 가구당 매월 지급한다고 하였으므로, $(600 \times 100{,}000 + 500 \times 200{,}000 + 100 \times 300{,}000) = 60{,}000{,}000 + 100{,}000{,}000 + 30{,}000{,}000 = 190{,}000{,}000$원이 필요하다.

C안 : 자녀가 있는 모든 맞벌이 가구에 자녀 1명당 30만 원을 매월 지급하고 세 자녀 이상의 맞벌이 가구에는 일률적으로 가구당 100만 원을 매월 지급한다고 하였으므로, $\{(600 \times 0.3) \times 300{,}000\} + \{(500 \times 0.3) \times 2 \times 300{,}000\} + \{(100 \times 0.3) \times 1{,}000{,}000\} = 54{,}000{,}000 + 90{,}000{,}000 + 30{,}000{,}000 = 174{,}000{,}000$원이 필요하다.

따라서 A < C < B 순이다.

32 ④

콜센터를 포함하면 11개의 팀으로 구성되어 있다.

33 ②

유기적 조직 … 의사결정권한이 조직의 하부구성원들에게 많이 위임되어 있으며 업무 또한 고정되지 않고 공유 가능한 조직이다. 유기적 조직에서는 비공식적인 상호의사소통이 원활히 이루어지며, 규제나 통제의 정도가 낮아 변화에 따라 쉽게 변할 수 있는 특징을 가진다.

34 ①

윤리경영의 특징

㉠ 윤리경영은 경영활동의 옳고 그름에 대한 판단 기준이다.

㉡ 윤리경영은 경영활동의 규범을 제시해준다.

㉢ 윤리경영은 경영의사결정의 도덕적 가치기준이다.

㉢ 윤리경영은 응용윤리이다.

35 ③

① 관계지향적인 문화이며, 조직구성원 간 인간애 또는 인간미를 중시하는 문화로서 조직내부의 통합과 유연한 인간관계를 강조한다. 따라서 조직구성원 간 인화단결, 협동, 팀워크, 공유가치, 사기, 의사결정과정에 참여 등을 중요시하며, 개인의 능력개발에 대한 관심이 높고 조직구성원에 대한 인간적 배려와 가족적인 분위기를 만들어내는 특징을 가진다.

② 높은 유연성과 개성을 강조하며 외부환경에 대한 변화지향성과 신축적 대응성을 기반으로 조직구성원의 도전의식, 모험성, 창의성, 혁신성, 자원획득 등을 중시하며 조직의 성장과 발전에 관심이 높은 조직문화를 의미한다. 따라서 조직구성원의 업무수행에 대한 자율성과 자유재량권 부여 여부가 핵심요인이다.

④ 조직내부의 통합과 안정성을 확보하고 현상유지차원에서 계층화되고 서열화된 조직구조를 중요시하는 조직문화이다. 즉, 위계질서에 의한 명령과 통제, 업무처리 시 규칙과 법을 준수하고, 관행과 안정, 문서와 형식, 보고와 정보관리, 명확한 책임소재 등을 강조하는 관리적 문화의 특징을 나타내고 있다.

36 ④

지원부문뿐만 아니라 4개의 본부와 그 소속 부서들이 모두 부사장 직속으로 구성되어 있다. 따라서 옳게 수정하면 4개 본부, 1개 부문, 4개 실, 16개 처, 1개 센터와 1개 지원단으로 구성되어 있다.

37 ①

㉠㉡㉢은 모두 조직개편사항에 맞게 나타난 것으로 지적할 필요가 없다. 중소기업지원단은 기술지원부문에 신설된 것이므로 조직도를 수정해야 한다.

38 ④

송상현 사원의 1/4분기 복지 지원 사유는 장모상이었다. 이는 본인/가족의 경조사에 포함되므로 경조사 지원에 포함되어야 한다.

39 ①

작년 4/4분기 지원 내역을 보더라도 직위와 관계없이 같은 사유의 경조사 지원금은 동일한 금액으로 지원되었음을 알 수 있으므로 이는 변경된 복지 제도 내용으로 옳지 않다.

40 ④

④ 서비스의 품질에 대한 정의에 해당한다.

41 ④

각 기업의 1단계 조건 충족 여부는 다음과 같다.

기업	사무실조건 (25명/개 이하)	임원조건 (15명/명 이하)	차량조건 (100명/대 이하)	여유면적 조건 (650㎡ 이상)
A	26.4명/개 ×	10.2명/명 ○	44명/대 ○	950㎡ ○
B	22.9명/개 ○	26.7명/명 ×	80명/대 ○	680㎡ ○
C	24명/개 ○	17.1명/명 ×	120명/대 ×	140㎡ ×
D	24.3명/개 ○	8.6명/명 ○	85명/대 ○	650㎡ ○
E	22.5명/개 ○	13.5명/명 ○	67.5명/대 ○	950㎡ ○

42 ④

예비 선정된 기업인 D, E 중 임원평균근속기간이 더 긴 D 기업이 최종 선정된다.

43 ①

평가 점수를 계산하기 전에, 제안가격과 업계평판에서 90점 미만으로 최하위를 기록한 B업체와 위생도에서 최하위를 기록한 D업체는 선정될 수 없다. 따라서 나머지 A, C, E업체의 가중치를 적용한 점수를 계산해 보면 다음과 같다.

- A업체 : $84 \times 0.4 + 92 \times 0.3 + 92 \times 0.15 + 90 \times 0.15 = 88.5$점
- C업체 : $93 \times 0.4 + 91 \times 0.3 + 91 \times 0.15 + 94 \times 0.15 = 92.25$점
- E업체 : $93 \times 0.4 + 92 \times 0.3 + 90 \times 0.15 + 93 \times 0.15 = 92.25$점

C와 E업체가 동점인 상황에서 가중치가 가장 높은 제안가격의 점수가 같으므로, 다음 항목인 위생도 점수에서 더 높은 점수를 얻은 E업체가 최종 선정될 업체는 E업체가 된다.

44 ③

객실의 층과 라인의 배열을 그림으로 표현하면 다음과 같다.

301호	302호	303호	304호
201호	202호	203호	204호
101호	102호	103호	104호

두 번째 조건에서 4호 라인에는 3개의 객실에 투숙하였다고 했으므로 104호, 204호, 304호에는 출장자가 있게 된다. 또한 3호 라인에는 1개의 객실에만 출장자가 투숙하였다고 했는데, 만일 203호나 303호에 투숙하였을 경우, 2층과 3층의 나머지 객실이 정해질 수 없다. 그러나 103호에 투숙하였을 경우, 1층의 2개 객실이 정해지게 되며 2층과 3층은 3호 라인을 제외한 1호와 2호 라인 모두에 출장자가 투숙하여야 한다. 따라서 보기 ③의 사실이 확인된다면 8명의 출장자가 투숙한 8개의 객실과 투숙하지 않는 4개의 객실 모두를 다음과 같이 알아낼 수 있다.

301호	302호	303호	304호
201호	202호	203호	204호
101호	102호	103호	104호

45 ②

남자사원의 경우 ㉡, ㉤, ㉥에 의해 다음과 같은 두 가지 경우가 가능하다.

	월요일	화요일	수요일	목요일
경우 1	치호	영호	철호	길호
경우 2	치호	철호	길호	영호

[경우 1]

옥숙은 수요일에 보낼 수 없고, 철호와 영숙은 같이 보낼 수 없으므로 옥숙과 영숙은 수요일에 보낼 수 없다. 또한 영숙은 지숙과 미숙 이후에 보내야 하고, 옥숙은 지숙 이후에 보내야 하므로 조건에 따르면 다음과 같다.

	월요일	화요일	수요일	목요일
남	치호	영호	철호	길호
여	지숙	옥숙	미숙	영숙

[경우 2]

		월요일	화요일	수요일	목요일
	남	치호	철호	길호	영호
경우 2-1	여	미숙	지숙	영숙	옥숙
경우 2-2	여	지숙	미숙	영숙	옥숙
경우 2-3	여	지숙	옥숙	미숙	영숙

문제에서 영호와 옥숙을 같이 보낼 수 없다고 했으므로, [경우 1], [경우 2-1], [경우 2-2]는 해당하지 않는다. 따라서 [경우 2-3]에 의해 목요일에 보내야 하는 남녀사원은 영호와 영숙이다.

46 ③

① A 단체는 자유무역협정을 체결한 필리핀에 드라마 콘텐츠를 수출하고 있지만 올림픽과 관련된 사업은 하지 않는다. 최종 선정 시 올림픽 관련 단체를 엔터테인먼트 사업 단체보다 우선하므로 B, C와 같이 최종 후보가 된다면 A는 선정될 수 없다.

② 올림픽의 개막식 행사를 주관하는 모든 단체는 이미 보건복지부로부터 지원을 받고 있다. B 단체는 올림픽의 개막식 행사를 주관하는 단체이다. →B 단체는 선정될 수 없다.

③ A와 C 단체 중 적어도 한 단체가 최종 후보가 되지 못한다면, 대신 B와 E 중 적어도 한 단체는 최종 후보가 된다. 보기 ②를 통해 B 단체를 후보가 될 수 없다. 후보 단체들 중 가장 적은 부가가치를 창출한 단체는 최종 후보가 될 수 없고, 한국 음식문화 보급과 관련된 단체의 부가가치 창출이 가장 저조하였다. E 단체는 오랫동안 한국 음식문화를 세계에 보급해 온 단체이다. →E 단체는 선정될 수 없다. 후보는 A와 C가 된다.

④ D가 최종 후보가 된다면, 한국과 자유무역협정을 체결한 국가와 교역을 하는 단체는 모두 최종 후보가 될 수 없다. D가 최종 후보가 되면 A가 될 수 없고 A가 된다면 D는 될 수 없다.

47 ③

㉠ 조건을 정리하면,
- 4명이 각각 2개의 동호회에 가입되어 있으므로 총 8개의 동호회에 가입되어있다.
- 배드민턴 동호회에는 3명이 가입되어 있다.
- 골프 동호회에는 2명이 가입되어 있다.
- 낚시 동호회에는 2명이 가입되어 있다.

따라서 배드민턴, 골프, 낚시 동호회에 가입된 사람은 7명이기 때문에 자전거 동호회에 가입된 사람은 1명이다.

㉡ 준희, 담비, 사연이의 가입 현황

	배드민턴(3)	골프(2)	낚시(2)	자전거(1)
영호				
준희				○
담비			○	
사연	○	○		

㉢ 제시된 보기를 ㉡에 적용하면,

① '영호와 준희가 배드민턴 동호회에 가입되어 있다면 담비는 배드민턴 동호회에 가입하지 않았다.'
= 3명만 가입한 배드민턴 동호회에 영희, 준희, 사연에 가입되어 있으므로 담비는 배드민턴 동호회에 가입될 수 없다. (옳은 설명)

	배드민턴(3)	골프(2)	낚시(2)	자전거(1)
영호	○			
준희	○			○
담비			○	
사연	○	○		

② '담비가 골프 동호회에 가입되어 있다면 배드민턴 동호회에 가입하지 않았다.'
= 한 사람당 2개의 동호회에 가입이 가능하므로 담비가 골프와 낚시 동호회에 가입되면 더 이상 다른 동호회에 가입할 수 없다. (옳은 설명)

	배드민턴(3)	골프(2)	낚시(2)	자전거(1)
영호				
준희				○
담비		○	○	
사연	○	○		

③ '준희가 낚시 동호회에 가입되어 있다면 영호도 낚시 동호회에 가입되어 있다.'
= 2명이 가입한 낚시 동호회에 준희, 담비가 가입되어 있으므로 영호는 낚시 동호회에 가입될 수 없다. (옳지 않은 설명)

	배드민턴(3)	골프(2)	낚시(2)	자전거(1)
영호				
준희			○	○
담비			○	
사연	○	○		

④ '사연이는 낚시 동호회에 가입하지 않았다.'
= 사연이는 이미 배드민턴과 골프 동호회에 가입되어 있으므로 다른 동호회에 가입될 수 없다. (옳은 설명)

	배드민턴(3)	골프(2)	낚시(2)	자전거(1)
영호				
준희				○
담비			○	
사연	○	○		

48 ①

- 현수는 당번× (㉫)
- 현수가 당번× → 현우와 현성이 당번○ (㉮)
- 현우와 현성이 당번○ → 현아는 당번× (㉭)
- 현아가 당번× → 현경이 당번○ (㉠의 대우)
- 현경이 당번○ → 현우도 당번○ (㉡)
- 현아나 현성이 당번○ → 현진이도 당번○ (㉢)

따라서 청소 당번은 현우, 현성, 현경, 현진이다.
(청소 당번이 아닌 사람은 현수, 현아)

49 ④

	한국어	영어	프랑스어	독일어	중국어	태국어
갑	○	○	×	×	×	×
을	○	×	○	×	×	×
병	×	○	×	○	×	×
정	×	×	○	×	○	×
무	○	×	×	×	×	○

50 ①

ⓐ 제인의 기준 : 가격 + 원료

평가기준＼제품명	B	D	K	M
원료	10	8	5	8
가격	4	9	10	7
총점	14	<u>17</u>	15	15

ⓑ 데이먼의 기준 : 소비자 평가 총점

평가기준＼제품명	B	D	K	M
원료	10	8	5	8
가격	4	9	10	7
인지도	8	7	9	10
디자인	5	10	9	7
총점	27	<u>34</u>	33	32

ⓒ 밀러의 기준 : 인지도 + 디자인

평가기준＼제품명	B	D	K	M
인지도	8	7	9	10
디자인	5	10	9	7
총점	13	17	<u>18</u>	17

ⓓ 휴즈의 기준 : 원료 + 가격 + 인지도

평가기준＼제품명	B	D	K	M
원료	10	8	5	8
가격	4	9	10	7
인지도	8	7	9	10
총점	22	24	24	<u>25</u>

ⓔ 구매 결과

제인	데이먼	밀러	휴즈
D	D	K	M

1 ④

항만물류란 항만에서 화물이 공급자로부터 수요자에게 전달될 때까지 이루어지는 운송·보관·하역 및 포장 등 일련의 처리과정을 말한다.

2 ①

해양수산부장관은 항만의 개발을 촉진하고 항만을 효율적으로 운영하기 위하여 항만기본계획을 10년 단위로 수립하여야 한다.

3 ③

국가에 귀속되지 아니하는 항만시설

ⓐ 하역시설(고정식 하역장비의 운영에 필요한 레일시설은 제외) 및 무게 측정시설

ⓑ 사일로(국가의 소유인 사일로를 비관리청이 증축하는 경우는 제외), 저유시설, 가스저장시설 및 위판장시설

ⓒ 비관리청이 전용할 목적으로 설치한 계류시설, 항행보조시설, 화물의 유통시설·판매시설, 선박보급 및 항만의 관제·정보통신·홍보·보안시설로서 해양수산부령으로 정하는 시설. 이 경우 다음의 어느 하나에 해당하는 자가 해양수산부령으로 정하는 시설을 설치하여 사용할 목적으로 비관리청에 귀속된 시설을 임차하여 사용하는 경우에는 비관리청이 시설을 전용하는 것으로 본다.

• 비관리청의 자회사

• 비관리청의 계열회사

ⓓ 공해방지시설 중 이동식 시설 및 소모성 설비

ⓔ 지원시설(항만 관련 업무용 시설 중 공공서비스 업무용 시설은 제외)

ⓕ 항만친수시설 중 해양레저용 시설 및 해양 문화·교육 시설

ⓖ ⓐ~ⓕ 외에 비관리청이 전용 목적이 강하여 국가에 귀속시킬 필요가 없다고 해양수산부장관이 인정하는 시설

※ 국가에 귀속되지 아니하는 토지 … 국가에 귀속되는 토지의 범위에 해당하지 아니하여야 하며, 비관리청이 취득하려는 토지의 가액이 총사업비의 범위 이내이어야 하는 조건을 모두 충족하여야 한다. 이 경우 총사업비는 해당 토지의 조성공사에 사용된 금액으로 산정한다.

4 ③

항만배후단지개발 종합계획에 포함되어야 할 사항

ⓐ 항만배후단지의 개발을 위한 용지 및 항만시설의 수요에 관한 사항

ⓑ 공유수면매립지 · 항만유휴부지 등 항만배후단지의 개발을 위한 용지의 계획적 조성 · 공급에 관한 사항

ⓒ 항만배후단지의 지정과 개발에 관한 사항

ⓓ 항만배후단지의 개발방향에 관한 사항

ⓔ 항만배후단지에 설치한 항만시설의 정비와 조정에 관한 사항

ⓕ 그 밖에 대통령령으로 정하는 사항

• 항만배후단지의 개발에 필요한 용지의 면적, 물동량 등 항만배후단지의 지정기준에 관한 사항

• 항만배후단지의 지정을 위하여 항만구역의 변경이 필요한 경우 그에 관한 사항

• 용수 · 에너지 · 교통 · 통신시설 등 기반시설에 관한 사항

• 하수도시설 및 공공폐수처리시설 · 폐기물처리시설의 설치, 자연경관 및 자연생태계 보전 등 환경보전에 관한 사항

5 ③

통보를 받은 시 · 도지사는 지체 없이 시장 · 군수 또는 구청장에게 통보하고, 통보받은 시장 · 군수 · 구청장은 관할 구역에 대한 항만재개발기본계획을 14일 이상 일반인이 열람할 수 있게 하여야 한다. 다만, 특별자치도지사는 직접 관할 구역에 대한 항만재개발기본계획을 14일 이상 일반인이 열람할 수 있게 하여야 한다.

6 ③

항만위원회의 설치〈항만공사법 제10조〉

• 경영목표 · 예산 · 자금계획 · 사업계획 및 운영계획

• 예비비의 사용 및 예산의 이월

• 결산

• 기본재산의 취득 및 처분

• 장기차입금의 차입 및 사채의 발행과 그 상환계획

• 항만시설의 임대료 및 사용료의 기준 설정

• 잉여금의 처분

• 투자 및 출연

• 정관의 변경

• 내규의 제정 및 변경

• 임원추천위원회 위원의 선임

• 지사 또는 분사무소의 설치

• 그 밖에 위원회가 특히 필요하다고 인정하는 사항

7 ①

① 공사는 사장 및 감사를 포함한 5명 이내의 임원을 둔다.

8 ③

과태료〈항만공사법 제45조〉 ①항 … 유사명칭의 사용 금지를 위반하여 항만공사라는 명칭을 사용한 자에게는 500만 원 이하의 과태료를 부과한다.

9 ②

사용료 및 임대료의 종류〈항만공사법 시행령 제13조〉 ①항 … 공사가 징수할 수 있는 사용료

• 선박료

• 화물료

• 여객터미널 이용료

• 전용 사용료

10 ②

사용료, 요율 등의 신고〈항만공사법 시행규칙 제12조〉 ①항

• 공사의 명칭 및 주소

• 사용료의 종류, 징수대상시설, 요율, 징수기준 및 적용방법

• 신고 전후 사용료의 요율비교표

• 변경사유 및 변경예정일(신고사항을 변경하는 경우만 해당한다)

• 사용료의 산출기초에 관한 서류

11 ③

제시된 자료는 산성일기의 일부로 이 작품의 배경과 관련된 전쟁은 병자호란이다. 따라서 병자호란과 관련된 것은 ⓑⓓⓔ이다.

ⓐ 임진왜란 때의 행주대첩

ⓒ 임진왜란 때의 진주대첩

12 ②

고려 말기에 정도전·조준 등 개혁파 사대부들이 사전의 폐단을 없애고 새로운 경제 질서를 확립하기 위해 1391년에 제정한 토지제도 이다. 조선이 건국된 이후에도 계승되어 1556년 직전법을 폐지하고 녹봉제를 실시할 때까지 조선의 양반관료사회를 유지하는 제도적 기초가 되었다.

13 ④

이성계는 위화도 회군(1388)으로 정치적 실권을 장악한 후 신진 사대부의 경제적 기반을 마련하기 위해 과전법을 실시(1391)하였다. 그리고 반대 세력을 제거한 후 조선을 건국(1392)하고 한양으로 도읍을 옮겼다(1394).

14 ②

② 김보당과 조위총의 난은 문신들이 무신으로부터 권력을 되찾아오기 위한 반란이다. 김보당은 의종 복위를 시도하여 군사를 일으켰으나 실패하였다. 조위총은 서경에서 무신 정권에 대한 저항 운동을 전개하였고 농민들도 가담하여 개경부근까지 진격하였으나 진압되었다.

① 최충헌의 사노비인 만적이 개경에서 '왕후장상의 씨가 따로 있나'라며 주도한 봉기는 천민출신으로 최고 권력자가 된 이의민의 영향을 받아 일어났으며 사전에 발각되어 성공하지 못했지만 이후, 30여 년간 이와 비슷한 신분해방 운동이 전개되었다.

④ 김사미(운문)와 효심(초전)의 봉기는 경주와 강릉 지역까지 세력이 확대되었다.

15 ④

고려 시대에는 불상, 석탑 등이 많이 제작되었으며 사찰을 후원하는 호족의 영향으로 지역별 특색이 나타나 다양한 소재와 규모, 형태의 불상이 제작되었다. 통일 신라 시대의 불상은 비례미와 조형미가 특징인 반면, 고려시대는 대형 불상이 유행하였으며, 통일 신라 시대의 불상과는 동떨어진 친근하고 과장된 표현을 통해 지방 문화의 독자적인 모습을 엿볼 수 있다.

16 ①

조광조의 개혁에 대한 내용으로, 조광조는 경연을 강화하고 언론활동을 활성화하였다.

② 주세붕이 세운 백운동 서원은 이황의 건의로 소수 서원이 되었다.

③ 신언패는 조선시대 연산군 때 관리들에게 말을 삼가기 위하도록 차게 한 패이다.

④ '주초위왕'이라는 글씨를 써서 조광조를 모함한 이들은 훈구세력이다.

17 ①

허생과 같이 대규모의 자본과 조직을 바탕으로 물건을 독점하여 사고파는 도매상인을 도고라고 불렀다. 상업이 발달하면서 도고는 많은 부를 축적하였다.

18 ④

모내기법의 보급으로 부농이 증가하였으며, 빈익빈 부익부의 심화로 부농에게 토지 소유권을 빼앗긴 대다수의 농민들이 몰락하였다.

① 조선 후기에는 농종법보다 견종법이 더 확산되었다.

② 1인당 경작면적이 확대되는 광작은 금지된 적이 없다.

③ 일정 액수를 소작료로 내는 도조법이 조선 후기에 증가하였다.

19 ④

㉠ 서얼은 문과 응시가 금지되었지만, 다른 잡과는 응시가 가능하였다.

㉡ 고려 시대의 향리는 그 지역의 실질적 지배세력이었으나, 조선 시대에는 수령의 보좌역으로 세습적 아전으로 격하되었지만 세금 징수 등의 역할을 담당하면서 위세를 부리기도 하였다.

㉢ 고려의 백정은 양민인 일반농민을 가리키며, 조선 시대의 백정은 도살업에 종사하는 천민을 말한다.

㉣ 노비는 주인에게 예속된 존재로서 상속, 매매, 증여의 대상이었다.

20 ④

제시문은 박제가의 「북학의」 중 일부로 그는 청에 다녀온 후 청의 문물을 적극적으로 수용할 것을 제창하였다. 상공업의 발달, 청과의 통상 강화, 수레와 선박의 이용 등을 역설하였다. 또한 생산과 소비와의 관계를 우물의 물에 비유면서 생산을 자극하기 위해서는 절약보다 소비를 권장해야 한다고 주장하였다.
① 이익 ② 유수원 ③ 유형원

21 ③

① 시계열 수요예측 기법은 과거에 발생했던 요소를 고려하여 미래의 수요를 예측한다.
② 시계열 수요예측 기법에는 추세분석, 이동평균법, 지수평활법 등이 있다. 델파이 방법은 질적 분석이며, 회귀분석 방법은 인과관계 분석이다.
④ 전략적 계획을 수립하는 데 필요한 장기적인 시장수요 파악뿐만 아니라, 계절적 변동 요인과 같은 단기적인 수요 변동 파악 및 돌발적 원인이나 불분명한 원인으로 일어나는 우연 변동을 파악하기 위해서도 사용된다.

22 ③

③ 내부 프로세스 관점이란 주주와 고객을 만족시키기 위하여 기업 내부에 가치를 창출할 수 있는 프로세스를 가지고 있는지를 평가하는 관점으로, 자발적 이직률과는 관계없다.

23 ③

주공정경로란 작업 개시에서 종료까지의 작업을 조합시킨 경로 중에서 가장 긴 경로를 말한다. 따라서
A(13) → B(8) → D(7) → G(5) : 33

24 ②

② 개념적 기술(Conceptual skill)은 분석적 사고 능력으로, 조직 전체를 이해하고 조직 내에서 구성원들의 활동을 조직하여 전체 상황에 맞도록 진행해 나가는 능력을 말한다. 비정형적 의사결정이 중심적 역할인 최고경영자 계층에서 가장 필요한 부분이다.

25 ④

④ 대비오류란 평가자가 자신과 반대되는 특성을 지닌 피평가자를 과대, 혹은 과소평가하는 경향을 말하기도 하며, 다른 피평가자와의 비교에 따라 피평가자를 과대 또는 과소평가하는 경향을 말한다.

26 ②

① 테일러는 기준과업의 달성 정도에 따라 임금을 차별하여 지급하는 차별능률급제를 주장하였다.
③ 바나드는 인간은 조직과의 관계에 있어서도 자유의사에 기초한 의사결정력을 가지고 있다고 보았다.
④ 인간관계론은 조직구성원들의 사회적·심리적 욕구와 조직 내 비공식집단 등을 중시한다.

27 ③

③ 시장침투 가격전략은 소비자들이 가격에 민감하게 반응하는 시장이거나 규모의 경제가 존재하여 가격 인하에도 이익을 확보할 수 있는 경우, 제품의 차별화가 어려운 경우, 혹은 시장의 후발주자가 기존 경쟁제품으로부터 고객을 빼앗고 시장점유율을 확보하기 위해 사용한다.
※ 스키밍 가격전략과 시장침투 가격전략
　　㉠ 스키밍 가격전략 : 시장에 신제품을 선보일 때 고가로 출시한 후 점차적으로 가격을 낮추는 전략으로 브랜드 충성도가 높거나 제품의 차별점이 확실할 때 사용한다.
　　㉡ 시장침투 가격전략 : 신제품을 시장에 선보일 때 초기에는 낮은 가격으로 제시한 후 시장점유율을 일정 수준 이상 확보하면 가격을 점차적으로 인상하는 전략이다.

28 ①

합병의 순현가 = 합병의 시너지 효과 - 합병 프리미엄
합병의 시너지 효과 = 합병 후의 기업가치 - (X사의 기업가치 + Y회사의 기업가치)
합병 프리미엄 = Y회사의 인수가격 - Y회사의 기업가치
따라서 X회사의 입장에서 합병의 순현가 = {120 - (70 + 30)} - (40 - 30) = 10억 원

29 ④

적시생산방식(Jist In Time) … 재고를 쌓아 두지 않고서도 필요한 때 적기에 제품을 공급하는 생산방식이다.

④ 적시생산방식 시스템은 다품종 소량생산체제의 구축 요구에 부응, 적은 비용으로 품질을 유지하여 적시에 제품을 인도한다는 특징이 있다.

30 ④

채찍효과 … 하류의 고객주문 정보가 상류로 전달되면서 정보가 왜곡되고 확대되는 현상

31 ③

최저임금 수준이 균형임금 수준보다 높아야지만 영향을 미치는데 최저임금 수준이 균형임금 수준보다 낮으므로 아무런 영향을 미치지 못한다.

32 ④

④ 경기가 극심한 침체에 빠졌을 경우에 소비가 미덕이 되고, 과열된 경기일 경우에는 절약이 미덕이 된다.

33 ①

① 재할인율이 인상되면 중앙은행으로부터 예금은행의 차입이 감소하고, 이에 따라 본원통화가 감소하게 되며 통화량이 감소하게 된다.

34 ③

국채발행을 증가시키면 채권가격이 하락하고 이는 이자율의 상승을 가져오게 된다. 따라서 투자가 감소하게 된다. 그리고 조세를 감소시키면 가처분 소득이 증가하게 되어 소비가 증가하게 된다.

35 ②

① 무역 이후의 상대가격과 무역 이전 두 나라의 상대가격이 달라야 무역의 이득이 발생한다.

③ 각국의 산업구조 차이가 커진다.

④ 선진국에서 헥셔-올린정리에 의해 자본집약적인 제품을 수출하고, 후진국에서는 노동집약적인 제품을 수출한다.

36 ④

소비자잉여는 어떤 상품에 대해 소비자가 최대한 지불해도 좋다고 생각하는 가격(수요가격)에서 실제로 지불하는 가격(시장가격)을 뺀 차액을 말한다. 만일 수요곡선이 우하향하고 공급곡선이 우상향하면 수요의 증가는 소비자잉여를 증가시킨다. 그러나 공급곡선이 수직인 경우에는 소비자잉여는 변함없게 된다. 따라서 수요곡선과 공급곡선의 형태에 따라서 소비자잉여는 증가 또는 감소하거나 변함없을 수도 있다.

37 ②

ㄹ 일정한 시점 혹은 기간 동안에 미리 정해진 가격으로 어떤 상품을 살 수 있는 권리를 콜옵션(call option)이라고 하고, 팔 수 있는 권리를 풋옵션(put option)이라고 한다.

38 ④

고용률

$$= \frac{\text{고용자 수}}{\text{비경제활동인구 수} + \text{고용자 수} + \text{실업자 수}}$$

×100로 구할 수 있다.

④ 비경제활동인구였단 전업 주부가 고용자가 된 경우로, 분모가 증가하여 고용률이 높아진다.

① 실업자 수가 감소하지만 그만큼 비경제활동인구가 증가하게 되므로 고용률은 변함없다.

②③ 고용자 내에서 이동한 것이므로, 고용률은 변함없다.

39 ①

• 노동의 한계생산을 증가시키는 기술진보→노동수요곡선 우측 이동

• 보다 많은 노동자들이 노동시장에 참여→노동공급곡선 우측 이동

따라서 균형노동고용량은 반드시 증가하지만, 균형임금의 변화는 두 곡선의 이동 정도에 따라 달라진다.

40 ③

제3급 가격차별은 $MR_A = MR_B$에서 결정된다.

$MR = P\left(1 - \dfrac{1}{\varepsilon}\right)$이므로 문제에 주어진 내용을 대입해 보면,

$MR_A = 1,500\left(1 - \dfrac{1}{3}\right),\ MR_B = P_B\left(1 - \dfrac{1}{2}\right)$이다.

B시장에서 책정해야 하는 가격을 x라고 하면,

$1,500\left(1 - \dfrac{1}{3}\right) = x\left(1 - \dfrac{1}{2}\right)$이므로

$x = 2,000$원이다.

41 ④

④ SRM은 기업의 수익성 극대화에 영향을 미치는 공급업체와의 관계에 대한 이해와 비즈니스 규칙을 확립해 가는 과정으로, 공급업체와의 단편적인 협업을 지양하고 전체 구매 라이프사이클을 지원해야 한다.

42 ④

④ ERP시스템은 기업 내 생산, 물류, 재무, 회계, 영업과 구매, 재고 등 경영 활동 프로세스들을 통합적으로 연계해 관리해 주며 기업에서 발생하는 정보들을 서로 공유하고 새로운 정보의 생성과 빠른 의사결정을 도와주는 시스템이다.

43 ③

　㉠ 선입선출법
　　6월 2일(10개) : $1,000 \times 10 = 10,000$원
　　6월 5일(15개) : $1,500 \times 15 = 22,500$원
　　$10,000 + 22,500 = 32,500$원

　㉡ 후입선출법
　　6월 2일(5개) : $1,000 \times 5 = 5,000$원
　　6월 5일(20개) : $1,500 \times 20 = 30,000$원
　　$5,000 + 30,000 = 35,000$원

따라서 선입선출법으로 계산한 출고금액과 후입선출법으로 계산한 출고금액의 차이는
$35,000 - 32,500 = 2,500$원이다.

44 ④

공급사슬관리 도입의 필요성
㉠ 부가가치의 원천
㉡ 외부 불확실성의 증대
㉢ 채찍효과의 심화
㉣ 대량고객화와 제품 수명주기의 단축
㉤ 글로벌화에 따른 물류의 복잡성 및 리드타임의 증대
㉥ 정보기술의 발달
㉦ 글로벌 경쟁의 심화와 공급사슬 혁신사례의 확산

45 ②

② 구매활동은 물류, 생산, 마케팅활동과 유기적으로 수행된다.

46 ③

③ 1955년 5월 동유럽 8개국이 서유럽 진영의 공동 방위 기구인 나토(NATO)에 대항하기 위하여 체결한 상호 우호와 협력에 관한 조약이다.

47 ③

③ 컨테이너 운영자 화물손해배상 책임보험(container operator's cargo indemnity insurance)이란 컨테이너보험의 일종으로 컨테이너 운영자 또는 그 대리인이 컨테이너로 수송할 화물의 손해에 대해 부담할 배상책임을 담보로 한다. 담보책임의 범위는 법률상 또는 보험증권 첨부의 B/L상에 규정된 운송계약상의 배상액 외에 권리보전, 손해방지, 보험자에 대한 협력, 보험자의 동의를 얻기 위한 소송 등에 관한 비용에 관해서도 합리적으로 지출될 범위 내의 것을 담보한다.

48 ②

② 물품의 지정선적항의 부두에 혹은 부선으로 본선의 선측에 인도하였을 때로 변경되었다.

49 ②

② 지정장치장이란 통관을 하려는 물품을 일시 장치하기 위한 장소로서 세관장이 지정하는 구역으로 한다.

50 ③

③ 제4자 물류의 공급자는 광범위한 서플라이 체인상의 조직을 관리하고 기술, 능력, 정보기술, 자료 등을 관리하는 공급망의 통합자이다.

>> 직업기초능력평가

1 ④

④ 혼인이나 제사 따위의 관혼상제 같은 어떤 의식을 치르다.

① 사람이 어떤 장소에서 생활을 하면서 시간이 지나가는 상태가 되게 하다.

② 서로 사귀어 오다.

③ 과거에 어떤 직책을 맡아 일하다.

2 ③

주위 환경이 중요함을 이야기하는 글이다. 청소년이 모범청소년보다 비행청소년과 자주 접촉할 경우, 그는 다른 청소년들보다 위법행위에 호의적인 가치와 관대한 태도를 학습하여 비행을 더 저지르게 된다.

3 ③

① 외부 전시장 사전 답사일인 7월 7일은 토요일이다.

② 丙 사원은 개인 주간 스케줄인 '홈페이지 전시 일정 업데이트' 외에 7월 2일부터 7월 3일까지 '브로슈어 표지 이미지 샘플조사'를 하기로 결정되었다.

④ 2018년 하반기 전시는 관내 전시장과 외부 전시장에서 열릴 예정이다.

4 ④

④ 다섯 번째 카드에서 교통약자석에 대한 인식 부족으로 교통약자석이 제 기능을 못하고 있다는 지적은 있지만, 그에 따른 문제점들을 원인에 따라 분류하고 있지는 않다.

① 첫 번째 카드

② 세 번째 카드

③ 네 번째 카드

5 ②

② 카드 뉴스는 신문 기사와 달리 글과 함께 그림을 비중 있게 제시하여 의미 전달을 효과적으로 하고 있다.

① 통계 정보는 (나)에서만 활용되었다.

③ 표제와 부제의 방식으로 제시한 것은 (나)이다.

④ 비유적이고 함축적인 표현들은 (가), (나) 모두에서 사용되지 않았다.

6 ③

ⓒ의 앞 문장을 보면 "그는 선을 최대로 산출하는 행동이 도덕적으로 옳은 행동이라고 보았다."라고 명시되어 있으므로 무어의 입장에서 보면 선을 최대로 산출하는 행동이 도덕적으로 옳은 행동이라고 할 수 있다.

7 ①

ⓒ, ⓒ 모두 선을 향유하는 존재가 있다고 인정하고 있다. 그렇기 때문에, 선이 인간과 상관없이 독립적으로 존재한다고 보는 ㉠ 고전적 객관주의를 비판할 수 있다. 그러므로 '선은 (선을 향유할 수 있는) 인간과 독립적으로 존재하지 않는다.'라는 논지이다.

8 ②

피그말리온 효과(Pygmalion Effect)는 타인이 자신을 존중하고 자신에게 기대하는 만큼 암시적 효과를 통해 기대에 부응하는 쪽으로 결과가 좋아지는 현상을 의미한다. 참고로 피그말리온효과는 그리스 신화에서 유래하였으며, 조각가 피그말리온은 아름다운 여인상을 조각하고 그 여인상을 진심으로 사랑하게 되고 여신 아프로디테가 그의 사랑에 감동하여 여인상에게 생명을 불어넣어 준다. 이 효과는 하버드대학교 사회심리학 교수인 로젠탈 박사가 교사가 학생에게 거는 기대가 실제로 학생의 성적 향상에 효과를 미친다는 것을 입증하면서 교육학에서는 피그말리온효과를 로젠탈 효과라고도 한다.

9 ①

말다 … '말고' 꼴로 명사의 단독형과 함께 쓰여 '아니고'의 뜻을 나타낸다.
② 밥이나 국수 따위를 물이나 국물에 넣어서 풀다.
③ 종이나 김 따위의 얇고 넓적한 물건에 내용물을 넣고 돌돌 감아 싸다.
④ 어떤 일이나 행동을 하지 않거나 그만두다.

10 ①

밑줄 친 부분은 "B 혜택(Benefits)"을 가시화시켜 설명하는 단계로 제시하는 이익이 고객에게 반영되는 경우 실제적으로 발생할 상황을 공감시키는 과정이다. 지문에서는 "가장 소득이 적고 많은 비용이 들어가는 은퇴시기"라고 실제 발생 가능한 상황을 제시하였다. 또한, 이해만으로는 설득이 어렵기 때문에 고객이 그로 인해 어떤 변화를 얻게 되는지를 설명하는데 지문에서는 보험 가입으로 인해 "편안하게 여행을 즐기시고 또한 언제든지 친구들을 부담 없이 만나"에서 그 내용을 알 수 있으며 이는 만족, 행복에 대한 공감을 하도록 유도하는 과정이다.

11 ④

㉠ 09:22에 D구역에 있었던 산양 21마리에서 09:32에 C구역으로 1마리, 09:50에 B구역으로 1마리가 이동하였고 09:52에 C구역에서 3마리가 이동해 왔으므로 09:58에 D구역에 있는 산양은 21 − 1 − 1 + 3 = 22마리이다.
㉡ 09:10에 A구역에 있었던 산양 17마리에서 09:18에 C구역에서 5마리가 이동해 왔고 09:48에 C구역으로 4마리가 이동하였으므로 10:04에 A구역에 있는 산양은 17 + 5 − 4 = 18마리이다.
㉢ 09:30에 B구역에 있었던 산양 8마리에서 09:50에 D구역에서 1마리가 이동해 왔고, 10:05에 C구역에서 2마리가 이동해 왔으므로 10:10에 B구역에 있는 산양은 8 + 1 + 2 = 11마리이다.
㉣ 09:45에 C구역에 있었던 11마리에서 09:48에 A구역에서 4마리가 이동해 왔고, 09:52에 D구역으로 3마리, 10:05에 B구역으로 2마리가 이동하였으므로 10:15에 C구역에 있는 산양은 11 + 4 − 3 − 2 = 10마리이다.

12 ④

○○목장에서 키우는 산양의 총 마리 수는 22 + 18 + 11 + 10 = 61마리이다.

13 ④

제시된 내용은 지적재산권에 관한 것이다.

14 ②

자원의 성격
㉠ **자원의 가변성** : 자원의 가치는 과학기술과 문화적 배경 등에 따라 변화할 수 있다.
㉡ **자원의 상대성** : 동일 자원이 시대 또는 장소에 따라 다르게 사용될 수 있다.
㉢ **자원의 유한성** : 자원의 매장량은 한계가 있다.
㉣ **자원의 편재성** : 자원은 일부 지역에 편중되어 있다.

15 ④

산업수명주기의 특징
㉠ 도입기
•새로운 제품 및 기술이 등장하면서 새로운 시작을 개척
•연구, 개발, 마케팅 등에 자금 투자로 인해 대부분 적자가 발생
•기업의 수익성은 낮고 위험이 높음
•진입장벽이 높아 경쟁업체 수가 적기 때문에 시장 선점 가능
•고객을 교육시키고, 유통망을 구축하고, 제품설계의 완성도를 높이는 경쟁
㉡ 성장기
•수요의 증가로 기업의 수입 확대
•높은 매출성장률과 급격한 시장점유율 확대로 이익 증가
•새로운 경쟁업체 출현
•품질개선 및 신제품 개발, 광고를 통해 자사 제품의 우위성 홍보
㉢ 성숙기
•시장 수요가 포화상태로 가격과 이익의 하락
•경쟁업체와의 가격경쟁으로 수익성은 감소
•경쟁력이 약한 기업은 탈락하고 경쟁우위가 확고한 기업만이 생존

ⓔ 쇠퇴기
- 수요량이 감소하고 새로운 기술 개발하여 대체품 등장
- 구매자 기호의 변화로 새로운 산업의 등장
- 생존을 위한 합병

16 ②

Open-To-Buy plan = planned EOM stock(6백만 원) − Projected EOM stock(4백 6십만 원) = 1백 4 십만 원

17 ④

$$용적률 = \frac{건축연면적}{대지면적} \times 100$$
$$= \frac{140(= 2층 + 3층)}{100} \times 100 = 140\%$$

18 ③

제조업체 (1,2,3)에서 도매상 (1,2)으로 가는 거래의 수 : 6, 도매상 (1, 2)에서 소매상 (1,2,3,4,5,6)으로 가는 거래의 수 : 12, 그러므로 총 거래 수는 18개이다.

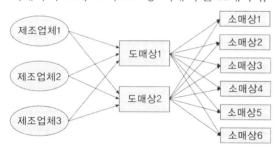

19 ④

총 안전재고를 구하기 위한 과정은 다음과 같다.
① 주문기간 중의 평균수요
- 소매상 = $5 \times 20/7 = 14.28 = 14$
- 도매상 = $50 \times 39/7 = 278.57 = 279$
- 공장창고 = $2,500 \times 41/7 = 14,642,86 = 14,643$

② 평균안전재고
- 소매상 = $500 \times (25 - 14) = 5,500$
- 도매상 = $50 \times (350 - 279) = 3,550$
- 공장창고 = $1 \times (19,000 - 14,643) = 4,357$

∴ 총 안전재고 = $5,500 + 3,550 + 4,357 = 13,407$

20 ①

- 대안 1 : 10억 원의 설치비용이 드는 소각장을 10년 간 사용 가능하므로, 1년에 1억 원의 쓰레기 처리비 용이 발생한다. → 선택
- 대안 2 : 매년 1,200톤의 쓰레기를 배출하는데, 쓰레 기 처리비용이 10만 원/ton이므로, 1년에 1억 2천만 원의 쓰레기 처리비용이 발생한다.
- 대안 3 : 연간 1억 1천만 원의 쓰레기 처리비용이 발 생한다.

21 ③

선택한 4개의 날짜 중 가장 첫 날짜를 x라고 하면 선택되는 네 날짜는 $x+1$, $x+7$, $x+8$이다. 선택 한 4개의 날짜의 합이 88이 되려면, $x+(x+1)+(x+7)+(x+8) = 4x+16 = 88$이 므 로 $x = 18$이고 선택된 4개의 날짜는 18, 19, 25, 26 이 된다.
따라서 4개의 날짜 중 가장 마지막 날짜는 26일이다.

22 ③

③ 각 상품의 주문금액 대비 신용카드 결제금액 비율 은 다음과 같다. 주문금액 대비 신용카드 결제금액 비율이 가장 낮은 상품은 '캠핑용품세트'이다.

캠핑용품세트	$\frac{32,700}{45,400} \times 100 = 72.0\%$
가을스웨터	$\frac{48,370}{57,200} \times 100 = 84.6\%$
샴푸	$\frac{34,300}{38,800} \times 100 = 88.4\%$
에코백	$\frac{7,290}{9,200} \times 100 = 79.2\%$

① 전체 할인율은 $\frac{22,810}{150,600} \times 100 = 15.1\%$ 이다.

② 각 상품의 할인율은 다음과 같다. 할인율이 가장 높은 상품은 '캠핑용품세트'이다.

캠핑용품세트	$\frac{4,540+4,860}{45,400} \times 100 = 20.7\%$
가을스웨터	$\frac{600+7,970}{57,200} \times 100 = 15.0\%$
샴푸	$\frac{38,800-35,800}{38,800} \times 100 = 7.7\%$
에코백	$\frac{1,840}{9,200} \times 100 = 20.0\%$

④ 10월 전체 주문금액의 3%가 11월 포인트로 적립된다면 11월에 적립되는 포인트는 150,600 × 0.03 = 4,518원으로 10월 동안 사용한 포인트는 총 포인트는 5,130원보다 작다.

23 ③

위의 내용을 기초로 하여 계산하면 다음과 같다.

연간수요량(D) = 주 평균소요 × 52주 = 5,200개

1회 주문비용 (CO) = 500원

연간 재고유지비용 = 500원 × 0.2 = 100원

$$EOQ = \sqrt{\frac{2 \times 수요량 \times 주문비용}{재고유지비용}}$$
$$= \sqrt{\frac{2 \times 500 \times 5,200}{100}}$$
$$= \sqrt{52,000}$$
$$= 228개$$

24 ④

구해야 하는 값의 기준은 10월이며 이전의 수요량을 감안해야 하므로 이에 해당하는 10월 이전의 4기간(4 개월 ; 6~9월)이 되므로 그 범위에 해당되는 기간은 6~9월까지임을 알 수 있다. 그러므로 평균을 구하는 것이기 때문에 분모는 4가 되며 이를 계산하면 아래와 같다.

$$\frac{26,000 + 27,000 + 23,000 + 24,000}{4} = 25,000$$

25 ④

보완적 평가방식은 각 상표에 있어 어떤 속성의 약점을 다른 속성의 강점에 의해 보완하여 전반적인 평가를 내리는 방식을 의미한다. 보완적 평가방식에서 차지하는 중요도는 60, 40, 20이므로 이러한 가중치를 각 속성별 평가점수에 곱해서 모두 더하면 결과 값이 나오게 된다. 각 대안(열차종류)에 대입해 계산하면 아래와 같은 결과 값을 얻을 수 있다.

- KTX 산천의 가치 값
  = (0.6 × 3) + (0.4 × 9) + (0.2 × 8) = 7
- ITX 새마을의 가치 값
  = (0.6 × 5) + (0.4 × 7) + (0.2 × 4) = 6.6
- 무궁화호의 가치 값
  = (0.6 × 4) + (0.4 × 2) + (0.2 × 3) = 3.8
- ITX 청춘의 가치 값
  = (0.6 × 6) + (0.4 × 4) + (0.2 × 4) = 6

- 누리로의 가치 값
  = (0.6 × 6) + (0.4 × 5) + (0.2 × 4) = 6.4

조건에서 각 대안에 대한 최종결과 값 수치에 대한 반올림은 없는 것으로 하였으므로 종합 평가점수가 가장 높은 KTX 산천이 김정은과 시진핑의 입장에 있어서 최종 구매대안이 되는 것이다.

26 ①

주문점은 표에 제시된 내용에 대입하여 구하면 다음과 같다.

주문점 = (단위 도달시간 + 재고점검주기)
      × 일 수요 + 안전재고
     = (14 + 7) × 5 + 30 = 135

27 ①

S→1→F 경로로 갈 경우에는 7명, S→3→2→F 경로로 갈 경우에는 11명이며, S→3→2→4→F 경로로 갈 경우에는 6명이므로, 최대 승객 수는 모두 더한 값인 24명이 된다.

28 ①

- 하루 40feet 컨테이너에 대한 트럭의 적재량
  = 2 × 40 = 80
- 월 평균 트럭 소요대수
  = 1,600 × 20 ÷ 2,000 = 16
- 월 평균 40feet 컨테이너 트럭의 적재량
  = 25 × 80 = 2,000
∴ 1일 평균 필요 외주 대수는 16 − 11 = 5대이다.

29 ②

차종별 주행거리에서 화물차는 2016년에 비해 2017년에 7.9% 증가하였음을 알 수 있다.

30 ③

지방도로의 주행거리에서 가장 높은 수단과 가장 낮은 수단과의 주행거리 차이는 승용차의 주행거리에서 화물차의 주행거리를 뺀 값으로 (61,466 − 2,387 = 59,079km)이다.

31 ③

ⓐ 출고가 대비 공시지원금의 비율을 계산해 보면

- A = $\frac{210,000}{858,000} \times 100 = 24.48\%$

- B = $\frac{230,000}{900,000} \times 100 = 25.56\%$

- C = $\frac{150,000}{780,000} \times 100 = 19.23\%$

- D = $\frac{190,000}{990,000} \times 100 = 19.19\%$

그러므로 '병'과 '정'은 C아니면 D가 된다.

ⓑ 공시지원금을 선택하는 경우 월 납부액보다 요금 할인을 선택하는 경우 월 납부액이 더 큰 스마트 폰이 '갑'이다. A와 B를 비교해보면

- A

－공시지원금

$= \frac{858,000 - (210,000 \times 1.1)}{24} + 51,000 = 77,120$ 원

－요금할인 $= 51,000 \times 0.8 + \frac{858,000}{24} = 76,550$ 원

- B

－공시지원금

$= \frac{900,000 - (230,000 \times 1.1)}{24} + 51,000 = 77,750$ 원

－요금할인 $= 51,000 \times 0.8 + \frac{900,000}{24} = 78,300$ 원

B가 '갑'이 된다.

ⓒ 공시지원금을 선택하는 경우 월 기기값이 가장 작 은 스마트폰 기종은 '정'이다.

C와 D를 비교해 보면

- C = $\frac{780,000 - (150,000 \times 1.1)}{24} = 25,620$ 원

- D = $\frac{990,000 - (190,000 \times 1.1)}{24} = 32,540$ 원

C가 '정'이 된다.

그러므로 A=을, B=갑, C=정, D=병이 된다.

32 ③

③ 준법감시인과 경제연구소는 은행장 소속으로 되어 있다.

33 ④

① 조직의 사명은 조직의 비전, 가치와 신념, 조직의 존재이유 등을 공식적인 목표로 표현한 것이다. 반

면에, 세부목표 혹은 운영목표는 조직이 실제적인 활동을 통해 달성하고자 하는 것으로 사명에 비해 측정 가능한 형태로 기술되는 단기적인 목표이다.

② 조직목표는 한번 수립되면 달성될 때까지 지속되 는 것이 아니라 환경이나 조직 내의 다양한 원인 들에 의해 변동되거나 없어지고 새로운 목표로 대 치되기도 한다.

③ 조직구성원들은 자신의 업무를 성실하게 수행한다 고 하더라도 전체 조직목표에 부합되지 않으면 조 직목표가 달성될 수 없으므로 조직목표를 이해하 고 있어야 한다.

④ 조직은 다수의 조직목표를 추구할 수 있다. 이러한 조직목표들은 위계적 상호관계가 있어서 서로 상 하관계에 있으면서 영향을 주고받는다.

34 ③

인력수급계획 및 관리, 교육체계 수립 및 관리는 인사 부에서 담당하는 업무의 일부이다.

35 ③

직원 교육에 대한 업무는 인사과에서 담당하기 때문 에 교육 세미나에 대해 인사과와 협의해야 하지만 영 업교육과 프레젠테이션 기술 교육을 인사과 직원이 직접 하는 것은 아니다.

36 ④

협의 사항 중 비서실과 관련된 내용은 없다.

37 ②

① 영업교육과 프레젠테이션 기술 교육

③ 연 2회

④ 영업직원의 영업능력 향상

38 ④

주차유도원서비스, 상품게시판 예약서비스 등은 사전 서비스에 해당한다.

39 ①

위 표는 직무기술서로 직무기술서는 주로 과업요건에 초점을 맞추고 있다.

40 ④

④ 사업부문은 신용사업부문으로 명칭이 변경되어야 한다.

41 ②

①② 계약은 청약에 대한 승낙의 효력이 발생한 시점에 성립되므로 B의 승낙이 A에게 도달한 2018년 1월 14일에 성립된다.

③ 2018년 1월 15일까지 승낙 여부를 통지해 달라고 승낙기간을 지정하였으므로 청약은 철회될 수 없다.

④ 청약에 대한 승낙은 동의의 의사표시가 청약자에게 도달하는 시점에 효력이 발생하므로 B의 승낙이 A에게 도달한 2018년 1월 14일에 성립된다.

42 ②

② 행위자 A와 직·간접적으로 연결되는 모든 행위자들과의 최단거리는 1 − 5명(D, E, F, G, H), 2 − 1명(B), 3 − 4명(I, J, K, M), 4 − 1명(C), 5 − 4명(L, N, O, P)으로 총 43으로 행위자 A의 근접 중심성은 $\frac{1}{43}$ 이다.

행위자 B와 직·간접적으로 연결되는 모든 행위자들과의 최단거리는 1 − 5명(G, I, J, K, M), 2 − 2명(A, C), 3 − 8명(D, E, F, H, L, N, O, P)으로 총 33으로 행위자 B의 근접 중심성은 $\frac{1}{33}$ 이다.

43 ④

BBB등급 기준보증료율인 1.4%에서 지방기술사업과 벤처기업 중 감면율이 큰 자방기술사업을 적용하면 ㈜서원의 보증료율은 1.1%이다. 보증료의 계산은 보증금액 × 보증료율 × 보증기간/365이므로 ㈜서원의 보증료는 5억 원 × 1.1% × 365/365 = 5,500천 원이다.

44 ①

갑, 을, 병 3개 회사가 보증금액(신규)과 보증기간이 동일하므로 보증료율이 높은 순서대로 정렬하면 된다.

- 갑 보증료율 : 1.4%(BBB등급) − 0.3%p(감면율이 큰 국가유공자기업 적용) + 0.3%p(고액보증기업 나 + 장기이용기업 가) = 1.4%
- 을 보증료율 : 1.5%(B등급) − 0.2%(벤처·이노비즈기업 중복적용 안 됨) + 0.0%p(장기이용기업 다에 해당하지만 경영개선지원기업으로 가산요율 적용 안 함) = 1.3%
- 병 보증료율 : 1.5%(B등급) − 0.3%p(감면율이 큰 장애인기업 적용) + 0.0%p(가산사유 해당 없음) = 1.2%

따라서 보증료율이 높은 순서인 갑 − 을 − 병 순으로 보증료가 높다.

45 ④

일찍 출근하는 것과 직무 몰입도의 관계에 대해서 언급한 사람은 B와 C이다. 그러므로 일찍 출근을 하지만 직무에 몰입하지 않는 임직원이 많을수록 B와 C의 결론이 약화된다.

46 ③

제시된 내용은 저출산 문제의 심각성을 설문조사를 통해 나타내고 있다.

47 ①

문제해결의 장애요소

㉠ 너무 일반적이거나 너무 크거나 또는 잘 정의되지 않은 문제를 다루는 경우

㉡ 문제를 정확히 분석하지 않고 곧바로 해결책을 찾는 경우

㉢ 잠재적 해결책을 파악할 때 중요한 의사결정 인물이나 문제에 영향을 받게 되는 구성원을 참여시키지 않는 경우

㉣ 개인이나 팀이 통제할 수 있거나 영향력을 행사할 수 있는 범위를 넘어서는 문제를 다루는 경우

㉤ 창의적 해결책보다는 '즐겨 사용하는' 해결책을 적용하는 경우

㉥ 해결책을 선택하는 타당한 이유를 마련하지 못하는 경우

ⓐ 선택한 해결책을 실행하고 평가하는 방식에 관해 적절하게 계획을 수립하지 못하는 경우

48 ③

시장의 위협을 회피하기 위해 강점을 사용하는 전략은 ST전략에 해당한다.

③ 부품의 10년 보증 정책은 강점, 통해 대기업의 시장 독점은 위협에 해당한다. (ST전략)
① 세계적인 유통라인은 강점, 개발도상국은 기회에 해당한다. (SO전략)
② 마진이 적은 것은 약점, 인구 밀도에 비해 대형마트가 부족한 도시는 기회에 해당한다. (WO전략)
④ 고가의 연구비는 약점, 부족한 정부 지원은 위협에 해당한다. (WT전략)

49 ④

제시된 내용은 김치에서 이상한 냄새가 나고 있는 상황이다.
④는 '김치 표면에 하얀 것(하얀 효모)이 생겼을 때'의 확인 사항이다.

50 ③

③은 매뉴얼로 확인할 수 없는 내용이다.

1 ①

항만의 기능을 지원하기 위한 시설로서 해양수산부령으로 정하는 시설

㉠ 항만운송사업 등 항만 관련 사업을 경영하는 자의 업무용 시설
㉡ 항만 관련 회의 및 장비 전시 등을 위한 시설
㉢ 여객운송사업자의 업무용 시설 및 여객의 편의제공시설 등을 수용하기 위한 종합여객시설
㉣ 항만종사자 및 여객 등을 위한 상업용 시설, 체육시설
㉤ 항만에 입항·출항하는 선박의 수리를 위한 수리조선 시설 및 장비
㉥ 항만공사 시에 발생하는 준설토 투기를 위한 시설
㉦ 항만 운영 및 관리 등을 위한 해양관측시설

2 ③

다음의 어느 하나에 해당하는 변경을 하는 경우에는 해양수산부장관은 관계행정기관 장과의 협의 및 중앙심의회이 심의 없이 항만기본계획을 변경할 수 있다.

㉠ 항만시설별 항만공사 규모 또는 면적의 100분의 10 이내의 변경
㉡ 다음의 계획에 포함된 항만개발에 관한 사항을 그대로 반영하기 위한 항만기본계획의 변경
• 항만재개발기본계획
• 「신항만건설촉진법」에 따른 신항만건설기본계획
• 「공유수면 관리 및 매립에 관한 법률」에 따른 공유수면매립 기본계획
• 「산업입지 및 개발에 관한 법률」에 따른 산업단지 개발계획
• 「마리나항만이 조성 및 관리 등에 관한 법률」에 따른 마리나항망에 관한 기본계획
㉢ 다음 각 목에 포함된 항만개발에 관한 사항을 그대로 반영하기 위한 항만기본계획의 변경
• 「국가재정법」 제50조 제2항 및 제3항에 따른 타당성재조사 결과
• 「환경영향평가법」 제29조에 따른 협의내용
• 「해사안전법」 제15조 제5항에 따른 검토의견
㉣ 다음 각 목의 변경
• 공유수면 매립면적이 증가하지 않는 항만시설의 위치 변경

- 항만시설 규모의 변경이 없는 항만시설 명칭의 변경
- 계류시설 규모의 변경이 없는 계류시설 접안 능력의 증대
- 돌핀(선박을 매어두거나 접안시키는 말뚝 등을 말한다. 이하 같다)의 법선(法線 : 계류시설에서 선박이 접안하는 면의 상부 끝단을 연장한 선) 범위 내에서 해당 돌핀의 시설 변경
- 그 밖에 위의 규정에 준하는 경미한 사항의 변경

3 ④

분구의 설정… 해양수산부장관은 항만을 효율적으로 개발하고 관리·운영하기 위하여 필요한 경우에는 항만구역에 대통령령으로 정하는 바에 따라 다음의 분구를 설정할 수 있다.
㉠ 상항구(商港區)
㉡ 공업항구(工業港區)
㉢ 어항구
㉣ 여객항구(旅客港區)
㉤ 보급(補給) 및 지원항구(支援港區)
㉥ 위험물항구(危險物港區)
㉦ 보안항구(保安港區)
㉧ 위락항구(慰樂港區)
㉨ 친수항구

4 ④

항만배후단지에 설치할 수 있는 시설
㉠ 일반업무시설
㉡ 판매시설
㉢ 주거시설 및 숙박시설
㉣ 정보처리시설
㉤ 근린생활시설
㉥ 의료시설, 교육연구시설, 문화시설, 복지시설, 운동시설, 관광 휴게시설 및 위락시설

5 ④

전기·통신·가스 및 지역난방 시설의 설치 등은 「도시개발법」의 규정을 준용한다.
※ 국가나 지방자치단체는 필요한 도로·철도·용수시설 등 대통령령을 정하는 기반시설을 설치하는 것을 우선적으로 지원하여야 한다. 국가나 지방자

치단체가 우선적으로 설치를 지원하는 기반시설은 다음과 같다.
㉠ 도로 및 철도
㉡ 용수공급시설 및 통신시설
㉢ 하수도시설, 공공폐수처리시설 및 폐기물처리시설
㉣ 항만배후단지 및 사업구역 안의 공동구
㉤ 집단 에너지공급시설
㉥ 항만배후단지개발 및 항만재개발사업을 위하여 특히 필요한 공공시설로서 해양수산부령으로 정하는 시설

6 ③

실시계획의 승인〈항만공사법 제22조〉①항
공사가 항만시설공사 또는 신항만 건설사업을 하려면 대통령령으로 정하는 바에 따라 사업의 실시계획을 수립하여 해양수산부장관의 승인을 받아야 하고, 승인을 받은 사항을 변경하려는 경우에도 또한 같다.

7 ①

비밀누설 등의 금지에 의해 직무상 알게 된 비밀을 누설한 사람은 2년 이하의 징역 또는 2천만 원 이하의 벌금에 처한다.

8 ④

항만시설의 사용 또는 임대〈항만공사법 시행령 제12조〉②항
- 신청인의 주소·성명
- 사용 또는 임차의 목적
- 사용 또는 임차하려는 항만시설의 위치·명칭·규모
- 사용 또는 임차의 기간

9 ①

항만공사법 시행규칙 제7조
- 해당 토지 또는 시설의 공정 현황
- 해당 토지 또는 시설의 사용 가능성 및 안전성 등에 관한 공사감리자의 의견서
- 해당 토지 또는 시설의 완성단계 도면 및 사진
- 해당 토지 또는 시설에 대한 경비·보안이 필요한 경우에는 그 경비·보안에 관한 대책

10 ③

항만공사법 시행령 제4조 ①항 … "외곽시설·임항교통시설 등 대통령령으로 정하는 항만시설"은 항만법에 따른 항만시설 중 다음의 어느 하나에 해당하는 항만시설을 말한다.

- 방파제·방사제·파제제·방조제·도류제·갑문·호안 등 외곽시설
- 도로·교량·철도·궤도·운하 등 임항교통시설
- 선박의 입항·출항을 위한 항로표지·신호·조명·항무통신에 관련된 시설 등 항행 보조시설
- 항만의 관제시설
- 삭제
- 「신항만건설촉진법」에 따른 신항만의 신속한 건설 등을 위하여 국가가 개발하는 항만시설

11 ①

제시된 한자는 향약의 4대 덕목이다.

- **덕업상권(德業相勸)** : 좋은 일은 서로 권한다.
- **과실상규(過失相規)** : 잘못은 서로 규제한다.
- **예속상교(禮俗相交)** : 좋은 풍속은 서로 교환한다.
- **환난상휼(患難相恤)** : 어려운 일을 당하면 서로 돕는다.

12 ④

성호 이익(1681~1763)

ⓐ 이익학파 형성 : 유형원의 실학사상을 계승·발전시켜 안정복, 이중환 등의 제자를 길러냈다.

ⓑ 한전론 주장 : 한 가정의 생활을 유지하는 데 필요한 일정한 토지를 영업전으로 정하여 법으로 매매를 금지하고 나머지 토지만을 매매 허용해야 한다고 주장했다.

ⓒ 6가지 폐단 지적 : 나라를 좀먹는 6가지 폐단으로 양반문벌제도, 노비제도, 과거제도, 사치와 미신, 승려, 게으름을 지적하였다.

ⓓ 폐전론과 사창제도 주장 : 농민을 괴롭히고 있던 고리대와 화폐의 폐단을 비판하고 환곡제도 대신 사창제도의 실시를 주장했다.

13 ①

① 서경천도는 고려 시대 묘청이 주장한 내용이다.

14 ③

ⓒ 371년(근초고왕 26) ⓐ 375년(소수림왕 5) ⓓ 414년(장수왕 3) ⓑ 475년(문주왕 즉위년)

15 ②

위에 제시된 나라는 고구려이다.
ⓑⓒⓔ 고구려 ⓐ 부여 ⓓ 동예 ⓕ 삼한

16 ③

제시된 내용은 원효에 관한 설명이다.

17 ④

위의 제시된 자료의 '이것'은 좌우 합작 위원회를 말한다. 당시 좌우 합작 위원회에 참여한 대표적인 인물로 남측의 김규식와 북측의 여운형 등이 있다.

18 ④

(가)는 가야에 대한 내용이고 (나)는 신라에 대한 내용이다.
① 부여에 대한 설명이다.
② 백제에 대한 설명이다.
③ 가야는 중앙집권국가로 발전하지 못하였다.

19 ④

ⓐ 1943년
ⓒ 1945년
ⓓ 1948년 4월
ⓑ 1948년 7월

20 ④

제시된 자료에 나오는 왕은 신문왕이다.
① 광개토대왕
② 문주왕
③ 태종무열왕

21 ③

④ 기본 경제적 주문량 모형에서 발주비용과 발주량은 아래 그림처럼 비선형의 우하향하는 형태를 보인다.

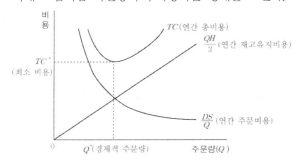

22 ③

비용가산법은 재화나 서비스의 생산원가에 일정 이익률을 고려하여 가격을 결정하는 방법으로, 비용가선법에 의한 가격

$$= \frac{총고정비용 + 총변동비용 + 목표이익}{총생산량}$$ 이다.

따라서 의자 1개의 가격

$$= \frac{1,000만\ 원 + (500개 \times 10만\ 원) + 1,000만\ 원}{500개}$$

$$= 14만\ 원\ 이다.$$

23 ③

소비재의 제품특성

소비재의 특성	선매품	편의품	전문품
구매 전 지식	적다	많다	많다
구매노력	보통	적다	많다
대체제품 수용도	보통	높다	없다
구매빈도	보통	많다	다양하다
관여도 수준	비교적 높다	낮다	매우 높다
가격	고가	저가	매우 고가
유통	선택적 유통	개방적 유통	전속적 유통
제품 종류	패션의류, 가구, 가전 등	치약, 세제, 과자류 등	고급 시계, 보석류 등

24 ④

① 지속가능 기업전략에서는 주주의 이익뿐만 아니라 모든 이해관계자를 고려하는 사회적 이익 창출을 중요시한다.

② 지속가능성 평가 기준의 일종인 삼중선(triple bottom lines)은 기업의 이익, 환경지속성, 사회적 책임을 강조한다.

③ 사회적 책임이 포함된 기업전략을 수립하는 것에 대해 모든 기업이 동의하는 것은 아니다.

25 ①

영업활동으로 인한 현금흐름(OCF : Operating Cash Flow)이란 기업이 영업활동을 통해 단기간 동안 얼마만큼의 현금을 창출해 내는지를 나타낸다. 영업현금흐름에는 세금지급은 반영되지만, 금융비용(이자), 자본지출, 순운전자본의 변동은 반영되지 않는다. 따라서 이자 및 법인세 차감 전 이익인 EBIT에 감가상각비를 더하고 세금을 뺀 값이라고 할 수 있다.

26 ②

권한 배분 시 고려해야 할 원칙

㉠ 책임과 권한의 균형 원칙 : 책임을 주면, 그에 맞는 권한도 부여해야 한다.

㉡ 명령통일의 원칙 : 한 사람의 한 업무에 대한 지시는 한 사람의 상급자만을 통해 전달한다.

㉢ 명령계층화의 원칙 : 조직의 최고책임자로부터 일선 담당자에 이르기까지 모든 지시와 보고의 채널이 수직 계층화되어 있어야 한다.

㉣ 통제범위의 원칙 : 한 사람의 상급자는 그가 통솔할 수 있는 부하직원의 범위(수)가 한정되어 있다.

27 ②

효율성을 넓은 의미의 능률성으로 볼 때, 생산원가는 감소하고 생산량이 증가하였으므로 효율적이지만, 매출목표를 달성하지 못하였으므로 효과적이지는 않다.

28 ③

① 직무불만족을 증가시키는 개인적 성향은 부정적 정서와 부정적 자기평가이다.

② 역할 모호성, 역할 갈등, 역할 과다를 경험한 사람들의 직무만족은 낮다.

④ 종업원과 상사 사이의 공유된 가치관은 직무만족을 증가시킨다.

29 ②

② 지식기반사회는 명시적 지식뿐만 아니라 개인의 경험의 과정에서 획득되고 재구성되는 방법적, 암묵적 지식까지 포함하는 총체적 지식을 강조한다.

30 ②

기업이 사업에 필요한 자본을 조달할 때에는 우선순위가 있는데 이를 자본조달 우선순위 이론이라고 한다. 선호하는 순위는 내부자금 → 부채 → 전환사채 → 주식 순으로 정보비대칭이 적은 내부자금에서 외부자금으로 이동한다.

31 ③

독점적 경쟁시장의 장기균형에서는 항상 장기평균비용곡선의 최소점보다 왼쪽에서 균형이 이루어지므로 초과설비가 나타난다.

32 ②

실업률의 이력현상에서 내부자 – 외부자모형에 따르면, 경기침체로 실업률이 증가하면 내부자(근로자)들은 외부자(실업자)들의 고용을 증가시키기 보다는 자신들의 실질임금을 극대화하는 데 관심을 가지게 된다. 그 결과 실질임금은 균형임금보다 더 높게 상승되고 실업률은 계속 높은 수준을 유지하게 되는 것이다.

33 ①

전통적인 개방거시경제(Mundel–Fleming model)모형에 의하면 조세감면정책이 이루어지면 IS곡선이 우측으로 이동되어 국제수지는 흑자가 된다. 환율은 하락하여 수출은 감소하고 수입은 증가한다. 이 때문에 BP곡선과 IS곡선이 좌측으로 이동하여 새로운 균형점으로 이동하게 된다.

34 ④

바그와티(J. Bagwati)의 궁핍화 성장이란 경제성장이 교역조건을 악화시켜 오히려 후생수준을 감소시킨다는 것으로 브라질의 커피시장이 대표적인 예이다. 이 이론의 조건으로는 ① 비탄력적 해외수요를 가진 상품인 경우, ② 수출국의 국제시장의 점유비율이 상당히 큰 경우, ③ 초수출편향적 경제성장인 경우 등이다.

35 ①

희천이는 하루 8시간을 소비하여 시간당 물고기는 3마리를 잡고, 코코넛은 4개를 딸 수 있으므로 예산제약식을 구하면 다음과 같다.

$$8 = \frac{1}{3}F + \frac{1}{4}C$$

희천이의 효용극대화를 위해서는 다음의 조건을 만족해야 한다.

$$MRS_{FC} = \frac{MU_F}{MU_C} = \frac{물고기를 잡는 비용}{코코넛을 따는 비용} = \frac{3}{4} = \frac{F}{C}$$

따라서 예산제약식과 효용극대화 조건을 연립하여 풀면, $F = 12$, $C = 16$이다.

36 ②

독점기업이 추가로 더 많은 재화를 시장에서 판매할 때, 한계수입이 가격보다 더 작게 되는 이유는 수요곡선(평균수입곡선)이 우하향하기 때문이다.

※ 독점시장의 균형

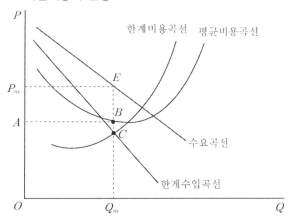

37 ③

③ 단기 필립스곡선의 기울기가 급할수록 수직축의 인플레이션율을 1%포인트를 낮추기 위해 감소되는 GDP의 %포인트 감소분의 크기는 작아진다.

38 ②

중앙은행이 국공채시장에서 국공채를 매입하게 되면 통화량이 증가한다. 국공채를 매입하면서 국공채에 대한 수요가 증가하게 되고 그 결과로 국공채 가격은 상승하고, 이자율은 하락하게 된다.

39 ②

문제에서 PMC = Q + 10이고, SMD = 20이므로, SMC = Q + 30이 된다.
수요곡선 P = 60 − 2Q이므로 P = SMC에 대입하면,
60 − 2Q = Q + 30
∴ Q = 10이다.

40 ③

P = 2Q,, P = 12 − Q를 연립하여 계산하면 Q = 4이므로 쌀 시장에서 국내 생산자의 가격 P = 8이고 국제시장의 쌀 가격 P = 4이다. 정부가 수입쌀에 50%의 관세를 부과하게 되면 국제시장의 쌀 가격 P = 4 × 1.5 = 6이므로, 이때 생산량은 3이고 수요량은 6이 된다. 단위당 관세의 크기는 3이 되므로, 정부의 관세 수입은 2 × 3 = 6이다.

41 ③

① 상거래의 결과로 발생하는 물류관리는 제품의 이동이나 보관에 대한 수요를 충족시켜 유통기능을 완결시키는 역할을 한다.

② 형태 효용은 생산, 시간과 장소 효용은 물류, 그리고 소유 효용은 유통과 밀접한 연관성이 있다.

④ 물류발전을 통하여 지역 간 균형발전을 도모하면 모든 지역에서 교통이 원활해져 생활환경이 좋아진다.

42 ④

제4자 물류 기업의 유형

㉠ **거래파트너 모델** : 제4자 물류업체는 자신의 업무를 보완할 수 있는 적절한 서비스제공업체를 거래파트너로 참여시켜 고객에게 물류서비스를 제공하는 모델이다.

㉡ **시너지 상승 모델** : 3PL 조직 내에 4PL이 운영되는 모델이다. 두 조직은 서로에게 의존성을 띠며 각 조직의 능력과 시장을 상호 제휴하게 된다.

㉢ **솔루션 통합자 모델** : 제4자 물류업체가 여러 서비스제공업체를 통합하여 한 고객에 대하여 처음부터 끝까지 전 공급체인 통합솔루션을 운영하게 된다.

㉣ **산업혁신자 모델** : 복잡한 운영모델로 제4자 물류업체는 여러 서비스제공업체(SP)를 통합하여 특정 산업군에 속하는 기업들을 위하여 공급체인 솔루션을 개발하고 운영한다.

43 ①

① 효율적 공급사슬은 최저가격으로 예측 가능한 수요에 효율적으로 공급이 가능하고, 대응적 공급사슬은 예측 불가능한 수요에 신속하게 대응이 가능하다.

44 ②

CPFR 프로세스 모델 … 협업관계 개발→공동 비즈니스계획 수립→판매예측 실시→판매예측의 예외사항 파악→예외 아이템에 대한 해결방안 수립→주문예측 실시→주문예측의 예외사항 파악→예외 아이템에 대한 해결방안 수립→주문발주

45 ③

③ 옴니채널은 동일한 제품을 온라인이나 오프라인에 상관없이 동일한 가격과 프로모션으로 구매할 수 있는 것으로, 유통기업은 환경변화에 대응하기 위하여 유통채널을 다채널에서 옴니채널로 전환하고 있다.

46 ④

㉠ 통과 시스템 : 고전적 시스템과 유사하지만 일시거점 시스템에서 해외 자회사의 창고는 제품이 통과하는 물류거점, 즉 제품을 단기간 보관하는 일시보관창고의 기능을 담당한다.

㉡ 다국적(행) 창고 시스템 : 다국적기업이 해외 각국에 현지 자회사를 여러 개 가지고 있는 경우 어느 한 국가의 현지 자회사가 지역물류 거점의 역할을 담당하여 인접국에 대한 제품공급에 유용한 중앙창고를 갖고 제품을 분류하는 시스템을 말한다.

47 ②

② "운송인"이라 함은 스스로 또는 자기 명의로 송화인과 해상화물운송계약을 체결한 자를 말한다.

48 ④

④ 해상운임, 선박운임을 뜻한다.

49 ④

④ 해상운임은 선불조건이며, 착화통지처는 수입업자이다.

50 ④

④ 관세지급인도규칙은 셀러가 최종 목적지에 수입통관을 한 물품을 도착한 운송수단으로부처 양하 준비가 된 상태로 물품을 바이어의 임의처분 상태로 인도하는 것을 말한다.

서 원 각

www.goseowon.co.kr